비커밍 트레이더 조

일러두기

• 각주는 저자주와 역자주로, 구분할 수 있도록 각각 표시했다.

BECOMING TRADER JOE
Copyright ⓒ 2021 by Joe Coulombe
Published by arrangement with HarperColins Focus, LLC.

Korean Translation Copyright ⓒ 2025 by Gilbut Publishing Co., Ltd.
Korean edition is published by arrangement with HarperColins Focus, LLC.
through Imprima Korea Agency.

이 책의 한국어판 저작권은 Imprima Korea Agency를 통해
HarperColins Focus, LLC.사와의 독점계약으로 ㈜도서출판 길벗에 있습니다.
저작권법에 의해 한국 내에서 보호를 받는 저작물이므로
무단전재와 무단복제를 금합니다.

BECOMING
TRADER
JOE

압도적 매출, 독보적 팬덤, 대체 불가능한 브랜드의 탄생

비커밍 트레이더 조

— 조 쿨롬·패티 시발레리 지음 | 이주영 옮김 | 정김경숙(로이스 김) 감수 —

더퀘스트

이 책을 쓰기 위해 1958년으로 거슬러 올라가 내가 쓴 모든 계획서를 다시 읽었다.

오늘날 대체 불가능한 기업이 된 트레이더 조의 브랜드 정체성은 어떻게 탄생했는가.

1967년, 즐거움을 제공하는

'굿 타임 찰리'로 시작해

건강한 먹거리와 소비를 지향하는

'홀 어스 해리'를 거쳐

시장의 빈틈을 정확히 노리는 '맥 더 나이프'로.

시장의 변화에 따라 트레이더 조의 방향성을 바꾸는 과정 속 모든 고민과 생각, 노력을 전하고자 했다.

그동안 내 예측이 얼마나 자주 틀렸는지도
알 수 있었다.
그럼에도 나는 미래에 대한 생각을
주변에 이야기하는 데 주저하지 않았다.

이 책은 한 사람이 하나의 브랜드를
만들고 키우고 자립하기까지의 솔직한 이야기다.

감수의 글

트레이더 조에는 콜라나 하겐다즈처럼 익숙한 브랜드가 없다. 온라인 판매도 하지 않고 배송·배달 서비스도 없고, 할인도 멤버십도 광고도 없다. 그런데 트레이더 조에는 다른 어떤 브랜드도 가지지 못한 것이 있다. 바로 '팬덤'이다. 트레이더 조 제품을 자랑스럽게 SNS에 올리고, 트레이더 조 고추장을 곁들인 나만의 디저트 레시피를 공유한다. "우리 동네에도 트레이더 조를 유치해 달라"는 청원이 빗발친다.

이런 열광은 숫자로도 증명된다. 트레이더 조는 미국 고객만족지수(ACSI) 1위, 브랜드 신뢰도 1위를 꾸준히 지키며 단위면적당 매출액과 재고 회전율에서도 타의 추종을 불허한다. 온라인이 지배하는 시대에 '오프라인으로, 다르게 팔아 성공한 브랜드'. 이것이 트레이더 조의 가장 큰 역설이자 매력이다.

어떤 회사가 잘 되는 이유를 알려면 창업자를 보라는 말이 있다. 하지만 많은 경우 창업자의 철학은 세월이 흐르며 흐려지고 왜곡된다. 그래서 우리는 묻는다.

"어떻게 트레이더 조는 창업자의 원칙을 훼손하지 않고 미국 전역 600여 매장에서 동일한 서비스 철학을 유지할 수 있을까?"

마케팅과 커뮤니케이션 분야에서 30년을 일해온 전문가로서, 그리고 트레이더 조의 오랜 단골로서, 그 답을 직접 찾기 위해 트레이더 조 매장에서 일했다. 아르바이트생으로 시작해 섹션 리드와 매니저(메이트)로 일하며 보낸 18개월 동안 100명이 넘는 동료들과 매일같이 고객을 맞으며 깨달은 것이 있다. "고객 감동이 중요하다"고 말로만 외치던 다른 리테일과 달리, 트레이더 조는 말과 행동이 완벽히 일치했던 것이다.

트레이더 조에서 직접 일하며 얻은 인사이트를 전하기 위해《우리는 다르게 팝니다》를 집필하는 동안, 창업자가 쓴 이 책을 네 귀퉁이가 닳도록 읽었다. 페이지마다 그은 밑줄 중에서 한 문장이 내 마음에 오래 남았다.

"혁신은 지성의 행동이 아니라, 의지의 행동이다."

혁신은 구글 같은 첨단 기업에서만 일어나는 게 아니다. 감자 하나, 아이스크림 한 통을 파는 작은 매장에서도 일어날 수 있다. 1967년 오픈한 트레이더 조 매장 1호에서부터 60년 뒤 내가 근무한 작은 도시의 매장에까지 차별화된 제품과 고객 감동의 혁신은 여전히 이어지고 있다.

이 책은 트레이더 조가 한순간에 성공한 브랜드가 아님을 보여준다. 긴 여정을 통해 한 걸음씩 오늘날의 트레이더 조가 되어갔다. 당신이 무언가로 되어가는 길 어딘가에서도 이 책에 담긴 철학이 든든한 길잡이가 되어주리라 믿는다. 나에게 그랬던 것처럼 말이다.

— 정김경숙(로이스 김,《우리는 다르게 팝니다》저자, 전 구글 글로벌커뮤니케이션 디렉터)

이 책에 쏟아진 찬사

1957년, 나는 조 쿨롬Joe Coulombe과 함께 프론토 마켓Pronto Market 1호점을 열었다. 나중에 트레이더 조Trader Joe's가 될 프로젝트였다. 그때는 앞으로 내가 얼마나 대단한 모험에 뛰어들게 될지 알지 못했다. 나는 트레이더 조의 첫 번째 직원이자 부사장이었고, 그 후 운영 담당 수석 부사장이 되어 조가 식료품 업계에 자신의 독특한 마케팅 컨셉과 창의적인 상상력을 적용할 때 함께 일하는 특권을 누렸다.

새로운 아이디어를 얻기 위한 조의 첫 번째 규칙은 명확했다. 언제나 틀에서 벗어난 생각을 하되, 고객과 직원을 고려하는 것.

그동안 우리는 쓰나미처럼 우리를 미래로 떠미는 엄청난 경제적·정치적·문화적 변화 속에서 일했다.

이 책에서 조는 그 과정에서 얻은 귀중한 교훈을 자세히 설명한다.

그의 천재적인 마케팅 능력과 사진 같은 기억력, 흠잡을 데 없는 성실성은 기업가와 경영학을 공부하는 학생뿐 아니라 트레이더 조에서의 독특한 경험을 높이 사는 충실한 고객들에게도 영감과 가르침을 전할 것이다. 조는 이 재미있고 유익한 책에서 지금도 여전히 적용되는 창의적인 마케팅 전략들을 설명한다. 내가 트레이더 조에서 근무한 43년을 즐겼던 만큼, 그리고 이제 고객이 되어 트레이더 조를 즐기는 만큼 여러분도 이 책을 즐기기를 바란다.

— 르로이 D. 왓슨Leroy D. Watson (전 트레이더 조 운영 담당 수석 부사장)

조 쿨롬처럼 생각하라! 고정관념에서 벗어나 원하는 목표에 도달하는 방법을 배울 수 있을 것이다. 무척 멋진 삶이다!

— 잭 캔필드 Jack Canfield (자기계발 리더)

혁신적 경영, 창의적 마케팅, 탁월한 스토리텔링으로 트레이더 조를 탄생시킨 조 쿨롬의 행동하는 기업가 정신이 담겨 있다.

— 조너선 레빈 Jonathan Levin (스탠퍼드 대학교 총장)

성공적인 비즈니스를 꿈꾸는 모두를 위한 최고의 수업! 조 쿨롬은 통찰력, 제품에 대한 지식, 용기를 통해 거대 산업의 규칙을 새로 썼다.

— 밥 로젠버그 Bob Rosenberg (전 던킨 CEO)

이 책은 기업가에게는 풍부한 영감을, 트레이더 조의 팬들에게는 매혹적 창업 스토리를 전한다.

— 〈LA 타임즈 LA Times〉

창업가라면 모두 조 쿨롬의 조언에 귀 기울여라!

— 〈월스트리트 저널 Wall Street Journal〉

들어가며

비즈니스에 기적은 없다,
전략이 있을 뿐

책은 믿으라고 만들어진 것이 아니라 질문을 던지라고 만들어진 것이다. 책을 읽을 때는 그 책이 무엇을 말하는지 묻지 말고, 무엇을 의미하는지 물어야 한다. 성서의 해설자들이 매우 분명하게 염두에 두었던 가르침이다. 어쩌면 인류를 사랑하는 사람들의 사명은 사람들을 진리에 웃게 하고, 진리 또한 웃게 하는 것일지도 모른다. 유일한 진리는 진리에 대한 광적인 열정으로부터 자유로워지는 법을 배우는 데 있기 때문이다.

— 움베르토 에코 Umberto Eco, 《장미의 이름 The Name of the Rose》

합스부르크, 호엔촐레른, 플랜태저넷, 발루아, 부르봉 같은 최고 귀족을 제외하고는 15세기까지 성을 가진 사람이 없었다. 그 후 곧 귀족이 아닌 사람들도 성을 갖게 되었다. 어떤 사람들은 자신이 사는 도시의 이름을 땄다. 립 요리를 파는 토니 로마스Tony Roma's(로마)나 레오나

르도 다빈치(빈치)가 그런 경우다.

자신이 하는 일에서 이름을 따오는 사람도 많았다. 쿠퍼(통 제작자), 스미스(대장장이), 플레처(화살 제작자), 셰퍼드(양치기), 쿨롬이 그 예다. 쿨롬이라고?

성을 갖는 것 외에 귀족들은 비둘기를 식용으로 기를 수 있는 독점적인 권리를 가졌다. 귀족들은 돌로 크고 높고 둥근 타워를 만들어 거기에서 수천 마리의 새를 길렀다. 이 타워를 비둘기를 뜻하는 라틴어 콜룸바cŏlúmba에서 유래한 콜룸바리아columbaria라고 불렀다. 귀족들은 이 타워를 돌보기 위해 소작농을 고용했던 것 같다. 모두가 성을 가지는 시대가 도래하자 갑자기 콜룸바에서 유래한 이름을 가진 사람들이 유럽 전역에서 나타났으니 말이다.

당시는 안타깝게도 철자를 아는 사람이 거의 없었다. 심지어 귀족들도 마찬가지였다. 게다가 19세기까지는 철자법에 대한 일반적인 합의도 없었다. 콜룸바는 철자법에서 창의력을 발휘할 수 있는 여지가 많은 이름이었다. 퀘벡만큼 이것이 확실히 드러난 곳은 없다. 1660년대 루이 14세의 신임 재무장관 장 바티스트 콜베르Jean Baptiste Colber는 새로운 프랑스를 영원히 프랑스령으로 만들기 위해 이곳에 노르망디의 건실한 농민들(이들 중에는 루이 콜롬Louis Colombe도 있었다)을 의도적으로 이주시키는 정책을 폈다. 어떤 면에서 그는 큰 성공을 거뒀다.

근면하지만 문맹이었던 이주민들은 발음에 관계 없이 기본 이름에 글자를 더하거나 빼는 천재적인 재능을 발휘했다. 콜롬은 마침내 쿨롬Coulombe이 되었다. 그래서 파리의 전화번호부에는 쿨롬이 나오지 않지만, 몬트리올의 전화번호부에는 이 이름만 여러 페이지가 나오는 것이다.

요점은 쿨롬이 'coo-LOAM'으로 발음된다는 것이다. 이것을 알면 이 책을 더 쉽게 읽을 수 있을 거라고 생각한다. 제대로 발음하는 사람이 거의 없는 이름을 가졌기 때문에 여기에서 비롯된 가벼운 편집증이 '트레이더 조'라고 이름 짓는 데 영향을 미쳤는지 아닌지는 여러분의 판단에 맡기겠다. 하지만 오른손잡이들의 세상에서 왼손잡이로 살아가면서 생겨난 상당한 편집증은 틀에서 벗어난 왼손잡이들의 방식을 트레이더 조의 운영에 적용하는 데 분명한 영향을 미쳤다. 일부 경쟁업체에게 트레이더 조는 적어도 두 가지 의미에서 재수 없는 존재였다.

그 숨은 말의 의미를 알고 싶다면 계속 읽어 보시길…….

나는 마케팅을 설명하려고 했지만, 그들은 기적에 대해 듣고 싶어 했다.

— 로저 피츠제럴드 Roger Fitzgerald (〈시푸드 리더 Seafood Leader〉 수석 편집자)

나는 기업가와 예비 기업가를 돕기 위해 이 책을 썼다. 그래서 이 책에서는 기적에 대해서는 거의 다루지 않는다. 구매, 광고, 물류, 매장 운영 등 마케팅에 대한 자세한 내용만 가득하다. 또 '성공의 대가', 즉 임금을 많이 주면서도 어떻게 성공적인 사업을 구축할 수 있었는지에 대해서도 이야기한다.

그렇다면 트레이더 조는 얼마나 큰 성공을 거뒀을까? 트레이더 조는 비평가들로부터 분명한 찬사를 받았다. 경제적으로도 성공했을까? 비평가들은 극찬하지만 상업적으로는 성공하지 못한 책과 영화가 너무 많다. 마찬가지로, 극찬하는 기사가 쏟아져 나오고 경영의 모범이라고 추켜세워지다가 불과 몇 년 만에 무너지고 망하는 기업도 많다.

1958년, 렉솔 드럭 컴퍼니Rexall Drug Co.와 파트너십을 맺고 프론토 마켓을 시작했다. 매장이 6개로 늘어난 뒤, 1962년에는 렉솔의 지분을 매입했다. 그리고 1967년 프론토 지점이 18개가 되었을 때, 프론토를 트레이더 조로 전환하기 시작했다. 내가 트레이더 조를 떠난 것은 1988년 말이었다. 1962년부터 1988년까지 26년 동안 트레이더 조의 매출은 매년 평균 19퍼센트의 성장률을 기록했다.

같은 기간 동안 순자산은 26퍼센트의 연평균 성장률을 보였고, 마지막 13년 동안에는 이자가 발생하는 고정부채는 전혀 없이 유동부채만 있었다. 초창기에는 차입금을 잔뜩 안고 시작했지만, 1975년에는 차입금이 하나도 없었다. 게다가 한 해도 손실을 본 적이 없었고, 소득세율이 심하게 요동쳤는데도 매년 전년도보다 더 많은 수익을 창출했다.

1988년 말 내가 떠난 이후에도 언론에 보도된 트레이더 조의 매출은 매년 약 20퍼센트씩 성장을 계속해 왔다. 지난 35년 동안 이런 성장률을 유지한 회사는 거의 없을 것이다. 트레이더 조의 내부 재무 자료에 접근할 수 없으니 순자산이 얼마나 늘어났는지는 알 수 없지만, 그것도 매우 잘 성장했을 거라고 확신한다.

그럼에도 내가 실패했다고, 달성했어야 하는 목표에 미치지 못했다고 판단할 수도 있을 것이다. 이에 대해서는 이 책의 후반부에서 살펴보겠다. 하지만 내가 가장 좋아하는 경영서인 도널드 클리퍼드Donald Clifford와 리처드 카바노Richard Cavanaugh의 《위닝 퍼포먼스The Winning Performance》에 나오는 다음 내용을 생각해 보기 바란다.

네 번째[성공하는 기업의 일반적인 주제]는 이익과 부의 창출을 다른 일을 잘했을 때 따라오는 필연적인 부산물로 보는 것이다. 돈은 양적 성과와 이익을 판단하는 데 유용한 척도이자 투자자에 대한 의무다. 하지만 (…) 돈을 버는 것 그 자체를 목적으로 삼는 것은 별로 중요하지 않다.

1994년 스탠퍼드 경영대학원은 성공한 기업(100년 동안 사업을 이어온 기업)에 대한 연구 결과를 《성공하는 기업들의 여덟 가지 습관Built to Last》이라는 제목으로 발표했다. 이 연구에서 도달한 결론도 비슷하다. 이 책에는 서른아홉 살이 될 때까지 건조기도 없이 살며 모든 자녀에게 변기 훈련을 시켜야 했던(팸퍼스 기저귀가 나오기 전이다), 고군분투하는 기업가와 그의 아내의 불안, 그들이 겪었던 터무니없는 행운과 불운의 화살이 적혀 있다. 프랑스의 역사학자 페르낭 브로델Fernand Braudel을 방불케 하는 25세기 역사가들의 관심을 끌 만한 20세기 일상생활의 세세한 내용도 많이 담겨 있다.

- 조 쿨롬

공저자의 글

　기업인 조 쿨롬은 브랜드 제품을 판매하는 일을 했다. 이것이 바로 식품 소매업의 본질이자 그의 삶의 본질이다.

　조는 인생을 살아오면서 수많은 사람과 함께했으며, 이들 중 상당수가 어떤 식으로든 트레이더 조의 성공에 기여했다. 이 책에 등장한 모든 사람에 대해 그들의 긍정적인 면을 포착하여 애정을 담아 기억을 떠올렸으며, 최대한 존경과 존중의 마음을 담아 언급했다.

　트레이더 조의 진정한 지지자인 고객들도 모두 언급하고 싶었지만, 그러지 못했다. 우리는 여러분을 잊지 않았다.

― 패티 시발레리 Patty Civalleri

차례

감수의 글   010
이 책에 쏟아진 찬사   012
들어가며: 비즈니스에 기적은 없다, 전략이 있을 뿐   014
공저자의 글   019

트레이더 조 샘플러: 우리가 했던 최고의 거래들   025

= 1부 트레이더 조의 탄생 =

1장 위기는 갑자기 찾아온다   039
1965년, 경쟁 압력 때문에 편의점 체인인 프론토 마켓을 트레이더 조로 전환해야 했다.

2장 스물일곱, 프론토 마켓의 사장이 되다   045
1960년대, 렉솔 드럭 컴퍼니의 자회사로 프론토 마켓을 시작했다.

3장 성공하기 위한 노력과 결과   055
1962년 9월, 프론토 마켓을 인수하며 커리어에서 가장 중요한 결정을 내렸다. 높은 임금을 지급하기로 한 것이다.

| 4장 | 트레이더 조로 가는 길 | 069 | 높은 임금을 위해 고군분투하며 익힌 판매 전략을 토대로 나만의 사업을 준비했다. |

| 5장 | 획일화된 시장에서 차별점을 찾다 | 075 | TV 방송의 영향력이 디지털 매체로 옮겨가며 대중은 점차 세분화되었고, 여기에서 새로운 기회를 포착했다. |

| 6장 | 첫 번째 버전, 굿 타임 찰리 | 085 | 알로하! 1967년 트레이더 조의 첫 번째 버전은 재미, 여가, 파티를 주제로 한 매장이었다. |

| 7장 | 교육 수준은 높고 소득이 낮은 사람들을 위한 와인 | 100 | 공정거래법의 빈틈을 이용해 수입 와인의 가격을 파격적으로 낮추었다. |

| 8장 | 두 번째 버전, 홀 어스 해리 | 121 | 1971년 봄, 불황을 타개하기 위해 파티 매장과 친환경 식품점을 결합했다. |

| 9장 | 팔지 않는다, 사게 한다 | 131 | 종이 뉴스레터 〈피어리스 플라이어〉, 기부, 쇼핑백 광고로 트레이더 조의 팬을 만들었다. |

| 10장 | 위기를 기회로 | 150 | 예기치 않은 문제가 생겼고 산업의 기반이 무너졌지만, 그 폭발은 새로운 탄생을 불러왔다. |

2부 대체 불가능한 브랜드의 비밀

11장 세 번째 버전, 맥 더 나이프	165	1977년, 진정한 소매업자가 되기 위해 5개년 계획을 세우고 세 번째이자 마지막 버전으로 나아갔다.
12장 집중 구매 전략	174	기동성, 불규칙성, 융통성을 강조한 '집중 구매'로 식품 소매업에 한 획을 그었다.
13장 통합 물류 시스템	191	트럭도, 창고도, 중앙컴퓨터도 소유하지 않는 효율적인 시스템을 구축했다.
14장 자체 상표 제품	207	오직 트레이더 조에서만 살 수 있는 제품을 만들었다. '하이젠베르크의 불확실성 블렌드' 커피 원두처럼.
15장 재고 정리 또는 보물찾기	217	재고 정리 판매로 격동의 1980년대를 헤쳐나갔다.
16장 단단한 매장의 조건	228	오프라인 매장은 필수다. 매장의 위치와 크기, 임대차계약, 좋은 직원에 대한 기준을 만들었다.

| 17장 **사무실의 스컹크** | 246 | 조직을 느슨하게 유지하며 오직 상품을 사고 파는 일에만 집중했다. |

| 18장 **복식부기 소매업** | 255 | 소매업을 수요와 공급 측면으로 바라보자 많은 문제가 해결되었다. |

| 19장 **소매업의 수요 측면** | 260 | 고객을 위해 제품의 다양성, 가격, 편의성 그리고 쇼맨십을 연구했다. |

| 20장 **소매업의 공급 측면** | 285 | 정부 규제부터 보험, '공짜' 노동력, 내부 절도까지… 고려해야 할 것이 너무도 많았다. |

| 21장 **마지막 5개년 계획** | 314 | 1988년, 마지막 계획서를 남기고 트레이더 조를 떠났다. |

3부 창업자의 마지막 결정

22장 **직원 소유 제도**   325   '직원이 기업을 소유한다'라는 목표를 위해 20년간 다양한 시도를 했다.

23장 **트레이더 조의 매각**   333   매각 후에도 할 수 있는 한 오래 트레이더 조에서 일하기로 했다.

24장 **다시 기업가로**   348   쉰여덟, 새로운 도전을 위해 마지막 결정을 내렸다.

나가며 : 트레이더 조 밖에서의 일과 삶   353

트레이더 조 샘플러

우리가 했던
최고의 거래들

1998년 3월 요리역사학회 Culinary Historians Society에서 했던 강연이 이 책으로까지 이어졌다. 객석에서 나온 질문 중에 이런 것이 있었다.
"당신이 지금까지 한 거래 중 최고의 거래는 무엇인가요?"

정어리 통조림

1981년, 〈뉴스위크Newsweek〉에 참치와 비슷하지만 훨씬 저렴한 징어리라는 생선이 뉴잉글랜드에서 판촉 중이라는 기사가 실렸다. 이 기사가 어떻게 퍼졌는지 모르겠다. 왜냐하면 얼마 안 있어 정어리를 판매하는 데 실패한 수입업자가 우리에게 정어리를 팔겠다고 제안해 왔던 것이다. 통조림통을 개봉했을 때 우리는 언뜻 보기에도 흰 살 고기나 알바코어 참치만큼이나 품질 좋은 생선이 들어 있는 것을 보고 깜짝 놀랐다.

이 무렵 우리는 트레이더 조가 강력한 브랜드가 되고 있다는 사실을 깨닫기 시작했다. 우리는 정어리를 매입해서 라벨을 다시 붙이고 녹색 라벨 참치의 3분의 2 가격, 알바코어 참치의 절반 가격으로 출시했다.

나는 정어리에 흥미를 느껴 정어리의 출처인 페루의 한 포장업체를 찾아냈다. 1982년 6월에는 아내 앨리스와 함께 리마로 가서 통조림 공장을 방문했다. 그곳에서 우리는 미국에는 수입 참치에 대한 쿼터가 있다는 매우 흥미로운 사실을 알게 되었다. 페루의 참치 쿼터가 모두 차자 통조림 생산 라인에서 생물학적 기적이 일어났다. 그전에는 참치였던 것이 이제는 쿼터 제한이 없는 청어과의 정어리로 바뀐 것이다. 갈릴리 호수의 기적 이후 이런 일은 없었다! 오늘날까지 트레이더 조는 사실상 정어리를 취급하는 유일한 소매업체다.

정부 규제 덕분에 눈다랑어를 싸게 살 수 있는 기회도 있었다. 눈다랑어, 즉 파라투누스 메바치 Parathunnus mebachi는 육질이 뛰어난 대형 참치다.

캐나다에서는 눈다랑어를 '알바코어' 또는 '흰 살 생선'으로 분류할 수 있다. 눈다랑어가 캐나다의 분광학적 백색도 시험 기준을 충족하기 때문이다. 하지만 미국 정부는 투누스 알라롱구스 Thunus alalongus만 알바코어로 표시할 수 있다고 정해 놓았다. 트레이더 조에서 쌓은 제품 지식 덕분에 또 한 번 소비자들의 식탁을 싸게 채울 수 있었다.

유장 버터

맥 더 나이프Mac the Knife 프로그램의 첫 번째 제품 중 하나는 오리건의 유명한 치즈 회사 틸러묵Tillamook에서 만든 유장 버터였다. 우유로 치즈를 만들면 대부분의 유지방은 치즈가 된다. 그러나 소량은 유장에 남아 있다(유당에 혼합된 형태인데, 유장은 약 60퍼센트가 유당으로 이루어져 있다). 틸러묵은 이 '유장 크림'을 유장에서 분리하여 버터로 판매할 수 있다는 사실을 발견했다. 카세인만 없을 뿐이지 화학적으로는 버터와 똑같다.

유장 버터에는 몇 가지 특별한 장점이 있다. '버터다운' 풍미가 더 강하고, 냉장고에서 꺼냈을 때 더 잘 발린다.

1977년이 되자 우리는 틸러묵의 큰 고객이 되었다. 틸러묵은 치즈와 함께 유장 버터를 배송해 주겠다고 제안했다. 로스앤젤레스의 버터 가격을 낮출 기회였기 때문에 우리는 이 아이디어가 마음에 들었다. 하지만 그들의 버터에는 두 가지 단점이 있었다.

첫째, 450그램짜리 덩어리로만 포장되어 있었다. 4분의 1씩 나눈 속 포장도 없었고, 마분지 상자에 들어 있는 것도 아니고 두꺼운 양피지로만 포장되어 있었다. 일반 버터보다 20퍼센트 저렴한 가격이었기 때문에 나는 우리의 똑똑한 고객들은 이런 단점을 용인할 거라고 생각했다.

둘째, 유제품 법에서 보호주의가 강한 캘리포니아주에서는 유장 버터에 '2등품'이라고 라벨을 붙이게 했다. 오리건에는 이러한 규정이 없지만, 캘리포니아는 1등품을 매우 엄격하게 정의했기 때문에 유장 버터에 2등품이라고 라벨을 붙여야만 했던 것이다.

어쨌든 우리는 유장 버터를 판매했고, 큰 성공을 거뒀다. 안타깝게도 틸러묵은 1년 뒤, 그러니까 226톤쯤 유장 버터를 만든 다음 치즈 제조 과정을 개선했고, 그 결과 유장에는 유지방이 거의 남지 않게 되었다. 분명히 그들은 버터보다 치즈를 팔 때 더 많은 이익을 남겼다. 하지만 너그럽게도 가정에서 과자와 케이크를 많이 굽는 연말에만은 우리에게 버터를 공급해 주기로 동의했다.

그러자 연방 정부가 개입했다. 오리건에서 캘리포니아로 버터를 배송하는 것은 주 간 상거래였다. 연방 규정에서는 유장 버터와 같은 것을 인정하지 않는다. 따라서 틸러묵은 라벨에서 '유장'이라는 명칭을 삭제해야만 했다. 이 때문에 고객들은 계속 혼란스러워했다. 고객들이 제품 포장에서 볼 수 있는 것은 그저 '2등품'이라는 라벨뿐이었다.

그래서 유장 버터를 만들어 줄 캘리포니아의 생산업체를 찾았다. 주 간 상거래를 종료함으로써 우리는 다시 유장 버터라고 라벨을 붙일 수 있었다. 물론 여전히 2등품이라고 적혀 있었지만 말이다. 또한 틸러묵이라는 유명한 이름을 떼고 '트레이더 조의 라 퀴진 드 뵈르Trader Joe's La Cuisine de Beurre'로 라벨을 변경했다. 이 상품은 여전히 일반 버터보다 15퍼센트 저렴했지만 맛은 더 좋았다.

메이플 시럽

대공황이 한창이던 시절, 어머니는 반이 2개뿐이던 솔라나 비치 초

등학교와 근처의 에덴 가든 학교에서 교장으로 일하며 4~6학년을 가르치셨다. 월급은 150달러였다. 하지만 샌디에이고 카운티에서 가장 큰 부동산 개발업체가 파산하면서 교사들에게 월급을 지급할 재원인 재산세가 부족해졌을 때는 한동안 무보수로 아이들을 가르치셨다.

그래서 나는 어린 시절의 대부분을 할머니 블랑시 그린우드 뒤마 여사와 보냈다. 할머니는 3대째 버몬트 사람이었다. 할머니의 가족들은 할아버지보다 훨씬 오래전에 퀘벡을 떠나 버몬트에 정착했다. 캘리포니아 남부에서 할머니는 버몬트 마을 노스필드 폴스를 재현했다. 월요일은 빨래를 하고, 수요일은 앞으로 7일간 먹을 빵과 롤을 굽고, 토요일에는 일주일 동안 남은 재료들을 그라인더에 넣고 갈아 비트로 진하게 물들인 레드 플란넬 해시를 먹었다. 내 인생의 황혼 무렵인 지금에서야 비트가 남은 재료에 똑같은 색을 입힐 뿐만 아니라 음식에 중국 요리사들이 쓰는 속임수인 단맛을 더했다는 사실을 깨달았다(어머니 카멜리타 하딘 여사는 스페인식 이름이지만 테네시주 브리스틀에서 태어나고 자랐으며, 레드 플란넬 해시는 동물들이나 먹을 만한 음식이라고 생각했다). 선반에는 늘 메이플 시럽이 놓여 있었는데, 특히 오븐에서 막 꺼낸 뜨끈뜨끈하고 촉촉한 수요일의 빵을 여기에 찍어 먹었다. 그리고 운이 좋으면 단풍잎 모양의 메이플 사탕이 선반 위에 있을 때도 있었다.

식료품 업계에 뛰어들었을 때, 나는 세상 모든 시럽 가운데 으뜸인 메이플 시럽에 대해 크게 관심 갖지 않는 현실을 이해할 수 없었다. 앤트 제마이마Aunt Jemima 등 주요 브랜드에서 나오는 시럽은 대부분 메이플을 약간 섞은 사탕수수 시럽이었다. 캐리스Cary's는 순수한 메이플 시럽이 나오는 유일한 브랜드였다. 캐리스는 이 시럽을 슈퍼마켓에서 대량 판매할 가능성이 없다고 판단해 작은 주전자 모양의 용기에 담아 매우 높은 가격에 판매했다.

집중 구매(12장 참고)와 통합 물류 시스템(13장 참고)을 적극적으로 활용해 우리는 퀘벡의 주요 협동조합과 50갤런(약 190리터) 드럼으로 시럽을 구매하는 계약을 체결했다. 이것을 로스앤젤레스로 가져와 병에 나눠 담고 필그림 조Pilgrim Joe's 라벨을 붙여 판매했다. 우리는 가격을 낮춘 정도가 아니라 파괴해 버렸다!

메이플 시럽은 와인 판매업자인 우리의 본능을 건드리는 품목이었다. 수확기마다 양과 품질이 달랐던 것이다. 메이플 시럽에서 1981년은 보르도 와인의 1982년과 같았다. 메이플 시럽의 완성도는 3월의 추운 밤과 햇볕이 잘 드는 낮의 딱 맞는 조합이 좌우한다.

우리는 메이플 시럽의 가격을 파격적으로 낮췄을 뿐 아니라, 구하기도 힘든 '처음 수확한 메이플 시럽'을 판매하는 유일한 소매업체였다. 여러 해 동안 처음 수확한 메이플 시럽을 살 수 있는 곳이 전혀 없었다. 처음 수확한 메이플 시럽은 무색투명한데 대부분의 캘리포니아 사람은 이것을 알아보지도 못했고, 좋아하지도 않았다. 사람들은 맛이 강하고 색이 진한 B등급 시럽에 익숙해져 있었다. 하지만 우리는 인내심을 가지고 가격이 합리적일 뿐 아니라 다양한 메이플 시럽을 갖춰 놓는 것으로도 최고가 되었다. 때때로 위스콘신에서 시럽을 들여오기도 했는데, 여기서도 첫 수확한 시럽을 고집했다.

내가 알기로 트레이더 조는 미국에서 메이플 시럽을 취급하는 가장 큰 소매업체다. 블랑시 할머니가 살아 계셨다면 이 모습을 볼 수 있으셨을 텐데!

와일드 라이스

메이플 시럽과 거의 똑같은 이야기다. 강력한 브랜드 수요도 없었고, 대중이 제대로 구매할 수 있도록 판매에 관심을 갖는 사람도 없었다. 집중 구매와 통합 물류 시스템을 적극적으로 활용해 우리는 미국에서 와일드 라이스를 취급하는 가장 큰 소매업체가 되었다.

벨비타보다 저렴한 브리 치즈!

이것은 트레이더 조에서 발행하는 잡지 〈피어리스 플라이어Fearless Flyer〉에서 내보냈던 모든 연도의 모든 헤드라인 중 내가 가장 좋아하는 문구다. 이 책에서 이름이 너무 자주 등장해 그냥 르로이라고 부르게 될 르로이 왓슨은 저렴한 브리 치즈를 구할 방법을 알아냈다. 우리는 가끔 이 치즈를 벨비타Velveeta보다 저렴하게 판매했다. 내가 생각하기에 벨비타는 미국에서 판매하는 식품의 최하점을 상징하는 제품이었기 때문에 특히 만족스러웠다. 그 후 밥 존슨Bob Johnson이 유럽에서 치즈 물류 시스템을 완성한 덕분에 여러 번 특가 상품을 판매할 수 있었다.

축복받은 밀기울

8장에서 살펴보겠지만, 친구 짐 카일루엣Jim Caillouette 박사가 내게 고섬유질 식단이 대장암을 예방한다는 의학 연구 내용을 알려주었다. 이를 계기로 밀기울wheat bran에 관심을 갖게 되었다(결국 화물 운송상의 이유로 견과류와 건과일까지 관심을 갖게 되었다). 우리는 켈트족 다산의 신인 브랜Bran의 이름을 따서 '축복받은 밀기울Bran the Blessed'이라고 홍보했다. 할아버지가 63세에 대장암으로 돌아가셨기 때문에 이 제품은 내게 특별한 의미가 있다. 나는 우리가 밀기울을 대중화하고 10년 후 콜레스테롤 조절에 도움이 되는 귀리기울을 최초로 판매했다는 사실이 매우 자랑스럽다.

아몬드버터

아몬드를 가공하다 보면 깨진 조각이 아주 많이 나온다. 더그 로치Doug Rauch는 아몬드를 갈아서 땅콩버터와 비슷하게 만들자는 생각을 떠올렸다. 말은 쉬웠다. 아몬드를 분쇄하는 기술은 땅콩을 분쇄하는 기술과는 전혀 달랐기 때문이다. 이 책에서 자주 만나게 될 더그는 마침내 오리건에서 한 종교 공동체를 발견했다. 그들은 아몬드 분쇄 기술에 정통했고, 그것을 더그에게 가르쳐 주었다. 우리는 수년 동안 아몬드버터를 판매하는 거의 유일한 소매업체였다. 어떤 해에는 아몬드와 땅콩의 상대적 공급량에 따라 땅콩버터보다 아몬드버터를 더 저렴하게 판매하기도 했다.

남은 아몬드 조각을 활용하는 것은 '홀 어스 해리Whole Earth Harry'적 측면에서 매우 만족스러운 방식이었다. 게다가 한 의사 고객은 여드름 치료를 위해 이 제품을 처방하기도 했다!

한편, 더그는 '목화씨 버터'도 생각해 냈다. 역시 친환경적인 이 버터는 정말 싸고 맛있었다. 하지만 안타깝게도 몇몇 고객이 이 버터를 먹은 후 아나필락시스 쇼크를 일으켰고, 우리는 서둘러 시장에서 제품을 회수해야 했다(인구의 약 5퍼센트가 땅콩버터를 먹으면 아나필락시스 쇼크를 일으킨다).

개 사료

어느 개 사료 제조업체가 캘리포니아 대학교 데이비스 캠퍼스 농업 대학에서 개발한 새로운 사료 제조법을 소개하겠다며 연락해 왔다. 개들은 옥수수를 잘 소화하지 못한다고 한다. 그래서 우리는 프리미엄 개 사료의 절반 가격에 옥수수가 들어가 있지 않은 사료를 출시하고 데이비스에서 만든 제조법이라고 광고했다. 그러자 대학 측에서 거세게 항의했고, 우리는 서둘러 이 광고를 철회했다. 하지만 개 사료는 계속 판매했다.

어쩌면 나도 이제 이 사료를 먹어야 할지도 모르겠다. 열한 살인 우리 개 랩은 매일 나와 5킬로미터씩 하이킹을 하는데, 나보다 훨씬 더 잘 다닌다. 랩은 트레이더 조 개 사료와 특별 간식으로 트레이더 조 땅콩버터 개뼈다귀를 먹는 게 전부다. 아내 앨리스는 세 살배기 손녀 오데트가 도착하기 전에 개 밥그릇을 바닥에서 치워 놓지 않으면, 오데트도 이 개 사료를 먹을 거라고 말한다. 마찬가지로, 문을 닫아 두지 않으면 큰어치들이 부엌으로 날아들어와서 개 사료를 먹을 것이다.

케치

연방 정부는 마요네즈나 케첩 같은 특정 제품에 대해 '동일성 표준standards of identity'을 정해 놓고 있다. 따라서 어떤 제품이 명시된 모든 성분을 포함하고 있지 않으면, 그 제품은 해당 이름을 사용할 수 없다. 안타깝게도 이 기준에 따르면, 케첩은 설탕을 30퍼센트 함유하고 있어야 한다. 원래 토마토는 단맛이 나지만 이렇게까지 달지는 않다!

어느 날 한 공급업체가 설탕이 첨가되지 않은 케첩을 팔고 싶다고 제안해 왔다. 하지만 우리가 승인을 받으려고 정부 측에 트레이더 조의 케첩 라벨을 제출하자 설탕이 충분히 들어 있지 않다는 이유로 반려되었다! 아들인 젊은 조가 매킨토시에서 고개를 들고 '케치Ketch'라는 다른 이름을 쓰면 어떻겠느냐고 제의했다. 하지만 건강한 식품을 찾는 고객들에게조차 케치는 인기를 끌지 못했다. 우리는 케치를 판매하려고 여러 번 시도해 보았지만 포기할 수밖에 없었다. 그러나 그만한 가치가 있는 노력이었다. 13장에서 젊은 조를 다시 만나게 될 것이다. 그리고 정부 규제로 말미암아 반복되는 갈등을 담은 훨씬 더 흥미진진한 에피소드들을 읽게 될 것이다. 20장을 주의 깊게 읽어 보길 바란다.

가공하지 않은 냉동 생선

12장에서 다루는 냉동 생선이라는 카테고리는 사실상 우리가 만들었다. 나는 좋은 식품을 저렴하게 제공하는 일에 전율을 느낀다. 잡지 〈선셋Sunset〉과 〈시푸드 리더〉에서 생선을 잡자마자 냉동한 경우라면 냉동 생선이 생물보다 더 나을 때가 많다는 우리 견해를 지지했을 때는 정말 기뻤다.

자, 이제 1965년 어느 가을 오후, 트레이더 조가 탄생했다기보다는 우연히 시작된 한 술집으로 가보자.

1부

트레이더 조의 탄생

1장

위기는
갑자기 찾아온다

나는 설사 의도치 않더라도
이 괴물이 우리를 짓밟을 거라는 사실을 알았다.

트레이더 조는 1965년 10월 어느 금요일 오후, 라 시에네가 대로에 있는 한 바에서 덮쳐온 위기로부터 시작되었다. 테일 오 더 콕Tail O' the Cock은 로스앤젤레스와 베벌리힐스의 비싼 술집들이 모인 라 시에네가 식당 거리에 있는 유명한 바였다. 점심 시간 직후에는 술을 마신 사람들 때문에 라 시에네가를 운전하는 것은 매우 위험했다.

나를 초대한 메릿 애덤슨 주니어Merritt Adamson Jr.는 평소 주량대로 칵테일(깁슨) 석 잔을 다 마신 참이었다. 그가 네 번째 잔을 주문했을 때, 나는 무슨 일이 있음을 눈치챘다.

나는 서른다섯 살이었고, 로스앤젤레스에 16개 매장이 있는 편의점 체인 프론토 마켓의 대표이자 대주주였다. 우리는 불과 3년 전에 파산 직전까지 갔다. 나는 1958년 렉솔 드럭 컴퍼니의 지원하에 프론토의 사업 개시 업무를 맡았고, 렉솔로부터 6개 매장을 인수했다. 당시 엄청난 차입금을 끌어와 프론토를 인수했는데(돈이 없었다), 그 후 메릿이 많은 자금을 제공했고 덕분에 우리는 매장을 16개로 확장하고 상당한 흑자로 돌아설 수 있었다.

메릿은 나보다 나이가 아주 많지는 않았지만, 10년 전 갑자기 아버지가 돌아가시면서 아도르 밀크 팜스Adohr Milk Farms의 대표 자리에 앉았다. 우리는 매달 비즈니스 오찬을 가졌고, 프론토는 규모는 작았지만 아도르의 우유와 아이스크림을 구매하는 최대 고객이 되었다. 그러나 그것만으로는 충분하지 않았다. 아도르는 천천히 가라앉고 있었다. 메릿은 이제 완전히 부패한 캘리포니아 우유 업계에서 드물게 윤리적인 사업가였기 때문이었다.

1935년 우유가 원가 이하로 판매되던 대공황 시기에 메릿의 아버지는 '우유 규제법'을 제정하는 데 기여했다. 그 후 여러 차례 개정된 이 법은 캘리포니아 우유 업계에 적용되었고, 특히 유제품 회사와 식료품점 간의 관계에 영향을 미쳤다. 제2차 세계대전 이후 대형 유제품 업체와 대형 슈퍼마켓 체인은 불법 리베이트나 불법 자금 조달 또는 이 둘 다에 대한 계약을 맺으면서 우유 규제법을 점점 더 공공연히 위반했다.

이것은 시장을 규제하려는 파시스트fascist적 법률이 가져오는 당연한 결과다. 하지만 1935년에 국가와 산업을 하나로 묶는다는 베니토 무솔리니Benito Mussolini의 생각(파스케스fasces는 로마에서 권위를 나타냈던 상징으로 도끼 손잡이에 막대기 다발을 묶은 것이다. '모두를 위한 하나, 하나를 위한 모두'를 보여주는 상징물이다)은 전 세계적으로 큰 인기를 끌었다. 프랭클린 D. 루스벨트Franklin D. Roosevelt 대통령 역시 '푸른 독수리'로 상징되는 국가산업부흥국National Recovery Administration을 설립해 이를 따라 하려 했지만, 1937년 대법원이 이를 폐지했다. 그럼에도 무솔리니의 잔재는 미국의 모든 주에 남았고, 일부 우유 규제법에도 여전히 흔적이 남았다(주류법에는 더 강하게 남았다).

메릿 애덤슨 시니어Merritt Adamson Sr.가 우유 규제법을 만들었을 때, 대부분의 우유는 가정배달 방식으로 판매되었고 슈퍼마켓은 거의 없었다. 전쟁이 끝난 뒤 새로운 교외 지역 사람들이 우유를 구매하는 방식은 크게 달라졌다. 그들은 막 떠오르고 있는 슈퍼마켓에서 우유를 사기 시작했다. 아도르는 이런 변화가 일어나는 동안에도 가정배달에 매달리고 있었다. 메릿 주니어가 슈퍼마켓 사업을 하려면 아버지가 만든 법을 어겨야 했을 것이다. 그는 타협하지 않았고, 아도르는 가라앉고 있었다. 미국 최대 규모이자 아버지가 물려준 또 다른 유산인 수천 마리의 골든 건지 종種 소 떼는 벤투라 카운티에서 판매할 수 있는 양보다도 더 많은 우유를 생산하고 있었다.

1962년 프론토가 렉솔에서 분리되어 나올 때 돈이 절실히 필요했지만, 나는 유제품 회사들로부터 들어오는 은밀한 제안을 수도 없이 거절했다. "미국 외의 아무 데서나 우리를 만나 주신다면 현금으로 드리겠습니다. 저희 해외 자회사가 자금을 댈 것이고, 국세청은 절대로 모를 겁니다." 이것이 전형적인 제안이었다. 하지만 나는 제품 브랜드를 바꾸려고 한다면 나중에 이 거래 때문에 협박당할 수도 있음을 알 정도의 분별력은 있었다.

뭐랄까, 나의 윤리의식이 처음부터 완전히 도덕적이었다거나 렉솔에 있으면서 프론토를 운영할 때 전적으로 손이 깨끗했다는 말은 아니다. 워터게이트 청문회에서 법을 어긴 적이 있느냐는 질문을 받았을 때 지금은 고인이 된 샘 어빈Sam Ervin 상원의원이 대답한 말을 인용하자면, "내 모든 죄에 대한 공소시효는 끝났다"는 것이다.

식료품점 업계에서 협박은 새로운 일이 아니었다. 대규모 컨벤션이 열리면 순진한(확신한다!) 식료품 잡화상들은 무섭도록 친절한 여성들과 함께 카메라가 숨겨진 호텔 방에 들어가 함정(맞다, 함정!)에 빠졌다. 몇몇 베이커리 회사는 이런 짓으로 악명이 높았다.

1962년, 메릿과 나는 의견이 맞았다. 메릿은 우리의 우유 사업을 가져가고, 우리는 자금을 얻되 우리가 하는 모든 일은 정부와 아무 문제 없이 깨끗하게 하자는 것이었다. 메릿의 변호사 줄리언 버크Julian Burke가 이를 토대로 자금 조달 계획을 세웠다. (버크는 그 후 유명한 기업 회생 전문가가 되었다. 그리고 70세에는 로스앤젤레스 교통국의 책임자가 되었다.) 이 계획은 성공적이었지만, 무지방 우유로 선호가 옮겨가고 있던 사회 트렌드에서 유지방 함량이 높기로 유명한 골든 건지 우유를 모두 팔기에는 충분하지 않았다.

메릿에게는 또 다른 문제도 있었다. 그와 여자 형제들은 말리부를 물려받았다.

메릿의 어머니 로다 린지Rhoda Rindge(아도르Adohr는 로다Rhoda를 거꾸로 쓴 것이다) 여사는 우리 시골뜨기들이 말리부라고 부르는 스페인 불하 토지의 상속인이었다. 하지만 이 땅이 큰 문제였다. 애덤슨 가족은 땅은 많았지만 현금이 없었다. 이 넓은 땅을 개발할 자금이 모자랐던 것이다. 그들은 잠재 가치보다 훨씬 낮은 가격에 땅을 팔아야만 했다.

어쨌든 끝을 향해 가는 우리의 갈증을 풀어 주기 위해 네 번째 깁슨 잔이 나왔다. 메릿은 일 년 내내 얼굴이 햇볕에 탄 것처럼 보이는 거대한 곰 같은 사내였지만, 부끄러움이 몹시 많았다. 그래서 깁슨을 마셨다. 네 번째 잔을 마신 뒤 마침내 메릿이 이야기를 꺼냈다. 그는 고통스럽게 고백했다. "조, 나 아도르를 팔았어. 사우스랜드 코퍼레이션Southland Corporation에 말이야."

잘 모르는 사람들을 위해 설명하자면, 사우스랜드는 세븐일레븐 마켓을 소유하고 있는 회사다. 렉솔사의 파트너로서 나는 1958년에 세븐일레븐을 모방해 프론토를 시작했다. 캘리포니아에는 3장에서 다룰 노동자 문제 때문에 세븐일레븐이 없었기 때문이다. 메릿은 내게 첫째, 자금 조달원이 끊겼고, 둘째, 그보다 자본이 수천 배나 많은 경쟁자가 들어오고 있으며, 셋째, 그들이 캘리포니아의 높은 인건비를 피할 방법을 찾았다고 이야기했다.

나는 설사 의도치 않더라도 이 괴물이 우리를 짓밟을 거라는 사실을 알았다. 편의점 사업은 90퍼센트가 부동산이고, 그 밖의 다른 요소(판매 계획, 직원 등)는 10퍼센트에 지나지 않는다. 부동산에서 중요한 것은 임차인의 재무 상태다. 사우스랜드와 프론토 사이에는 싸움이 일어날 수가 없었다.

갑자기 술에서 깨어 집으로 돌아온 나는 앨리스와 아이들을 데리고 캘리포니아의 애로헤드 호수에 있는 오두막으로 갔다. 그리고 이틀 동안 그곳에 틀어박혀 도대체 어떻게 해야 할지 고민했다. 트레이더 조는 이렇게 시작되었다.

2장

스물일곱,
프론토 마켓의 사장이 되다

공정한 시작의 신께서
배에 실린 화물과
내가 지휘하는 배의 용골
여기 내 손을 번영케 하셨네.

— 러디어드 키플링 Rudyard Kipling, 〈디에고 발데즈의 노래 The Song of Diego Valdez〉

트레이더 조를 떠나기 얼마 전이었던 1986년쯤 나는 회사에 최신 경영 이론을 도입할 수 있는, 이제 막 MBA를 졸업한 직원을 고용해 경영에 활기를 불어넣어야겠다고 생각했다. 트레이더 조를 창업할 때 4년제 대학을 졸업한 직원은 경리부장인 데이브 요다Dave Yoda 단 한 명뿐이었다. 그러니까 지금의 트레이더 조를 만든 사람들은 모두 경험이라는 학교에서 배움을 얻은 사람들이다.

우리에게 경영학적 깨달음을 전해 주러 온 첫 번째 지원자는 내 모교인 스탠퍼드 대학교를 갓 졸업한 젊은 여성이었다. 커피를 마시면서 나의 회사 운영 방식을 설명하는 동안 그녀는 커져 가는 조바심을 억누르며 이야기를 들었다. 그러다가 마침내 "오, 사장님! 옳은 일을 하시는데, 그 이유가 전부 잘못됐네요"라고 말했다. 그녀는 채용되지 않았다.

우월감은 머리에 피도 안 마른 MBA들이 보이는 전형적인 특징이지만, 첫 번째 직장을 다닐 때의 나는 그중에서도 유독 잘난 척이 심한 편이었던 것 같다. 심지어 그 직장은 세 차례의 아이젠하워 불황Eisenhower recessions 중 첫 번째 불황이었던 1954년 6월에 내가 얻을 수 있는 유일한 일자리였다. 당시에는 MBA가 뭔지도 모르는 사람이 많았고, 관심 있는 사람도 거의 없었다. 스탠퍼드에서 소매업에 관한 수업을 들은 적도 없고, 아무 관심도 없었던 내가 한 달에 325달러를 받는 직장에 취업한 것은 행운이었다. 나를 채용하고, 참아 주고, 격려해 주고, 최고경영자가 되는 것에 대해 내가 알고 있는 모든 것을 가르쳐 준 사람을 만났다는 것은 그보다 더 큰 행운이었다. 바로 내가 이 장을 바치는 나의 공정한 시작의 신, 웨인 H. '버드' 피셔 주니어Wayne H. 'Bud' Fisher Jr.다.

한번은 공개적으로 그에게 감사를 전할 기회가 있었다. 이 장에서 이야기한 사건들이 있고 나서 30년이 지난 뒤 스탠퍼드 경영대학원 로스앤젤레스 동문회는 나를 올해의 기업가로 선정했다. 축하연이 있던 날은 버드의 40주년 결혼기념일이었지만 버드 부부는 그날 밤 축하연에 참석해 주었고, 나는 그에게 깊은 감사 인사를 전해 그를 당황케 했다.

버드와 나의 관계는 1993년 그가 죽을 때까지 거의 40년 동안 이어졌다. 나는 한동안 우리가 어떻게 이런 관계를 맺을 수 있었을까 궁금해한 적이 있었다. 나중에 깨달은 답은 간단했다. 우리 둘 다 왼손잡이였기 때문이다. 나는 어느 쪽 손을 주로 쓰는지가 그 사람에 대해 알 수 있는 가장 중요한 정보라고 생각한다. 입사지원서에 절대 기재하지 않는 질문이고, 요즘에는 아마 묻는 것도 금지되어 있을 것이다. 하지만 모든 왼손잡이의 뇌에는 난독증이 도사리고 있다. 이것은 우리가 세상을 다르게, 때로는 더 유리하게 바라본다는 뜻이다. 그래서 나는 면접을 볼 때 면접자에게 뭔가를 써보게 하려고 한다. 한때는 트레이더 조에서 왼손잡이들의 모임을 작당한다고 추궁당하기도 했다. 그중 한 명인 더그 로치는 동부 지역 트레이더 조의 사장이 되었다.

버드 피셔는 캘리포니아 남부의 창업주 가문에서 태어난 미남으로 퍼모나, 하버드, 스탠퍼드를 졸업했다. 그는 노르망디 상륙작전에 중위로 참전했으며, 금발의 미녀와 결혼했다. 당시 버드는 서부에 300개의 매장을 가지고 있었지만 정체기에 빠진 아울 렉솔 드럭 컴퍼니Owl Rexall Drug Co.(렉솔이 아울을 인수해 만들어짐)의 부사장이었다. 모르몬교도인 콜과 클라크가 셀프 서비스 매장이라는 새롭고 기발한 컨셉으로 시작한 세이브온Sav-on 약국이 네이팜탄처럼 로스앤젤레스를 강타했다. 세이브온 하나가 문을 열 때마다 아울 드럭스토어 세 곳이 문을 닫았다.

버드는 그 이유를 알아내기 위해 나를 고용했다. 왜 나를 고용했을까? 무시하려는 건 아니지만, 이번만은 경영학 석사가 갖는 우월감이 정당한 경우였다. 아울 드럭 컴퍼니Owl Drug Co.는 경영에 참여한 지 얼마 안 된 피셔가 유일한 인재인 형편없는 회사였다. 나의 혐오감은 그것을 표현하는 방식이 무례하다는 점을 제외하고는 정당했다. 버드는 내가 무례한 태도를 보였는데도 나를 지지해 주었다. 그는 렉솔 경영진의 복잡하고 혼란한 경영을 조용히 바라보았지만, 그에 대해 나만큼이나 부정적인 견해를 가졌던 것이다. 하지만 그는 나보다 열 살이나 많았다. 게다가 노르망디에 참전했던 경험까지 있어서 정신연령은 그보다도 더 높았다.

우리는 아울의 대안을 조사하는 과정에서 텍사스에 있는 세븐일레븐 매장을 발견했다. 캘리포니아에는 이런 것이 없었다. 식료잡화점이 내 흥미를 당겼다.

그리고 나서 아울을 그만두었다. 버드에게 아울에서 배울 수 있는 것은 다 배웠고, 계속 이곳에 남아 있는다면 스탠퍼드에서 배운 경영 기술을 잃게 될까 봐 두렵다고 말했다. 나는 휴스 에어크래프트Hughes Aircraft로 이직해서 반도체 사업부의 재무기획자가 되었는데, 반도체 사업부는 내가 그곳에서 일하던 짧은 기간 동안 6배 성장했다.

그러나 버드도, 나도 세븐일레븐에서 보았던 사업 기회를 잊지 않았다. 던 & 브래드스트리트Dun & Bradstreet에 따르면, 1950년대 초에 일반적인 식료잡화점의 투자 수익률은 54퍼센트에 달했다.

아울을 그만둔 지 18개월 후 버드가 내게 전화를 했다. 나를 다시 불러들여 세븐일레븐을 모방하자고 렉솔의 경영진을 설득했다는 것이었다. 그렇게 해서 나는 스물일곱 살에 프론토 마켓의 사장이 되었다.

프론토 마켓을 만들다

당시 캘리포니아에는 세븐일레븐이 없었기 때문에 우리가 시험적으로 문을 연 6개의 프론토 매장은 성공적이었다. 하지만 프로젝트를 시작하고 2년 만에 번개가 내리쳤다. 내가 듣기로 렉솔의 이사회는 터퍼웨어Tupperware를 "빌어먹을, 고작 파티나 열어서 파는 물건!"*이라며 만장일치로 반대했으나, 렉솔의 유명한 회장이었던 저스틴 다트Justin Dart(22년 후 레이건 대통령의 식사에 초청받을 정도로 가까운 지인이 되다)가 이를 인수해 버렸던 것이다. 1년 만에 터퍼웨어는 렉솔 이익의 3분의 1을 창출해 냈다.

다트는 엘 패소 천연가스 El Paso Natural Gas와의 협력을 통해 터퍼웨어에 필요한 플라스틱을 생산할 수 있도록 소유 중인 1100개의 약국(남부의 레인 드럭 컴퍼니 Lane Drug Co., 동부의 리겟 드럭 컴퍼니 Liggett Drug Co., 아울 드럭)을 전부 청산해 현금을 마련하라고 지시했다. 터퍼웨어의 수직적 통합은 아울 드럭과 프론토의 수평적 분열로 이어졌다.

하지만 다트에게는 한 가지 문제가 있었다. 털이 숭숭 빠지고 있는 아울 드럭을 사려는 이가 아무도 없었다는 것이다. 지금 같으면 약탈형 투자자들이 아울 드럭을 놓고 싸웠겠지만, 그때는 벤처투자자도 약탈형 투자자도 흔하지 않았다. 32년 후인 1992년, 내가 스리프티 드럭스토어 Thrifty Drug Stores의 청산 업무를 맡았을 때는 무려 여덟 곳의 열성적인 약탈형 투자자들이 입찰에 참여했다. 하지만 1960년의 미국은 오늘날의 유럽이나 일본과 비슷했다. 미국이 유럽과 일본을 앞지르게 된 주요 이유 중 하나가 바로 벤처투자자와 약탈형 투자자의 출현이다.

매수자가 나타나지 않자 나는 버드에게 말했다. 그즈음 다트는 버드를 아울의 사장으로 임명했다. 나는 아울을 곤경에서 구해 내기 위해 아울의 가장 건전한 매장만 골라 기업공개를 하자고 제안했다. 5개 매장 중 한 곳 정도였다. 1961년 주식시장은 기업 가치가 이익의 20배에

---

* 당시 터퍼웨어는 판매 사원이 가정집을 방문해 '터퍼웨어 파티'라는 모임을 주최하고 여기서 제품을 시연하고 판매했다. – 역자주

이를 정도로 뜨거웠다. 건전한 매장의 이익은 기업 가치를 산정할 때 배수multiple를 13배만 적용받는다고 해도 부실 매장의 폐점 비용을 충당하기에 충분한 현금을 창출할 수 있을 정도였다. 1990년 금융위기 당시 정부도 '굿뱅크/배드뱅크Good Bank/Bad Bank'라는 이름으로 이와 동일한 전략을 채택했다. 버드와 나는 공개 기업을 운영하고, 프론토는 여기서 작지만 수익성 있는 부문이 될 것이었다. 두 난독증 환자의 의견이 일치했다.

난독증이 없던 다트도 이 생각을 마음에 들어 해서 우리는 작업에 착수했다. 그러나 유명한 인수사 중에는 우리 일을 맡으려고 하는 곳이 없었다(퍼시픽 유니언 클럽에서 한 유명인은 "3미터 장대로도 건드리지 않을 걸요"라고 단언했다). 버드와 나는 캘리포니아를 위아래로 오가며 위험도가 높은 기업공개 건을 다루는 '장외주식' 전문가들을 모았다.

그러나 기업공개 작업은 진행이 더뎠다. 컴퓨터나 전자계산기는 말할 것도 없고 팩스나 제대로 된 복사기조차 없던 시절에 재무 데이터를 모으는 것이 얼마나 느리고 힘들었는지 지금의 MBA들은 이해하기 어려울 것이다. (나는 아날로그식 계산기와 큐펠 & 에서Keuffel & Esser에서 만든 계산자slide rule를 쓰면서 프론토를 운영했다.) 이런 격세지감을 1992년 스리프티 드럭스토어를 청산할 때 뼈저리게 느꼈다. 당시 우리의 청산 업무를 맡았던 모건스탠리는 약탈형 투자자들에게 제시할 완벽한 '제안서'를 단 5일 만에 만들어 버렸던 것이다!

아울은 렉솔과 별도로 회계감사를 받은 적이 없었기 때문에 회계 법인 프라이스워터하우스Pricewaterhouse의 감사를 통과할 재무제표를 정리하는 데만 무려 6개월이 걸렸다. 1962년 봄, 증권거래위원회에 제출할 자료를 모두 준비했을 때 존 F. 케네디John F. Kennedy 대통령이 대형 철강 회사들과 다툼을 벌였다. 주식시장은 불안해졌다. 최상의 시나리오를 가정했을 때조차 든든한 배짱이 필요했던 우리의 상장 계획은 무산되었다. 버드와 나는 늘 사내 정치의 소용돌이가 휘몰아치는 렉솔에서 갑자기 받아들일 수 없는 인물이 되어 버렸다. 버드는 회사를 떠나자마자 러키 슈퍼마켓Lucky Supermarkets에 들어갔다. 뛰어난 능력을 발휘한 그는 불과 몇 년 후 러키의 CEO가 되었고, 1980년 은퇴할 때까지 유통업계에서 가장 인정받는 경영자로 자리를 지켰다.

나는 프론토를 인수하거나 새로운 직장을 찾아야 했다.

주식시장의 하락세가 가속되었다. 1962년 5월 어느 날 나는 렉솔의 재무팀장을 찾아갔다. 그는 〈월 스트리트 저널Wall Street Journal〉과 전화 통화를 하면서 렉솔의 주가가 왜 60달러에서 21달러로 떨어졌는지 설명하고 있었다. 나는 책상 위에 "프론토 마켓을 장부가로 사겠습니다"라고 적은 쪽지를 올려놓았다. 그는 손으로 수화기를 가리고 "장부가보다 1만 달러만 더 주면 프론토 마켓은 당신 거예요"라고 조용히 말했다. 우리는 악수를 나눴고, 나는 90일 안에 자금을 마련해야 했다.

문제는 돈이 하나도 없었다는 것이다

독자들이 궁금해할까 봐 말해 두자면, 앨리스와 나는 이삿짐 트럭 렌트 회사인 유홀U-Haul의 우수 고객이었다. 대학원을 다니며 결혼했던 우리는 스탠퍼드를 떠날 때 가장 작은 유홀 트레일러에 모든 짐을 다 실을 수 있었다. 프론토 마켓을 인수할 당시에는 유아용 침대 정도만 짐이 늘어 전보다 살짝 더 큰 트레일러가 필요한 수준이었다.

우리는 어떻게든 돈을 마련했다. 렉솔은 흔쾌히 약속어음을 받았다. (다트는 서둘러 유통업을 정리하고 싶어 했고, 이 점이 내게 유리하게 작용했다.) 우리에게는 앨리스가 교직에 있을 때 저축한 4000달러가 있었고 (생활은 내가 버는 325달러로 했다), 갖고 있던 작은 집을 팔아 7000달러를 마련했다. 할머니에게 2000달러, 아버지에게 5000달러를 빌렸다. (엔지니어였던 아버지는 항공우주 산업의 기복에 따라 제너럴 다이내믹스General Dynamics에 고용되었다가 실직하기를 반복하셨다. 그 사이사이에 일련의 작은 사업체들을 운영하셨다. 1962년에는 자동차에 맥툴Mac Tool을 싣고 다니며 판매하기도 하셨던 것 같다.) 17년 후 마침내 사업을 매각했을 때 내가 들인 총 투자금은 2만 5000달러에 불과했다.

그리고 나는 주식의 절반을 무형 자산 가치나 프리미엄 따위는 붙이지 않고 순수한 장부가액으로 직원들에게 팔았다. 나를 믿어 준 이들에게 신의 축복이 있기를!

하지만 자금은 여전히 턱없이 부족해서 우리는 뱅크 오브 아메리카의 톰 딘Tom Deane을 만나러 갔다. 상황을 설명하자 딘은 그 자리에서(!) 앨리스와 내 서명을 받고 돈을 빌려주었다. 몇 년 후 딘에게 그때 어떻게 그렇게 강심장일 수 있었냐고 물어봤더니 그는 이렇게 대답했다. "간단해요. 렉솔이 프론토의 임대차계약에 묶여 있으니 당신을 그냥 파산하게 두지는 않을 거라고 생각했거든요."

이렇게 해서 나는 프론토 마켓 7개 지점의 지배주주가 되어 앨리스(집에서 매입채무 업무를 담당했다)와 두 아이를 키우며 월세 150달러짜리 집에서 살게 되었다. 우리는 빚더미에 올라앉았다. 설상가상으로 컬버시티에 새로 개업한 일곱 번째 매장 근처에서 정부가 대규모 치수 사업을 시작했다. 자그마치 6개월 동안 6미터 도랑 위에 걸쳐진 판자를 건너지 않으면 아무도 매장에 들어올 수 없었다. 차입금의 이자 상환 비용과 더불어 컬버시티 지점이 다른 매장에서 나오는 이익을 모두 잠식하고 있었다. 파산법 11조에 따른 파산도 가능한 상황이었다.

밤에 녹초가 되어 집에 오면 우리는 〈서 푼짜리 오페라 Threepenny Opera*〉["빅토리아의 전령은 자주 오지 않네 (…) 비참한 패배에 대한 응답은 언제나 또 다른 패배일 뿐!"]를 틀어 놓았다. 그리고 이 미래의 와인 판매 전문가는 가난했던 데다가(재고가 쌓여 있었다) 무엇보다도 무지해서 폴 매슨 크림 셰리 Paul Masson Cream Sherry를 홀짝거렸다.

하지만 당시 나는 볼록하지 않은 문제**에는 다양한 해법이 존재할 수 있다는 개념을 함축적으로 담고 있는 바버라 W. 터크먼 Barbara W. Tuchman의 《8월의 총성 The Guns of August》을 읽고 있었다.

그리고 내게는 내 지휘를 따르는 일곱 척의 배가 있었다…….

---

* 여기 나오는 〈서 푼짜리 오페라〉의 모든 가사는 로테 레냐(Lotte Lenya)를 주연으로 1960년경 발매된 로우스-MGM(Loew's-MGM) 미국 오리지널 캐스트 앨범에 수록된 것이다. - 저자주

** 수학적 비유로, 볼록(convex) 문제에는 해(解)가 하나 존재하는데 비볼록(non-convex) 문제에는 여러 해가 존재할 수 있다. - 역자주

3장

성공하기 위한
노력과 결과

정확히 틀리는 것보다는 대충 맞는 것이 낫다.

— 카베스 리드 Carveth Read

모든 사실을 알 수 있다면, 얼간이도 결정할 수 있어요.*

— 텍스 손턴 Tex Thornton (리턴 인더스트리 Litton Industries 공동 설립자)

기본적으로 나는 1962년 여름의 프론토 마켓 운영 방식이 마음에 들지 않았다. 4년간 세븐일레븐 방식으로 매장을 운영하면서 캘리포니아에서 세븐일레븐을 복제하려는 다양한 시도를 지켜본 결과, 이 방식은 슈퍼마켓이 영업시간을 연장하면 큰 위험에 처할 수 있었다. 1962년 봄 아울의 기업공개를 실패로 몰아넣었던 바로 그 침체의 여파로 우려했던 위험이 발생했지만, 나는 전략을 어떻게 바꿔야 할지 몰랐다.

1962년 바버라 터크먼은 제1차 세계대전이 발발하고 첫 90일을 기록한 《8월의 총성》을 출간했다. 이 책은 내가 읽은 경영, 그중에서도 특히 잘못된 경영에 관한 책 가운데 가장 훌륭하다.

터크먼의 책에서 얻은 가장 근본적인 결론은 최적의 전략을 기다리는 대신 합리적인 전략을 채택하고 이를 고수하면 대개는 성공한다는

---

* 경영인이 한 말 중 내가 가장 좋아하는 말이다. - 저자주

것이다. 끈기는 탁월함만큼이나 중요하다. 독일군과 프랑스군 모두 뛰어난 참모진이 있었지만, 어느 쪽도 전쟁 전의 계획을 고수하는 끈기를 발휘하지 못했다. 그 결과 전쟁은 발발 후 90일이 지나고부터 4년간 유혈의 교착상태에 빠졌다.

1962년에서 28년이 지난 1990년 11월 10일에 〈이코노미스트Economist〉는 이를 다음과 같이 표현했다.

> (…) 볼록하지 않은 문제는 (…) 전통적인 조사 기법이 최고의 답이라고 오판할 수도 있는, 훌륭하지만 이상적이지는 않은 답이 여러 개 존재할 수 있는 퍼즐이다.

나는 프론토가 처한 문제에 대해 최적의 해결책이 아니라 그저 합리적인 해결책을 찾으면 된다는 결론을 내렸다. 사업을 하면서 최적의 해결책을 찾으려고 하는 것은 시간 낭비다. 방정식의 인수는 늘 변하기 때문이다.

하지만 의사 결정을 내릴 때 토대로 삼을 가치는 가지고 있어야 한다. 내가 선택한 하나의 핵심 가치는 1958년 설립 초기부터 시행해 온 높은 보상 정책이었다. 기업을 분열시키는 이상한 방법처럼 생각될 수도 있겠지만, 나는 당시 몇 명 없던 프론토 마켓 직원들이 나와 우리 공동의 미래에 대해 가지고 있던 믿음을 무너뜨리고 싶지 않았다. 어쨌든 그들은 렉솔로부터 프론토를 인수하는 데 필요한 자본금을 절반이나 부담했던 것이다.

직원들에게 많은 보상을 주는 것, 이것이 내가 내린 단 하나의 가장 중요한 비즈니스 결정이었다. 처음에는 프론토 마켓, 이후 트레이더 조는 유통업계에서 가장 많은 급여와 가장 넉넉한 직원 복지를 제공했다. 그렇다면, 이런 높은 보상을 어떻게 제공했을까?

성공을 위한 단 하나의 결정

트레이더 조의 역사에서 로맨스를 찾는 독자들이 앞으로 직원 정책에 대한 다소 기술적인 논의가 이루어지는 것을 보고 실망하지 않기를 바란다. 그러나 내가 30년 동안 경험했던 진짜 로맨스는 회사를 움직이고 여러 가지 좋은 아이디어를 내준 직원들과 함께 나눈 것이었다.

'왜 지금까지 트레이더 조를 모방하는 데 성공한 기업이 없는가?'라는 질문을 여러 번 받았다. 이 질문의 답은 높은 임금과 혜택을 기꺼이 제공하려는 사람이 아무도 없었고, 따라서 트레이더 조 직원들과 같은 인재를 끌어당기고 유지하지 못했기 때문이라고 말하겠다. 내 기준은 간단했다. 매장에서 일하는 평범한 풀타임 직원이라면 캘리포니아의 가구 기준 중위 소득은 벌어야 한다는 것이었다. 당시 캘리포니아의 가구 기준 중위 소득은 약 7000달러였다. 2020년 기준으로는 약 4만 달러다. 1960년대에 내가 미처 생각하지 못했던 것은 아주 많은 부부가 맞벌이로 경제활동에 참여하게 되리라는 것이었다. 사업을 시작할 당시 평균 가구 소득은 평균 근로자 소득과 거의 같았다. 1970~1980년대에 일어난 커다란 사회 변화로 수백만 명의 여성이 사회로 진출했고, 평균 가구 소득이 치솟았다. 그러나 우리는 우리의 기준을 고수했고, 성과를 거뒀다.

이기적 이타주의가 먹히다!

이타적인 선지자인 체하고 싶지만, 내가 직원들에게 높은 보수와 복지를 제공했던 이유 중에는 우리 회사에 노조가 생기는 일이 없었으면 좋겠다는 바람도 있었다. 당시 유통업 직원 노조Retail Clerks Union가 이미 전설이 된 조 드실바Joe DeSilva의 지휘 아래 유통업계를 공포에 떨게 하고 있었다. 사실, 우리가 지급하는 시간당 임금이 노조에 의해 책정되는 시급 기준보다 더 높은 것은 아니었다. 하지만 우리는 직원들에게 시간을 제공했다. 노조가 책정한 시급 기준이 워낙 높기 때문에 슈퍼마켓들은 직원들의 근무시간을 최대한 줄이려고 노력했는데, 초과근무 수당을 지급하지 않기 위해 수단과 방법을 가리지 않았던 것이다. 나는 간단하게 초과근무 시스템을 도입했다. 누구나 주 5일, 48시간을 근무하게 했던 것인데, 실제로 일을 하다 보면 이런저런 변동이 생겨 직원들은 주 4일 근무와 주 6일 근무(38.5시간에서 57.5시간 사이)를 왔다 갔다 하며 일한다. 그렇다 보니 쉬는 날이 3일이 되는 경우가 많은데, 이것이 직원들에게 상당한 인기를 끌었다.

노조가 있어서 문제가 되는 것은 임금체계가 아니다. 노사 간에 체결하는 취업 규칙work rules과 연공서열 규정seniority rules이 진짜 문제다. 내가 스탠퍼드를 졸업한 1954년 이후 미국의 노조 가입률은 급격히 떨어졌다. 고용주들이 취업 규칙을 없애기 위해 고군분투한 것이 주된 이유였다. 노조 협약보다는 법으로 취업 규칙을 강제하는 유럽도 오늘날 같은 문제에 직면했지만, 그리 잘 대처하지 못하고 있다. 그러나 엄밀히 말하면, 이러한 취업 규칙은 어느 날 갑자기 땅에서 솟아난 것이 아니라 쇠똥구리가 열심히 똥을 굴려 똥 덩어리를 만들듯 만들어졌다. 취업 규칙은 변명할 수 없는 고용주의 관행 때문에 만들어진 것이다. 공연을 마친 오페라 가수가 무대를 떠날 때 왜 경영자 측 직원이 그날 밤 공연의 대가로 수표를 들고 기다리고 있겠는가? 몬테베르데 때부터 수많은 가수가 주최자에게 당했기 때문이다.

1963년, 우리는 처음으로 공정노동기준법Fair Labor Standards Act의 적용을 받을 만큼 규모가 커졌다. 나는 이 법의 테두리 안에서 우리의 높은 임금 체계를 유지할 방법을 찾아야 했다. 그러다가 한 동업 조합의 도움으로 공정노동기준법에 관한 잘 알려지지 않은 1937년 대법원 판결을 발견했고, 그 덕분에 우리의 48시간 급여 체계를 훨씬 쉽게 운영할 수 있게 되었다. 판결에 대해서는 자세히 설명하지 않겠다. 지금은 10장에서 볼 수 있듯이 이 판결이 도움이 되었고, 우리가 이 판결을 철저히 검토했다는 사실만 말하면 충분하다.

우리 직원들은 유통업 직원 노조와 진지하게 접촉한 적이 없었다. 물론 높은 보상 프로그램(나중에 건강보험, 퇴직금 등의 혜택이 추가되었다)이 중요한 역할을 한 것은 사실이다. 그러나 그뿐만이 아니었다.

불만을 해소하라

우리는 모든 풀타임 직원을 대상으로 6개월마다 면담을 실시했다. 나는 스탠퍼드에서 직원들이 노조를 조직하는 이유는 돈 때문이 아니라 불만을 들어주지 않기 때문이라고 배웠다. 그래서 우리는 직속 상사인 점장이 아니라 점장의 상급자가 일부 파트타임 직원을 포함한 모든 직원을 개별 면담하는 프로그램을 마련했다. 이 프로그램의 주된 목적은 직원들로 하여금 불만을 털어놓을 수 있게 하고, 가능하다면 이를 해결하는 것이었다. 나는 우리의 면담 프로그램이 고용을 유지하는 데 급여만큼이나 중요한 역할을 했다고 생각한다.

생산성은 어느 정도는 장기 재직의 결과다. 그래서 나는 직원 교체로 말미암은 비용이 인건비의 가장 비싼 형태라고 생각한다. 자랑스럽게도 30년 동안 프론토와 트레이더 조를 경영하면서 질병이나 노화 등 개인적으로 어쩔 수 없는 문제가 생겼을 때를 제외하고는 풀타임 직원이 이직하는 일이 거의 없었다. 우리 체인점에서 일하는 거의 모든 풀타임 직원은 파트타임 직원으로 일을 시작했으며, 채용 과정에는 연고주의 문화도 널리 퍼져 있다. 파트타임 직원들과 직원들의 친인척 사이에서 사람을 구할 수 있으므로 우리는 단 한 번도 풀타임 직원 채용 공고를 낼 필요가 없었다.

서던 캘리포니아 대학교 경영대학원에서 강의를 하다가 이에 대해 이야기한 적이 있다. 그러자 한 여학생이 손을 들고 질문했다. "하지만 어떻게 경쟁사보다 훨씬 더 많은 급여를 지급하실 수 있었나요?" 이 질문에 대한 답은 뻔하다. 우수한 직원은 더 높은 생산성을 발휘하기 때문이다. 싼 직원을 고용해서는 안 된다.

> "나는 '동료associates'라는 완곡한 표현을 쓰지 않아요. 이 단어는 '수직적으로 어려운 사람vertically challenged(키가 작은 사람)'이나 '중요한 다른 한 사람significant other(애인)'처럼 현대어 사전에 등재된 애매한 표현들과 크게 다르지 않기 때문입니다."
>
> — 샘 월턴Sam Walton

생산성을 높이기 위한 전략

'볼록하지 않은 문제'를 다루면서 내게는 제약이 있었다. 1966년 메릿 애덤슨이 세븐일레븐에 사업을 매각할 즈음 약 16개 편의점이 장기임대차계약에 묶여 있었던 것이다.

편의점(재고가 적고 비품이 거의 없는 소규모 매장)을 운영하는 데 있어 문제는 높은 임금과 복지 혜택을 정당화할 만큼 직원들의 생산성을 끌어올리기에 충분한 투자를 하기가 어렵다는 것이다. 나는 생각을 전환해 높은 임금이라는 수레를 편의점이라는 말 앞에 두었다. 1986년에 면접을 보았던 스탠퍼드 출신의 젊은 여성 지원자가 말했던 것처럼, 어쩌면 잘못된 이유로 옳은 일을 했던 것일 수도 있다. 나는 오랜 세월 경영을 하면서 높은 임금 정책을 고수했고, 이런 방식을 유지할 방법을 찾기 위해 많은 노력을 기울였다.

먼저 투자금을 늘려 임대료가 높더라도 가장 많은 매출을 올릴 수 있는 좋은 자리에만 매장을 열었다.

임대차계약은 소매업자가 할 수 있는 가장 진지하면서도 가장 변경하기 어려운 투자다. 재무적으로 보았을 때 임대차계약은 간단히 장기 대출과 비슷하다. 프론토 마켓을 인수했을 때 명시적인 대차대조표상 부채도 많지만, 임대차계약 때문에 생긴 사실상의 부채로 인해 숨어 있는 재무 부담은 더욱 심각했다. 이렇게 숨겨진 부채는 회계감사가 작성하는 각주에만 기재된다. 그리고 오직 임차료 자체만 기재한다. 여기에는 기본 임대료의 3분의 1 수준이며 당연히 지급해야 하는 '공용 구역' 관리비는 포함되지 않는다. 소매업체들이 파산하는 주된 이유 중 하나가 바로 잘못 맺은 부동산 임대차계약이다. 1930년 렉솔이 파산한 이유도 이것이었다. 호황기였던 1920년대에 잘못된 임대차계약을 맺었던 것이다.

나는 일을 시작한 지 얼마 지나지 않아 결정에는 쉽게 되돌릴 수 있는 것과 그럴 수 없는 것, 두 종류가 있다는 사실을 배웠다. 15년짜리 임대차계약은 소매업자가 내리는 결정 중 가장 되돌리기 어려운 것이다. 이런 이유로 나는 사업을 하는 내내 부동산과 관련된 결정에 대해서는 절대적인 통제권을 행사했다. 1960년대 초에 높은 임금 정책을 고수하기 위해 최고의 입지만을 골라 매장을 내야 했던 것도 1966년 세븐일레븐의 등장이 우리에게 그렇게 큰 문제로 여겨졌던 이유 중 하나였다. 세븐일레븐은 높은 자본력과 낮은 인건비를 바탕으로 최고의 입지를 차지할 수 있었기 때문이다.

프랜차이즈의 습격

　세븐일레븐이 캘리포니아에 진출하지 못했던 것은 조 드실바의 공격적인 조직화 전략 때문이었다. 세븐일레븐이 매장을 운영하던 텍사스와 다른 남부 주에서는 그런 문제가 없었다. 우리는 노조 문제 때문에 세븐일레븐이 캘리포니아에는 진출한다고 해도 적어도 로스앤젤레스까지는 들어오지 못할 것이라고 생각했다. 하지만 그들은 약삭빨랐다. 프랜차이즈 시스템을 도입했던 것이다. 프랜차이즈 계약을 맺어 매장을 내면 하나의 체인으로서 주류를 구매하거나 창고에 보관할 수 없음에도 말이다. 하나의 회사로서 주류를 구매하고 보관하려면, 법적으로 모든 매장에 대한 소유권을 가져야 한다.

　팔이 안으로 굽은 내가 보기에 세븐일레븐의 '프랜차이즈' 시스템은 농노제와 다를 바 없었지만, 세븐일레븐은 이렇게 해서 노조와 관련된 문제를 피하고 인건비를 프론토의 3분의 1 수준으로 낮출 수 있었다. 그들은 탄탄한 자본력과 낮은 인건비를 갖춘 채 프론토의 길 건너편에 들어와 손실을 감내하면서 우리를 망하게 할 수 있었다.

　나는 프랜차이즈를 좋아하지 않는다. 업계에서 프랜차이즈 제도를 끔찍하게 악용하는 사례들이 있었고, 그 결과 캘리포니아를 비롯한 여러 주에서 프랜차이즈 제도의 악용을 막는 정교한 프랜차이즈 법이 만들어졌다. 트레이더 조와 프랜차이즈 계약을 맺고 싶어 하는 사람들이 한 달에도 몇 통씩 내게 전화를 걸어왔다. 그때마다 나는 그냥 "안 된다"도 아니고, "하늘이 무너져도 절대 안 된다"라고 못 박았다.

위스키를 들이붓다

높은 인건비를 충당하기 위해 프론토 매장에서 펼쳤던 두 번째 전략은 맥주와 와인 대신 위스키를 들여놓는 것이었다(세븐일레븐이 들어오기 훨씬 전이었다). 당시에는 주류 판매 면허를 받는 비용이 너무 비싸서 추가로 주류 판매 면허를 획득하고 물건이 차지하는 자리, 즉 1세제곱미터당 창출하는 가치가 높은 재고를 들여놓으면 일반적인 편의점의 기준 면적인 223제곱미터보다 넓게 확장하지 않고도 매장의 수익을 2배로 늘릴 수 있었다.

당시 캘리포니아는 모든 주류에 대해 공정거래법Fair Trade laws을 적용했다. 따라서 주조업체가 제품의 최저 소매가를 정했고, 판매자가 이 가격을 지키지 않으면 주 정부가 민사 처벌뿐 아니라 형사 처벌을 통해 이를 강제했다. 이 법 역시 대공황 당시 생긴 파시스트적 법률 중 하나였다. 따라서 1장에서 우유 가격을 전혀 할인할 수 없었다고 설명했던 것처럼, 술 역시 소비자에게 할인해서 판매할 수 없었다. 주류 판매 면허를 얻는다는 것은 보장된 수입원을 갖게 된다는 의미였다. 그래서 판매 면허를 취득하는 비용이 그렇게 비쌌던 것이다(오늘날 공정거래법은 종료되었고, 주류 판매 면허를 취득하는 비용은 거의 무료에 가깝다). 세븐일레븐이 들어왔을 때는 우리 매장의 약 3분의 1이 주류 판매 면허를 보유하고 있었다.

상품의 기준이 된 AA등급 특대란

렉솔을 인수한 후 우리는 처음으로 제품에 대한 얼마간의 지식을 쌓기 시작했다. 폴 매슨 크림 셰리를 마시며 파산 직전에 있던 서른두 살의 프론토 사장은 와인이나 자신이 파는 상품에 대해 아는 바가 전혀 없었다. 이 점에서는 당시의 식료잡화점은 물론이고 오늘날의 다른 식료잡화점들과도 다를 바가 없었다. 슈퍼마켓 체인의 구매 담당자들은 자신이 판매하는 상품에 대해 전혀 아는 것이 없었고, 알고 싶어 하지도 않았다. 그들이 아는 것이라고는 입점 공제, 공동 광고 수익, 미판매 상품이나 불량품에 대한 업체 측 보상, 반품 운임 할인 등을 얻는 것뿐이었다.

우리가 제품에 대한 지식이 중요하다는 사실을 처음 인식하게 된 상품은 특대란이었다. 대학원생들은 이 이야기를 아주 좋아한다. 렉솔을 인수한 뒤 문을 연 우리의 작은 사무실에 어느 절박한 계란 공급업자가 찾아왔다.

사무실에는 버니스 클리프Bernice Cliff와 내가 함께 있었다. 버니스는 아울 드럭의 회계 부서에서 온 망명자로, 진심으로 나를 믿어 주는 직원이었다. 그녀는 급여 및 일반 회계 업무를 담당했다. 버니스는 내 비서가 아니었다는 사실을 분명히 밝혀 두고 싶다. 나는 프론토와 트레이더 조에서 30년간 일하면서 한 번도 비서를 둔 적이 없다. 비서를 믿지 않기 때문이다.

아울 드럭의 회계 부서에서 일했던 또 다른 망명자이자 나를 믿어 준

데이브 요다는 풀타임으로 고용할 여력이 없었다. 그는 반나절만 우리 회사에서 회계 업무를 담당했고, 나머지 반나절은 버드 피셔의 도움으로 러키 스토어에서 일했다. 임대차계약, 건축, 구매, 가격 책정, 상품화, 채용, 매장 관리 등 그 밖의 모든 업무는 내가 도맡아 했다. 내가 고용한 최고의 직원인 르로이가 30년 동안 내 오른팔이 되어 많은 도움을 주었다. 르로이는 7개 매장 중 하나를 맡아서 운영했을 뿐 아니라 내가 책임을 다할 수 없을 때마다(예컨대 폭풍우 속에서 트럭에서 짐을 내리다가 3주 동안 혼수상태에 빠졌을 때처럼) 나를 대신해 주었다. 매장이 10개가 넘었을 때, 나는 르로이와 데이브를 모두 풀타임 직원으로 사무실에 데려왔다.

이런 이유로 1962년에 내겐 아도르의 자본이 절실히 필요했다. 7개 매장에 대한 중앙집중식 경영을 유지할 자금 여유가 없었기 때문이다.

어쨌든 계란 공급업자가 우리의 작은 사무실에 찾아왔던 이야기로 다시 돌아가자. 그의 문제는 AA등급의 특대란을 너무 많이 가지고 있다는 것이었다. 그는 자신의 계란을 다른 슈퍼마켓에서 광고하는 AA등급 대란과 똑같은 가격으로 제공하겠다고 제안했다. 우리는 주 규정에 따라 대란보다 약 12퍼센트 더 무거운 특대란을 대란과 같은 가격에 판매할 수 있게 된 것이다!

게다가 여기서 더 중요한 점은 슈퍼마켓이 우리를 따라 할 수 없다는 것이었다. 특대란은 대형 슈퍼마켓 체인인 세이프웨이Safeway의 광고를 감당할 만큼 공급량이 충분하지 않았다. 특대란은 은퇴가 얼마 남지 않은 늙은 암탉만 낳는다. 그리고 그런 늙은 암탉은 그리 많지 않다.

우리가 시작한 특대란 광고는 프론토 마켓에 혁명을 일으켰다. 먼저 우리가 살아남는 데 필요한 이익을 창출해 냈고, 그 후 트레이더 조를 설립하는 데도 도움이 되었다. 지금까지도 AA등급 특대란 프로모션은 트레이더 조 상품 전략의 근간을 이룬다. 프로그램 자체가 좋기 때문만이 아니라 이 일을 계기로 상품 공급에서 또 다른 불연속성discontinuity은 없는지 고민하게 되었기 때문이다. 8년 후 우리는 이러한 불연속성의 원칙을 바탕으로 트레이더 조를 만들었다.

세븐일레븐이 등장했을 때 프론토 마켓 체인은 고임금 정책을 유지하고, 좋은 입지에 매장을 내며, 주류 판매 면허를 확보하고, 특대란 프로그램처럼 상품에 대한 지식을 얻어 차별화를 시작한 덕분에 매장당 매출이 미국 내 어떤 편의점 체인보다도 3배 더 높았다. 이제 우리는 어디로 가야 할까? 그때는 몰랐지만 트레이더 조로 향하는 길 위에 있는 것만은 확실했다.

4장

트레이더 조로
가는 길

불확실성은 (…) 대부분의 기업이 지금도 실행하고 있는 일종의 계획, 즉 확률에 기반한 예측을 역효과까지는 나지 않더라도 쓸모없게 만들 만큼 커졌습니다. (…) 불확실성에 대비하기 위한 계획을 세울 때는 이렇게 질문합니다. 미래를 변화시킬 어떤 일이 이미 일어났는가? 가장 먼저 살펴봐야 할 것은 인구통계입니다.

— 피터 드러커 Peter Drucker, '불확실성에 대한 계획 Planning for Uncertainty', 〈월 스트리트 저널〉

나는 세븐일레븐이라는 단두대가 프론토의 목을 치기까지 2~3년 정도 시간이 남았다고 생각했다. 단기적으로, 사우스랜드는 우리 매장에서 우유를 판매할 필요가 있었다. 그래서 나는 프론토에 대해 아도르가 가지고 있는 지분을 매입할 권리를 행사할 수 있다는 조건으로 사우스랜드와 합의에 도달했다.

프론토는 특대란 프로그램(여기에서는 구체적으로 말할 필요가 없는 일련의 판매 전략들을 간단히 줄여서 '특대란 프로그램'이라고 부른다)의 성공 이후 많은 돈을 벌어들이고 있었다. 그래서 뱅크 오브 아메리카의 도움을 살짝 받기는 했지만 아도르에 빠르게 빚을 갚을 수 있었다. 메릿 애덤슨은 이 과정에서 큰 도움을 주며 마치 왕자님처럼 행동했다. (그는 몇 가지 기민한 부동산 전략을 취해 가족의 부를 새로운 차원으로 끌어올린 후 1986년에 사망했다. 그가 취한 부동산 전략은 아도르를 매각함으로써 가능했는데, 페퍼다인 대학교를 말리부로 이전하는 것도 그의 주요 전략 중 하나였다.)

사회생활을 하면서 내게는 늘 버드 피셔, 톰 딘, 메릿 애덤슨, 네이트 버숀Nate Bershon 같은 이들의 도움을 받는 행운이 따랐다. 부유한 부동산 개발업자인 버숀은 프론토가 보유한 순자산 규모가 귀여운 수준이었는데도 도박하는 심정으로 프론토 매장 5개를 지어 주었다. 이 다섯 매장 중에서 로스앤젤레스 서쪽 내셔널 대로와 웨스트우드 대로가 만나는 곳에 있는 매장은 여전히 트레이더 조의 간판을 달고 운영 중이며, 1제곱피트당 매출이 약 3000달러 수준으로 미국에서 면적당 매출이 가장 높은 매장 중 하나다. 버숀은 1985년 아흔셋의 나이로 세상을 떠났다. 하지만 그때에도 자신의 부동산 제국에 대한 세금 신고서를 직접 작성할 수 있었다. 무엇보다도 버숀은 어떤 계약서보다도 그가 나누는 악수가 더 믿음직스러운 사람들이 있다는 사실을 가르쳐 주었다. 내가 트레이더 조를 매각했을 때도 계약은 기본적으로 악수를 바탕으로 이루어졌다.

사우스랜드와의 관계는 1971년 사우스랜드가 우리의 새로운 친환경 식품 프로그램인 '홀 어스 해리'에 인증된 원유를 공급하지 못해 그들로부터 더는 우유를 납품받지 않게 되었을 때까지 잘 유지되었다. 그 후 사우스랜드는 무분별한 확장 정책과 아르코ARCO의 AM-PM 체인처럼 주유소를 운영하는 기업과의 치열한 경쟁 때문에 파산했다.

오늘날 유제품 사업은 크게 달라졌다. 슈퍼마켓 체인들의 규모가 커지면서 회사를 상장하기 시작했고, 자체적으로 유제품 업체를 설립하고 브랜드 유제품 업체와 거래를 끊으며 유제품으로 어느 때보다 많은 돈을 벌게 되었다. 1950년대에 슈퍼마켓과 납품 계약을 체결했던 대부분의 유제품 회사는 사라지거나 근본적인 변화를 겪었다. 아도르는 사우스랜드가 무너지고 1990년쯤 과거 로스앤젤레스 시장이었던 딕 라이어든Dick Riordan이 이끄는 벤처 캐피털 회사에 의해 구제된 뒤 현재 회사의 경영진이 소유하고 있다.

트레이더 조의 쐐기돌

편의점 사업은 내가 가진 재정 자원에 비해 너무 '좋은' 기회였다. 그러나 내가 이 기회를 활용할 방법이 없었다. 미국에서 편의점 사업에 도전했던 많은 사람이 제때 현명하게 행동하지 못해 1980년대 후반 업계가 무너지면서 쓸려 나갔다. 사우스랜드만 망한 것이 아니었다. 망한 기업들 중 사우스랜드가 가장 컸을 뿐이다. 편의점 사업의 근본적인 문제는 차별화하기 어려운 획일화된 상품을 판다는 점에 있었다.

내게 필요한 것은 작지만 좋은 회사를 위한 작지만 좋은 기회였다. 획일적인 상품을 파는 것이 아닌 차별화된 유통업을 할 수 있는 기회 말이다. 물론 세븐일레븐에 체인을 팔고 거기에서 계속 일할 수도 있었고, 다른 회사에서 일할 수도 있었다. 하지만 처음에는 렉솔, 그다음에는 휴스 에어크래프트에서 경험했던 고리타분한 경영 분위기 덕분에 진정한 안정을 얻으려면 나만의 사업을 해야 한다는 확신을 갖게 되었다. 이 왼손잡이는 그 점에서는 시대를 앞서 나갔던 것이다.

게다가 나는 직원들이 상당한 지분을 보유하고 있는 회사를 지킨다는 거룩한 사명을 안고 있다고 확신했다. 언젠가는 직원들이 회사를

100퍼센트 소유하게 하는 것이 내 희망이었다. 결국 그렇게 되지는 않았지만 말이다. 그러나 내가 가진 신념은 고리타분한 경영에서 벗어나고 싶다는 열망과 함께 우리가 해낼 수 있을 거라는 오만한 생각을 품게 했다.

트레이더 조라는 아치를 떠받친 쐐기돌, 그 시작의 단서는 1965년 〈사이언티픽 아메리칸Scientific American〉에 실린 짧은 뉴스 기사 한 편이었다. 식물학 교수였던 장인어른(빌 스티어Bill Steere)은 우리가 스탠퍼드를 떠날 때 내 이름으로 〈사이언티픽 아메리칸〉을 구독해 주셨다. 재산을 형성하는 데에서 이 잡지는 내가 읽은 그 어떤 잡지보다도 중요한 역할을 했다.

뉴스 기사에 따르면, 대공황이 한창이던 1932년에는 대학에 진학할 조건을 갖춘 미국인 중 고작 2퍼센트만이 실제로 대학에 진학했다. 반면 1964년에는 대학에 진학할 조건을 갖춘 사람 중 60퍼센트가 대학에 진학했다. 물론 변화의 가장 큰 요인은 1945년에 발효된 제대군인 원호법GI Bill of Rights이었다. 이 법은 모든 시대와 사회를 통틀어 대중 고등교육에 관해 시도된 실험 중 가장 위대한 것이었다. 1965년 즈음에는 퇴역 군인들이 대학에 입학하는 제2의 물결이 시작되었다(그 후 베트남전쟁 때문에 속도가 더 빨라졌다).

두 번째 뉴스 기사는 〈월 스트리트 저널〉에서 읽었다. 기사에는 보잉 747이 1970년에 취항할 것이며, 이로써 해외여행 비용이 크게 낮아질 거라고 적혀 있었다. (실제로 그랬다. 요즘은 1950년대의 약 15분의 1 가격으로 유럽에 갈 수 있다.) 프론토 마켓을 운영하면서 우리는 목적지가 비록 샌프란시스코일지라도 여행을 떠나는 사람들은 먹거리에 대해서도 훨씬 더 모험적이라는 사실을 발견했다. 결국은 여행도 교육의 한 형태다.

피터 드러커의 조언을 거의 30년 전에 예상한 트레이더 조는 인구통계학에 대한 이 두 가지 뉴스에서 아이디어를 얻었다. 내가 이 두 기사에서 본 것은 교육 수준이 높은 사람들이 지금은 적지만 점점 늘어나고 있고, 바로 여기에 인구통계학적 기회가 있다는 사실이었다. 세븐일레븐을 비롯한 전체 편의점 업계는 담배, 코카콜라, 우유, 버드와이저, 사탕, 빵, 계란을 판매하며 무지성한 소비자들의 가장 기본적인 필요를 충족시키고 있었다. 나는 여기에서 어렴풋이 주류 소비자를 대상으로 하는 주류 소매업체와는 다르게 우리를 근본적으로 차별화할 수 있는 기회를 보았다.

1966년까지 미국이 얼마나 획일적이었는지는 다음 장에서 따로 설명할 필요가 있다. 두 가지 뉴스 기사에서 나는 그 획일화의 첫 번째 균열을 보았다.

5장

획일화된 시장에서
차별점을 찾다

트레이더 조는 세분화된 조각이다.
우리는 독자적인 사람들이 본류에서
분리되어 나올 수 있는 기회를 만들었다.

19세기 초에 물물교환 사회가 현금 경제 사회로 바뀌면서 소매상이 나타났다. 그러나 소매상들은 대부분의 제품을 대량으로 판매했다. 식품 포장 기술이 오크통을 채우는 기술에서 크게 발전하지 못했기 때문이다. 기본적으로 브랜드는 존재하지도 않았다. 실제로 소매상의 이름이 오크통에서 꺼내 판매하는 밀가루, 소금, 설탕, 커피의 사실상 브랜드 이름이 되었다.

브랜드의 부상

나폴레옹 보나파르트Napoléon Bonaparte가 대규모 병력에 식량을 공급하는 데 어려움을 겪자, 이를 해결하기 위해 1809년 니콜라 프랑수아 아페르Nicolas François Appert가 통조림을 발명했다. 대량 판매 방식의 소매업에서 벗어나는 첫걸음이었다. 워털루전투가 끝나고 약 30년 후, 미국에서 최초의 브랜드 통조림 식품이 등장했다. 언더우드Underwood의 양념 햄이었다. 식품 포장 기술 발전의 촉매제가 된 남북전쟁 중에 게일 보든Gail Borden이 캔 우유를 발명했고, 그 후 로열 베이킹 파우더Royal Baking Powder, 베이커스 초콜릿Baker's Chocolate 등 수많은 브랜드 식품이 마치 눈사태가 난 것처럼 쏟아져 나왔다. 여기에는 피어스 소프Pear's Soap, 리디아 핑크햄Lydia Pinkham 같은 특허 의약품, 최초의 브랜드 스카치인 어셔스 그린 스트라이프Usher's Green Stripe 등 식품이 아닌 상품도 포함되어 있었다. 이것은 전 세계적인 현상이었다. 뵈브 클리코Veuve Clicquot를 필두로 하는 좋은 샴페인 브랜드와 린트Lindt 같은 스위스 초콜릿 브랜드도 이 시기에 등장했다.

1890년대에 최초로 자동화된 유리병 제조 기계가 발명된 이후 브랜드화의 흐름은 더욱 가속되어 코카콜라 같은 청량음료 브랜드가 탄생했다(이제 소다수 판매대에서 커다란 통에 든 음료를 나눠 판매하지 않아도 되었다). 시가에 비해 중후함이 덜한 것으로 여겨지던 담배는 제1차 세계대전을 거치며 브랜드로 정착했다.

한편 1870년경에는 갈색 크라프트 종이봉투가 발명되어 상점에서 구매한 모든 물건을 봉투에 담을 수 있게 되었다. 구매한 물건을 종이봉투에 담는 관행은 유럽에서는 오늘날에도 그리 일반적이지 않다.

브랜드와 광고

브랜드는 광고를 해야 했다. 처음에는 인쇄 매체가 활용할 수 있는 수단의 전부였다. 〈새터데이 이브닝 포스트Saturday Evening Post〉나 〈콜리어스Collier's〉 같은 대중 잡지가 조지 워싱턴 힐George Washington Hill의 불후의 명작인 "과자 대신 러키(행운)를 잡으세요."와 같은 브랜드 광고에 힘입어 번성했다. 신문 역시 브랜드 광고로 번창했다.

그러나 1920년대 후반이 되자 네트워크 라디오가 널리 퍼지기 시작했다. 처음으로 큰 성공을 거둔 것은 〈아모스 엔 앤디Amos 'n' Andy〉였다. 펩소덴트Pepsodent라는 시카고의 잘 알려지지 않은 치약 브랜드가 이 방송을 후원했다. 그리고 방송은 하룻밤 사이에 1위가 되었다(찰스 러크먼Charles Luckman의 자서전 《인생에 단 두 번Twice in a Lifetime》을 참고하라). 그 후로는 전자 매체가 지배적인 광고 수단이 되었다.

1930년에는 대공황이 시작되었다. 제1차 세계대전 이전에 합병된 약국 체인들은 유동 인구를 끌어들이기 위해 펩소덴트로 '가격 폭탄' 정책을 펼치기 시작했고, 이로써 소매상과 강력한 브랜드 간의 공생 관계가 확립되어 이후 쭉 지속되었다. (이러한 양상은 1935년경 연방 및 주 공정거래법이 통과되면서 한동안 수그러들었다. 이 법은 1960년경 무효화되었다. 그러나 공정거래법이 활발히 시행되던 때에도 대부분의 식품 제조업체는 자체 상표private label 제품을 '공정 거래'하지 않기로 결정했다.)

새 라디오 방송국들이 훌륭한 연예인들을 영입했고, 이 연예인들은 그들을 후원하는 브랜드와 놀랄 만큼 동일시되었다. 젤로Jello의 잭 베니Jack Benny, 존슨스 왁스Johnson's Wax의 피버 맥기와 몰리Fibber McGee & Molly, 체이스 & 샌번 커피Chase & Sanborn coffee의 에드거 버건Edgar Bergen과 찰리 매카시Charlie McCarthy, 크래프트 치즈Kraft Cheese의 빙 크로즈비Bing Crosby, 레버 브라더스Lever Bros.의 밥 호프Bob Hope, 텍사코 파이어 치프Texaco Fire Chief의 에드 윈Ed Wynn 등이었다. 밤 시간에 송출되는 라디오 방송국의 30분짜리 스타 쇼는 다음과 같은 방송들로 이루어진 피라미드의 정점에 있었다.

1. 〈러키 스트라이크 히트 퍼레이드Lucky Strike Hit Parade〉, 〈캐멀 캐러밴Camel Caravan〉, 〈럭스 라디오 극장Lux Radio Theater〉처럼 브랜드와 완전히 동일시되는 30분짜리 나이트 타임 쇼.
2. 마 퍼킨스Ma Perkins, 메리 노블Mary Noble, 메리 말린Mary Marlin, 스텔라 댈러스Stella Dallas 등 특정 비누 브랜드로부터 후원을 받으며 여주인공의 이름을 딴 15분짜리 주간 드라마.
3. 웨버스 브래드Weber's Bread의 〈론 레인저Lone Ranger(내 마법 해독 반지는 어디 있어?)〉, 위티스Wheaties의 〈잭 암스트롱Jack Armstrong〉, 오벌틴Ovaltine의 〈리틀 오펀 애니Little Orphan Annie〉처럼 늦은 오후에 송출되는 15분짜리 '어린이' 프로그램.
4. 질레트Gillette의 〈월드 시리즈World Series〉, 텍사코의 〈메트로폴리탄 오페라Metropolitan Opera〉와 같은 특별 이벤트, 〈리치필드 리포터Richfield Reporter〉(리치필드가 기억나지 않을 수도 있으니 말해 두자면 정유회사다)와 같은 뉴스 방송.

이렇게 구체적으로 적은 이유는 어느 날 갑자기 라디오 방송이 등장해서 거의 하룻밤 만에 대중의 마음속에 엔터테인먼트와 광고를 불가분하게 결합시켰다는 사실을 잊기가 쉽기 때문이다. 이것이 바로 브랜드가 강력해진 이유이며, 소매상이 단지 브랜드를 유통하는 데 머물며 영향력이 없어진 이유다.

라디오와 주차장이 슈퍼마켓을 만들다

라디오 방송처럼 슈퍼마켓도 1930년경에 시작되었다. 슈퍼마켓을 차별화한 것은 매장 내부에 있는 요인이 아니었다. 바로 주차장이었다 (고객이 매장에서 직접 물건을 고르고 계산대로 가져가는 '셀프 서비스'는 이보다 15년 전에 시작되었다). 슈퍼마켓은 백화점이 제2차 세계대전 이후에야 인지하게 된 자동차를 먼저 인지함으로써 인기를 얻었다. 이런 이유로 초기의 슈퍼마켓은 단독으로 서 있거나 기존 상권에서도 자체 주차장이 없는 상점 옆에 자리 잡았다. '쇼핑센터'는 대개 제2차 세계대전 이후 등장했다. 그 후 슈퍼마켓은 1937년 쇼핑카트가 발명되면서 또 다른 바퀴를 달아 완성되었다.

슈퍼마켓은 라디오의 등장과 함께 생겨났다. 그런데 라디오는 광고 효과가 매우 탁월해서 광고를 탄 브랜드가 슈퍼마켓의 판매 전략에 지배적인 영향력을 발휘할 수밖에 없었다. 즉 슈퍼마켓은 처음부터 라디오의 영향을 받았던 것이다. 그 결과 슈퍼마켓의 판매 전략은 항상 브랜드 중심이었다. 슈퍼마켓이 판매하는 상품에 대한 제품 지식을 거의 갖고 있지 않은 것도 그 당연한 귀착 중 하나였다. 실제로 1930년대의 슈퍼마켓은 대개 브랜드 상품인 건식 식료품 코너만 운영했다. 빵류,

농산물, 육류, 주류는 보통 할인 매장에서 따로 다뤄졌다.

트레이더 조를 발전시켰을 때 전형적인 마트와 가장 큰 차이점은 매장 규모나 인테리어가 아니었다. 바로 대형 마켓 문화와는 전혀 다르게 제품 지식을 얻기 위해 최선을 다했다는 것과 우리가 브랜드 상품에 등을 돌렸다는 점이다.

제2차 세계대전은 라디오 방송과 광고를 탄 브랜드의 승리를 완성했다. 이 체제는 어머니, 애플파이, 미국 국가 '신께서 미국을 축복하시길God Bless America'(케이트 스미스Kate Smith가 A&P가 후원하는 자신의 라디오 쇼에서 불렀다)처럼 힘든 시기에 미국인들에게 안전함을 상징했다.

A&P, 내셔널 티National Tea 등 라디오보다 앞서 생겨난 마켓 체인은 자체 상표 제품을 기반으로 성장했다. 이들은 85평 규모의 오래된 매장을 대체하기 위해 슈퍼마켓을 짓기 시작했지만, 브랜드 상품의 새로운 지배력을 인정하지 않아 제2차 세계대전 이후 계속해서 길고 고통스러운 쇠퇴를 경험했다.

당연히 브랜드의 승리는 마켓 이외의 많은 소매상에 영향을 미쳤다. 1930년 이전에는 자체 상표 제품 판매가 중심이었던 렉솔 등의 드럭 체인은 건강 및 미용 부문의 브랜드 상품이 새로운 시장 지배력을 갖게 되자 타격을 입었다. 두통약 애너신Anacin(〈미스터 킨, 트레이서 오브 로스트 퍼슨스Mr. Keene, Tracer of Lost Persons〉), 저겐스Jergens(〈월터 윈첼Walter Winchell〉) 등은 라디오 광고에 막대한 돈을 쏟아붓는 광고주였다. 영리한 세이브온 드럭스토어는 제2차 세계대전 직후 문을 열었을 때 자체 상표 제품을 거의 취급하지 않았다. (대부분의 슈퍼마켓은 1950년 이후에야 건강 및 미용 보조제를 취급했으며, 이들 상품 광고의 맹공은 당시 건강 및 미용 보조제의 주요 유통 및 마케팅 채널이었던 드럭스토어와 잡화점에 큰 타격을 입혔다.)

텔레비전이 균일화를 완성하다

라디오 방송은 미국인들의 생활 패턴을 역사상 유례없이 바꿔 놓았다. 하지만 20년간 위세를 떨치던 라디오 방송의 지배력은 1950년 미국 전역에 동축 케이블이 깔리고 TV 방송이 등장하자 불과 3년 만에 사라졌다. TV는 라디오뿐 아니라 대중 잡지와 대부분의 석간신문을 몰아냈다. 텔레비전은 그때까지 발명된 광고 매체 중 가장 강력했으며, 미국 문화를 놀랍도록 균일화하기 시작했다.

라디오 방송 덕분에 이미 강력한 힘을 가지고 있던 큰 브랜드들은 1960년대를 지나며 TV 시청 인구 비율이 거의 100퍼센트에 달하면서 새로운 차원의 지배력을 얻었다. 우선 TV 방송은 너무 비싸서 오직 대기업만 광고 시간을 살 수 있었다. 그런 이유로 거의 모든 소규모 양조장과 약소한 청량음료 브랜드 등 여러 작은 브랜드들이 사라졌다. 그전에 라디오 방송의 영향을 받았던 슈퍼마켓은 이제 TV 방송의 영향을 받았다. 가전제품 판매업자(베티 화이트Betty White가 광고에 출연한 웨스팅하우스Westinghouse, 로널드 레이건Ronald Reagan이 광고에 등장한 제너럴 일렉트릭General Electric) 등 다른 소매상들도 영향을 받았다.

이것이 1966년 우리의 상황이었다. 지역 억양과 옷차림뿐만 아니라 음식은 스완슨 티비 디너스Swanson TV Dinners, 미닛메이드 오렌지주스Minute Maid Orange Juice, 베스트 푸즈 마요네즈Best Foods Mayonnaise, 폴저스 커피Folgers coffee 등으로 획일화되었다. 식료품 잡화상들은 〈왈가닥 루시I Love Lucy〉와 〈건스모크Gunsmoke〉에서 다음번에 광고할 상품이 무엇인지 외에는 아무것도 알 필요가 없었다.

TV 방송이 정점을 찍다

늘 그렇듯 나는 1966년에도 잘못된 이유로 올바른 예측을 했다. 시청률이 95퍼센트에 이른 TV 방송은 더 이상 성장할 수 없을 거라고 판단했던 것이다. 1960년대의 텔레비전 시청자는 1930~1940년대에 대학에 진학할 여유가 없던 사람들이었다. 서서히 새롭게 교육받은 계층이 등장하고 있었고, 나는 이들은 이런 대중문화에 만족하지 않을 거라고 생각했다. 이들은 뭔가 다른 것을 원할 것 같았다.

사실 TV 방송은 1970년에 정점을 찍었다. 존 웨인이 〈진정한 용기True Grit〉로 오스카상을 받았던 바로 그때였다. 그 후 TV 방송의 시장점유율이 꾸준히 하락하는 모습을 지켜보는 것은 상당히 만족스러운 일이었다. 1997년에는 NBC-CBS-ABC 3사의 점유율이 50퍼센트 아래로 떨어졌다. 남아 있는 텔레비전 시청률은 보통 사회에서 구매력이 가장 낮은 집단의 비율에 해당한다.

1966년에 나는 공영방송이 이러한 변화의 핵심 요소일 거라고 생각했다. 하지만 내가 틀렸다. 공영방송의 시장점유율은 약 3퍼센트에서 상수처럼 유지되었다. 그 이유는 다음과 같다.

1. **기술.** 케이블과 위성TV가 방송국을 대체했다. 그리고 VCR이 이 모두를 대체했다(소니가 VCR을 개발했을 때만 해도 이 제품이 TV 프로그램을 녹화하는 데 쓰이기보다 영화 시청에 주로 쓰이게 될 거라고는 상상도 하지 못했다).
2. **이민.** 케이블에는 스페인어, 한국어, 일본어, 중국어 채널이 가득하다(현재 로스앤젤레스 최고의 라디오 방송국은 모두 히스패닉계다).
3. 공영 텔레비전은 사라졌지만 히스토리 채널The History Channel, 브라보Bravo 등 케이블 채널과 CNN 같은 뉴스 전문 방송국이 공영방송의 자리를 잠식하고 있다.

미국에서 디지털 매체는 그 어떤 매체보다도 비균일화되고 세분화되어 있다! 예를 들어 로스앤젤레스에는 70개가 넘는 라디오 방송국이 있다. 그리고 현재 인터넷에는 세분화된 디지털 매체가 거의 무한대로 존재한다.

트레이더 조도 이렇게 세분화된 조각이었다. 우리는 독자적인 사람들이 본류에서 분리되어 나올 수 있는 기회를 만들었다. 어쩌면 트레이더 조는 좀 더 소수에게 통하는 난해한 케이블 채널이라고, 그리고 슈퍼마켓은 NBC - CBS - ABC라고 생각할 수도 있다.

첫 번째 버전,
굿 타임 찰리*

내게는 언제든 해결책을 터질 듯 품은 채
씨앗으로 가득 찬 풍요로운 실수를 주시오.
불모의 진실은 사양하겠소.

— 스티븐 제이 굴드 Stephen Jay Gould, 《판다의 엄지 The Panda's Thumb》

제우스의 머리에서 아테나가 튀어나왔듯이, 트레이더 조가 내 머리에서 완성된 채 솟아 나왔다고 생각하는 불쌍한 영혼이 많은 것 같다. 이들의 환상을 깨주려고 한다.

비유를 계속하자면, 트레이더 조를 설립하고 운영하는 것은 11년 동안 이쪽에는 팔꿈치, 저쪽에는 발톱을 다는 것과 같았다. 미완성된 작품의 주요 부분들은 가끔 고통을 거쳐 탄생했다. 비유를 걷어내고 말하자면, 1966년부터 1977년까지 트레이더 조는 크게 세 버전을 거쳤다. 1967년의 '굿 타임 찰리 Good Time Charley', 1971년의 '홀 어스 해리', 1977년의 '맥 더 나이프'였는데, 맥 더 나이프에는 굿 타임 찰리의 흔적이 거의 남아 있지 않았다.

* 흔히 결과를 생각하지 않고 지금을 즐기는 사람, 걱정 없이 재미와 즐거움을 좇는 사람, 도락가를 의미한다. - 역자주

'굿 타임 찰리'의 기본 원칙

굿 타임 찰리는 다음의 아이디어들을 합한 것이었다.

1. 교육 수준이 높고 여행 경험이 풍부한 소수의 신흥 계층을 공략한다.
2. 마케팅 측면에서 알코올 소비와 교육 수준 간의 상관관계는 완벽할 만큼 높다.
3. 우리는 계속해서 높은 임금을 지급할 수 있도록 일자리의 가치를 높이려고 노력했다. 가장 쉬운 방법은 매장에 증류주를 추가하는 것이었다. 그러나 편의점은 술을 판매하기에 이상적인 플랫폼이 아니라는 사실이 점점 더 분명해졌다. 우선, 수십 개의 세븐일레븐이 몰려올 판인데 그중 어느 곳도 증류주를 취급하지 않았다. 편의점의 대중적인 이미지 때문에 사람들은 편의점에서 증류주를 살 수 있을 거라고 기대하지 않았다.
4. 증류주 판매의 장점은 다음의 세 가지 조건에 부합한다는 것이다.
   a. 소형 매장에는 필수 조건인, 면적당 창출하는 가치가 높다.
   b. 소비율이 높다.
   c. 취급하기 쉽다.

만약 네 번째 조건을 추가할 수 있었다면, 우리가 해당 분야에서 두각을 나타내야 한다는 항목이었을 것이다. 이 모든 조건을 만족하는 것이 이상적인 상품 카테고리였다. 따라서 아직 이름이 정해지지 않은 이 새로운 매장은 세계에서 가장 다양한 주류를 취급하게 될 것이었다. 실제로 굿 타임 찰리에서는 100가지의 스카치 브랜드, 70가지의 버번 브랜드, 50가지의 럼 브랜드, 14가지의 테킬라 브랜드, 그 밖의 주류와 와인을 판매했다. 와인에 대해서는 나중에 더 자세히 설명하겠다. 기억해야 할 점은 당시 캘리포니아에서는 주류에 공정거래법이 적용되었다는 것이다. 우리는 가격 면에서 두각을 나타낼 수 없었기 때문에 다른 곳들보다 월등히 다양한 술을 갖춰 놓아야 했다.

그 후에도 나는 작은 매장의 활용도를 극대화하기 위해 노력하면서 면적당 창출하는 가치가 높고, 소비율이 높으며, 취급하기 쉽고, 우리가 가격이나 상품 구색 면에서 돋보일 수 있어야 한다는 네 가지 조건에 부합하는 다른 상품 카테고리를 찾았다. 예를 들어 다이아몬드는 첫 번째 조건은 충족했지만, 두 번째 조건에는 맞지 않았다. 과일과 채소는 첫 번째와 두 번째 조건은 통과했지만, 세 번째 조건에 부합하지 않았다. 농산물의 경우 지속적인 재작업이 필요하기 때문이다(하지만 요즘은 새로운 비닐 랩이 나와 달라지고 있다). 신선육은 세 번째 조건에 농산물보다도 더 맞지 않았다.

1966년 2월에 백서를 썼다. 나는 중요한 전환점마다 이것을 쓰려고 노력했다. 프론토 마켓을 만들 때부터 시작했다. 백서에는 계획한 일을 모두 적고, 그 일을 해야 한다고 생각하는 이유까지 전부 적는다. 그렇게 하면 일이 잘 풀리지 않을 때도 역사를 수정하는 소련의 역사가들처럼 행동할 수가 없다. 백서의 또 다른 중요한 용도는 직원들에게 배포하여 그들의 지지와 아이디어를 얻는 것이다.

직원들에게 백서를 배포한 뒤 매장에서 몇 가지 흥미로운 아이디어가 나왔다. 우리는 1966년에 프론토 마켓에서 그것을 실험했다. 매니저였던 짐 프랜시스Jim Francis는 사냥에 열광적인 취미를 가지고 있었는데, 그가 탄약을 제안했다. 맞다. 총알은 매장에서 차지하는 부피에 비해 창출하는 가치가 높고 소비율이 높으며, 다루기 쉽고 우리가 가격 면에서 두각을 나타낼 수 있었다. 가격 면에서 시어스 로벅Sears Roebuck을 이기기는 쉬웠다. 단기간에 매출의 2퍼센트를 총알로 달성했다. 그러다가 로버트 F. 케네디Robert F. Kennedy가 암살당한 뒤 규제가 쏟아져 나오면서 총알 판매를 중단할 수밖에 없었다. 게다가 온갖 양식을 작성해야 했으므로 이제는 '다루기 쉽다'는 세 번째 조건에도 부합하지 않게 되었다. 하지만 처음에 짐의 아이디어는 내가 취급하고자 하는 상품의 조건에 완벽하게 부합했다.

기업가로서 어떻게 행동해야 하는지에 대한 내 생각의 대부분은 20세기 스페인의 위대한 철학자 호세 오르테가 이 가세트Jose Ortega y Gasset가 쓴 《대중의 반란The Revolt of the Masses》에서 나왔다. 내가 태어나기 전 해인 1929년에 출판된 책이지만, 이 책은 여전히 우리가 살고 있는 이 시대를 가장 명료하게 설명한다. 또한 평판도 자원도 거의 가진 것이 없는 기업가 꿈나무에게 탁월한 '행동 계획'을 제시한다.

나는 스탠퍼드의 마지막 해에 커비Kirby 청소기를 방문 판매하며 이 책을 읽었다.

오르테가는 아무것도 가진 것 없는 사람이 어떻게 기업을 시작할 수 있는지 설명한다. 아무 힘 없이 시작한 '사업가' 율리우스 카이사르Julius Caesar의 경력과 관련하여 오르테가는 국가에 대해 이렇게 말한다.

> 본질적으로 인간의 삶은 그것이 영예로운 사업이든 소박한 사업이든, 빛나는 운명이든 하찮은 운명이든 무언가를 향해 전념하고 있어야 한다. (…)
>
> 국가는 자연스럽게 분열된 집단이 어쩔 수 없이 공동생활을 해야 한다는 것을 깨달을 때 시작된다. 이 의무는 폭력적인 것은 아니지만 흩어진 집단 앞에 놓인 공동의 과제라는 저항할 수 없는 목적을 내포한다. 무엇보다도 국가는 행동 계획이자 협력 프로그램이다. 사람들은 함께 공동의 목적을 수행하도록 요구받는다. (…) 이것은 순수한 역동성이며, 공동으로 무언가를 하려는 의지다. 덕분에 국가라는 개념은 물리적 한계에 얽매이지 않는다. (…)
>
> 이 세상에서 여론이 아닌 다른 것에 근거해 지배력을 행사한 사람은 없었다. (…) 군대의 힘으로 지배하려는 사람조차 군인들의 의견과 나머지 주민들이 군대에 대해 가지고 있는 의견을 따른다. 군대의 힘으로는 지배할 수 없다는 것이 진실이다. 탈레랑Charles Maurice de Talleyrand은 나폴레옹에게 이렇게 말했다. "폐하, 총검으로 무엇이든 하실 수 있으나 그 위에 앉을 수는 없습니다!"

내 경력의 대부분은 '행동 계획과 협력 프로그램'을 설득시키는 것이었다. 프론토 마켓을 설립하기 위해 렉솔에 내 생각을 납득시켜야 했고, 프론토를 인수하기 위해 뱅크 오브 아메리카를 설득해야 했으며, 임대인을, 공급업체를 설득해야 했다. 이들 대부분은 나의 계획, 무엇보다 우리 직원들에 대해 노골적인 적대감까지는 아니더라도 매우 회의적이었다. 나를 대부분의 관리자와 차별화한 것이 무엇인지 알고 싶다면, 바로 이것이다. 오르테가 이 가세트 덕분에 나는 처음부터 모든 사람을 설득해야 한다는 사실을 알았던 것이다.

이런 이유로 나는 경영을 하는 내내 직원들에게 우리 사업의 실제 상황을 무모할 정도로 완전히 공개하는 것을 방침으로 삼았다. 가장 큰 위험은 적이 나의 계획을 알아채는 것이 아니라 아군이 알지 못하는 것이라고 생각했던 조지 S. 패튼George S. Patton 장군의 말을 따랐다.

자신의 이익에 반하는 경우조차 말도 안 되게 솔직할 수 있었던 버드 피셔에게도 배웠다(경도되었다는 편이 더 맞는 말일지도 모르겠다). 이런 솔직함은 피셔가 운영하는 모든 회사의 수위부터 부사장까지 전 직원의 충성심을 얻고 유지할 수 있었던 비법 중 하나였다.

대부분의 경영진이 받아들이기는 어려운 정책이다. 심지어 우리 경영진조차 설득하기 어려웠다! 나는 수년 동안 모든 신입 직원을 점심 식사에 초대하곤 했다. 그 자리에서 여러 가지 조언을 했는데, 그중에는 더 좋은 일자리가 들어오면 그 제안을 받아들이라는 것도 있었다. 신입 직원들이 좋은 제안을 받아들일 수 있게 되자 매장 관리자들이 이 점심 식사 자리를 끝내 버렸다. 나는 매년 연봉 보고서를 발행할 때 나와 주요 경영진의 연봉과 보너스도 공개하고 싶었다. 그러나 이 솔직한 아이디어도 주요 경영진에게 거부당했다.

비밀이 있을 곳은 없다

사람들은 비밀을 좋아한다. 비밀은 권력을 가져오기 때문이다. 파이의 비밀을 간직했던 고대 그리스의 사제들을 떠올려 보라. 이것이 내가 비서를 두지 않은 이유 중 하나다. 나는 트레이더 조를 떠난 뒤 맡았던 여러 회사에서 '비서실장'을 발견하면 다 없애 버렸다. 그들은 비밀을 너무 많이 쥐고 있고, 비밀을 늘리는 데 적극적으로 관여한다. 비밀을 다뤄야 하는 곳이 있는데, 보통은 인사팀장의 사무실이다. 그러나 지휘 계통에는 비밀이 있어서는 안 된다. CEO의 비서는 성격 때문이 아니라 상황 때문에라도 지휘 계통에 지나치게 자주 개입하게 된다.

트레이더 조의 이름 짓기

1966년, 미국은 번영의 정점에 있었다. 린든 존슨Lyndon Johnson 대통령의 총과 버터 정책 중 버터만 가시적일 때였다. 아직 베트남전쟁은 TV에 나오지 않았다. 인플레이션이나 실업률도 거의 없는 수준이었다. 〈LA 타임스〉는 주 35시간 근무가 확실해진 상황에서 그 많은 여가 시간을 어떻게 쓸 것인지를 걱정하는 내용의 특집 기사를 실었다. 인플레이션이 조정된 다우존스 산업평균지수는 사상 최고치를 기록했다. 이 기록은 1990년대가 되기 전까지 깨지지 않았다.

그리하여 트레이더 조는 재미 - 여가 - 파티 - 번영의 분위기 속에서 착상되었다. 트레이더 조를 떠올리기 몇 년 전 디즈니랜드에서 정글 크루즈를 탄 적이 있다. 아직도 생생히 기억한다. 호텔 로비에서는 '옐로 버드Yellow Bird'와 '비욘드 더 리프Beyond the Reef'가 연주되고 있었다. 폴리네시안 레스토랑 체인 트레이더 빅스Trader Vic's는 인기가 절정이었다. 그날 우리를 포함해 30명쯤 되는 사람들은 샤르도네가 아닌 작은 우산이 꽂혀 나오는 마이 타이와 포그 커터를 마시며 폴리네시안 바의 특징인 '지붕 위에 떨어지는 비'로부터 술을 보호하고 있었다. 그리고 어린 시절의 어렴풋한 기억 속 어딘가에서 나는 분명 진 할로와 클라크 게이블이 출연한 영화 〈레드 더스트Red Dust〉를 보았을 것이고, 《남태평양의 흰 그림자White Shadows in the South Seas》와 유명한 탐험가이자 상아 무역상이었던 트레이더 혼Trader Horn에 관한 책도 읽었을 것이다.

우리는 여행 경험이 많은 사람들의 관심을 끌려고 했기 때문에 이런 요소들을 모두 고려해 '트레이더 조'라는 이름을 지었다. 상표 검색을 해보니 트레이더 조 마켓이 괜찮았다. 전화번호부도 조사한 결과 트레이더 조가 있긴 했지만, 캘리포니아주 선랜드의 다소 허름한 교외 지역의 중고 휠캡 판매업자였다.

어떤 마케팅 전문가는 트레이더 조가 끔찍한 이름이라고 생각했다. 그에게 '트레이더(무역가)'는 남태평양을 연상시키는 낭만적인 말이 아니라 질 낮은 말고기를 판매하는 것과 관련된 말이었다. 우리 이름이 트레이더 빅스와 헷갈린다고 생각하는 사람들도 있었다. 맞는 말이었다. 실제로 우리가 트레이더 빅스보다 더 잘 알려지기 전까지 여러 해 동안 헷갈리는 사람이 많았다. 또 아직도 존재하는 유형인데, 어떤 사람들은 LA 차이나타운에 있는 이탈리안 레스토랑 리틀 조스Little Joe's

를 운영하는 이탈리아계 가족이 우리의 소유주라고 확신했다.

트레이더 조의 로고는 레스토랑 마리 컬렌더Marie Callender의 간판 작업을 맡았던 소규모 간판 제작자 프레드 슈뢰더Fred Schroeder가 주로 디자인했다. 나는 마리 컬렌더의 간판을 보면서 감탄했는데, 언제나 지붕이 간판을 덮고 있어서 간판이 소중해 보였기 때문이다. 그렇게 프레드를 만났고, 그는 어렴풋이 수에즈 동쪽을 연상시키는 글자체를 생각해 냈다.

1967년 8월 패서디나의 아로요 파크웨이에 문을 연 트레이더 조 1호점은 일본 신사에 있는 도리이(기둥문)와 비슷한 입구 간판, 간판 위를 덮는 차양, 폴리네시안 지붕이 특징이었다. 처음에 아로요 파크웨이를 지나는 운전자들은 대부분 우리를 식당이라고 생각했다. 미처 예상하지 못했던 부정적인 결과였다. 매장 안에는 선박의 종과 노, 그물, 반쪽짜리 배 등 항해와 관련된 장식품이 가득했다. 계산대는 일종의 탑 지붕이 있는 섬으로 만들었고, 카운터는 조개껍데기를 유리섬유로 붙인 오래된 해치 커버로 만들었으며, 모든 것을 부서진 나무통 위에 올려놓았다. 항해와 관련된 물건들이 유행하기 전이어서 내가 직접 LA 항구에 있는 해양 구조물 재활용 시설에 가서 1파운드당 얼마 되지 않는 돈을 주고 물건을 거저 가져올 수 있었다.

직원들은 모두 폴리네시안 셔츠와 버뮤다 반바지를 입었다. 점장은 '캡틴Captain(선장)', 부점장은 '퍼스트 메이트First Mate(1등 항해사)', 제품 운반 직원들은 '네이티브 베어러스Native Bearers(현지 짐꾼)'라고 불렀다. 스피커에서는 직원들이 레코드를 버릴 때까지 하와이 음악이 흘러나

왔다. 다소 제한된 레퍼토리를 미치지 않고 듣는 데는 한계가 있다(매장에서 흘러나오는 하와이 음악이 고객의 속도를 늦춘다는 기사를 〈뉴요커New Yorker〉에서 읽은 적이 있다).

이것이 우리가 1966년 말에 만들어 낸 이름과 시각적 이미지였다. 나는 르로이, 프랭크 코노Frank Kono와 함께 126평 규모의 프로토타입 매장을 열었다.

이쯤에서 좋은 질문이 있다. 편의점에서 벗어나야 했는데, 왜 작은 매장을 고수했는가? 1967년에는 이미 편의점을 18개 가지고 있었기 때문에 작은 매장을 여는 것이 이치에 맞았지만, 트레이더 조가 크게 성공하게 된 1980년대에는 이 전략을 쓰는 것이 더는 합리적이지 않았다. 대답은 1983년에 출판된 톰 피터스Tom Peters의 베스트셀러 경영서 《초우량 기업의 조건In Search of Excellence》에서 찾을 수 있다. 그는 이를 '나누기chunking의 힘'이라고 말했다.

> 회사의 기본적인 구성 요소는 영역 내에서 경영진의 지시를 기다리지 않고 주도적으로 행동하는 구획된 조직이다. 성공의 핵심 요소는 거의 모든 실질적인 문제를 이해하고 해결해 나가는 것이다. (…) 작은 그룹은 나누기 전략의 가장 분명한 방법이다.

트레이더 조를 이루는 기본적인 '조직chunk'은 높은 급여를 받는 선장과 직원들로 이루어진 개별 매장이다. 직원들은 재량권을 행사할 수 있다. 나는 직원들에게 '각자 최선의 판단을 하라'고 요구하는 노드스트롬Nordstrom의 기본 방침이 훌륭하다고 생각한다.

트레이더 조는 1980년대에 평균 약 225평 규모의 매장으로 자리 잡았지만, 비교적 적은 수의 직원으로 운영되는 상대적으로 작은 매장이라는 개념은 여전히 유효하다. 처음 '굿 타임 찰리'를 열었을 때 영업시간은 프론토와 마찬가지로 오전 7시부터 자정까지였다. 그러나 시간이 지나면서 점진적으로 오전 9시부터 오후 9시까지로 단축했다. 영업시간을 단축할 때마다 교대 근무가 줄고 직원들 간의 교류가 늘어나면서 오히려 더 많은 수익을 창출할 수 있었다.

다시 와인으로

트레이더 조 1호점을 개장하기 위해 내가 찾은 이상적인 장소는 패서디나의 아로요 파크웨이에 있는, 1911년에 지어진 생수 공장이었다. 사실상 트레이더 조의 주요 경영진이기도 했던 우리 측 부동산 중개인은 패트릭 제임스 커비라는 고집 센 변호사와 임대차계약을 협상하면서 지옥 같은 시간을 보냈다. 커비가 얼마나 완고했는지 앨리스는 나중에 이혼을 하게 된다면 커비를 고용할 거라고 말할 정도였다. 그는 이런 말을 듣는 것을 좋아했다.

게다가 업계 사람들은 당시 슬럼화된 산업 지구에 불과했던 아로요 파크웨이의 건물에 최고가를 지급하는 것은 미친 짓이라고 생각했다. 나의 부동산 중개인만이 그곳이 우리의 새로운 계획에 이상적인 장소라는 것을 이해했다. 패서디나는 캘리포니아 공과대학교, 패서디나시티 칼리지, 풀러 신학교, 앰배서더 칼리지(나중에 주요 고객이 된다), 아르메니안 칼리지, 멀지 않은 곳에 옥시덴털 칼리지와 캘리포니아 주립대학교가 있는 확장된 캠퍼스나 다름없었다. 헌팅턴 병원은 마치 파슨스 같은 큰 엔지니어링 회사처럼 석박사들을 주로 고용하는 곳이다. 요컨대, 패서디나에는 캘리포니아에 있는 비슷한 규모의 어떤 도시보다 교육 수준이 높고 여행 경험이 풍부한 사람이 많을 것이었다.

아로요 파크웨이에 있는 건물의 또 다른 문제점은 바로 크기였다. 트레이더 조로 염두에 두었던 126평보다 거의 2배나 컸기 때문이다. 우리는 두 가지 방법으로 이 문제를 해결했다.

1. 남는 자리를 정육점에 재임대했다. 나는 정육점 없이 교육 수준이 높고 여행 경험이 풍부한 소비자들을 공략하기가 불안했다. 우리와 계약한 정육점 주인은 론 데신Ron Dessin(로니)이었는데, 그를 입점시킨 것은 정말 큰 행운이었다. 그는 정육에 있어서는 진정 위대한 예술가였고 그와 동시에 사업가였던 아주 보기 드문 인재였다. 로니는 트레이더 조 1호점이 성공하는 데 크게 기여했고, 우리는 그 후 4개의 트레이더 조 매장에 정육점을 입점시켰다. 안타깝게도 로니는 정육점 주인이자 사업가였던 유일한 사람이었다. 우리는 다른 정육점들을 시간을 들여 윤리적으로 내보냈다. 그 후로는 정육점 없이 매장을 확장했다.

2. 남는 공간의 가장 중요한 용도는 계획했던 와인 매장을 확장하

는 것이었다. 기억해야 할 사실은 우리가 와인에 대해 아는 것이 거의 없었다는 점이다. 우리는 트레이더 조의 개장을 준비하는 동안 프론토에서 몇 가지 실험을 진행했다. 실험은 결론이 나오지 않거나 무척 실망스러웠다. 그러다가 캡틴 중 한 명이었던 프랭크 코노와 당시 프론토 옆에서 정육점을 운영하다가 지금은 내파밸리에 사는 덩치 큰 아르메니아인 조지 매콜 George McCoul 덕분에 캘리포니아의 작은 와인 양조업체 몇 곳을 소개받았다. 그리고 결과적으로 '세계에서 가장 다양한 캘리포니아 와인을 취급하는' 매장을 만들기로 결정했다. 우리는 17개 브랜드를 들여왔다. 이에 비해 당시 최고의 미식관이었던 주겐센스 Jurgensen's는 고작 7개 브랜드만 취급하고 있었다.

하지만 누가 와인을 마실까?

1967년 와인의 1차 시장은 보잘것없었고, 캘리포니아산 와인의 2차 시장은 그보다도 더 나빴다. 정말 운 좋게도 우리는 하이츠 Heitz, 슈램스버그 Schramsberg, 마야카마스 Mayacamas, 수버랭 Souverain, 프리마크 애비 Freemark Abbey, 그리고 내가 아는 가장 훌륭한 와인 양조업체이자 가장 교활한 업체로 논란의 여지가 있는 마틴 레이 Martin Ray 등 나중에 유명해진 작은 와이너리들에게 충분한 매대를 제공한 최초의 소매업체가 되었다. 놀랍게도 와인 판매는 초대 캡틴인 잭 버튼 Jack Button의 공격적인 판매 방식에 힘입어 큰 인기를 끌었다. 물론 모든 와인 판매는 공정거래법을 따랐기 때문에 우리는 정해진 수익을 얻었다. 〈인사이더스 리포트Insider's Report〉라는 와인 뉴스레터도 발행하기 시작했다. 와인은 계속 잘 팔리는 인기 상품이었다. 그 후 4년 동안 조지 매콜을 고용해서 와인 시음 행사를 진행했고, 와인에 대해 진지하게 배우기 시작했다.

그 외에도 패서디나 트레이더 조에서는 거대한 주류 섹션에 더해 일반 편의점에서 취급하는 식료품(우리는 식료품에 대해서도 아무것도 몰랐다)을 판매했고, 나의 네 가지 조건에 부합하고 프론토에서 테스트했던 상품과 프로그램들도 들여놓았다. 그중에는 〈플레이보이Playboy〉 등 잡지 할인, 단행본 할인, 양말 할인, 레코드판 할인(곧 그만두게 되는 끔찍한 아이디어였다), 사진 현상 할인 등이 있었다. 사진 현상 할인 프로그램은 적중해서 큰 성공을 거뒀고, 목표 고객층을 정확히 맞혔다.

트레이더 조는 순조롭게 출발했다. 인구통계학적으로 표적 시장에 적합한 웨스트 LA, 컬버시티, 풀러턴 등에 있는 프론토 매장은 트레이더 조로 전환하고, 더 많은 아도르 우유를 판매하기 위해 서둘러 임대했던 적합성이 떨어지는 프론토 매장은 매각하기 시작했다. 1970년 초에는 더 많은 매장을 임대했고, 승승장구하는 것처럼 보였다.

그러다가 경제가 고꾸라졌다. 재미 - 휴가 - 여가 - 파티의 시대는 더 이상 유효하지 않았다. 더 건전하고 건강한 소비로 유행이 바뀌고 있었다. 1971년, 트레이더 조는 재미를 제공하는 '굿 타임 찰리'에서 좀 더 건강을 중시하는 '홀 어스 해리'로 바뀌었다.

교육 수준은 높고
소득이 낮은 사람들을 위한 와인

내게 갈증을 해소할 방법이 있소. 미친 개에게 물리지 않는 방법과는 정반대라오. 계속해서 개를 쫓아다니면, 개는 절대 물지 않을 것이오. 언제나 목마르기 전에 마신다면 갈증은 절대 오지 않을 것이오.

— 프랑수아 라블레 François Rabelais, 《가르강튀아 Gargantua》

1970년은 지금까지 트레이더 조의 역사에서 가장 중요한 해였다.

훌륭한 MBA 수업처럼 경제적 배경부터 시작해 보자. 간단히 말하자면, 끔찍했다. 경제와 주식시장 모두 호황을 누렸던 1969년 이후 리처드 닉슨Richard Nixon 대통령은 아직 베트남에서 철수하기 3년 전이었지만 국방 예산을 삭감하기 시작했다. 남부 캘리포니아에서는 하룻밤 사이 10만 개의 항공우주 관련 일자리가 사라졌다. 어떤 동네에서는 집 열 채 중 한 채가 매물로 나왔다. 주 35시간 근무로 늘어난 여가 시간을 어떻게 보내야 할지 걱정하던 〈LA 타임스〉의 특집 기사는 이제 로스앤젤레스를 떠나야 하는 것이 아니냐고 걱정했다.

1970년 로스앤젤레스에서 일어난 일은 내가 헤치고 나아가야 했던 최악의 경제 상황이었다. 냉전 이후의 불황과는 달리 멕시코에서 유입되는 이민자의 물결도 없었고, 유통되는 마약도 그다지 많지 않았다. 내 생각에 1970~1974년에 로스앤젤레스의 조용한 구세주는 지하경제였다. 켄트 주립대학교 총격 사건과 국방부 비밀 보고서 스캔들도 1970년의 상황에 도움이 되지 않았다.

게다가 1970년대 초반에도 상황은 나아지지 않았다. 1970년의 급격한 경기 침체 이후 베트남전쟁에 대한 지출로 갑작스러운 인플레이션이 발생했다. 닉슨 대통령은 금 교환 창구를 닫아 버렸다. 1945년부터 1971년까지 미국은 브레턴우즈 협정에 따라 1온스(28.35그램)당 35달러의 비율로 달러를 금으로 바꿔 주기로 합의했다. 그러나 다른 국가의 중앙은행들이 미국의 금을 너무 빨리 인출해 가자 닉슨 대통령은 약속을 파기해야 했다. 1973년에는 고정환율제가 폐지되었고, 달러가 폭락했다. 나는 1973년 여름 프랑스의 와인 산지를 여행하고 있었는데, 아메리칸 익스프레스에서 발행된 달러 표시 여행자 수표를 현금으로 바꿀 수 없었다. 1973년 석유파동이 발생했고, 물가가 급등했다. 닉슨 대통령은 임금과 가격을 통제하기 시작했다. 그 후 워터게이트 사건이 터졌고, 1974년 다우존스 지수는 바닥을 쳤다.

흐름을 바꾸기 위한 세 가지 계획

이 모든 어려움에 맞서 트레이더 조는 세 가지 계획을 시작했다. 시간순으로 적으면 다음과 같다.

1. 1970년 초에 자체 소식지 〈피어리스 플라이어〉를 발행하기 시작했다.

2. 그해 말 공정거래법의 틈을 이용해 수입 와인 가격을 파괴했다.
3. 무엇보다 중요한 계획으로, 1971년에 친환경 식품 매장을 트레이더 조의 1967~1970년 버전이었던 굿 타임 찰리 파티 매장에 결합시켰다.

이 세 가지 요소가 모여 트레이더 조의 두 번째 버전인 '홀 어스 해리'를 구성했다. 이 장에서는 공정거래법의 허점과 그 결과로 일어난 일에 대해 이야기한다. 다음 장에서는 친환경 식품에 대해 이야기한다. 마지막으로, 9장에서는 〈피어리스 플라이어〉와 트레이더 조의 전반적인 광고 전략에 대해 살펴본다.

공정거래법의 빈틈

금주법은 결코 '폐지'된 적이 없다. 1933년에 개정되어 각 주에 주류를 규제할 수 있는 절대적 권리를 부여했을 뿐이다. 캔자스를 비롯한 일부 주에서는 주류 판매를 완전히 금지했다. 펜실베이니아 같은 주에서는 모든 형태의 주류를 주 정부가 전매했다. 워싱턴 등의 일부 주에서는 증류주는 주 정부가 독점했지만, 맥주와 와인은 개인의 손에 맡겼다. 캘리포니아는 상대적으로 자유로운 시장 정책을 취했다. 주 정부는 주류 사업에 뛰어들지는 않았지만 두 가지 기본적인 법률을 통과시켰다.

1. '직영 술집' 금지법: 맥주, 와인, 증류주의 제조업체나 도매업체

는 소매업체를 소유할 수 없다. 소매업체는 캘리포니아 와이너리와 직접 거래할 수 있지만, 허가받은 수입업체를 통하지 않고는 와인·맥주·증류주를 수입할 수 없다. '수입'은 문자 그대로 정의된다. 소매업체는 오리건주나 워싱턴주에서 와인을 '수입'할 수 없다.

2. **최저 소비자가격 고시**: 각 주류 '브랜드'는 매월 주 정부에 최저 소비자가격을 '고시'해야 한다. 소매업체가 수천 개 가격 중 하나라도 위반하면, 주 정부는 형사처벌을 내릴 수 있고 판매 면허를 박탈할 수 있으며 구속할 수도 있다.

같은 사업에 종사하는 이들 모두에게 도움이 되도록 이 문제를 아주 자세히 설명하려고 한다. 사업의 성공은 사업에 영향을 미치는 규정을 읽어 보는 그 잠깐의 순간에 달려 있을 때가 많다는 사실을 여러 번 되풀이해서 배웠다. 이 부분은 10장에서 더 자세히 이야기할 것이다.

1970년 6월, 우리는 3.7리터짜리 스페인 와인 마르케스 데 올리바Marqués de Olivar를 홍보하고 있었다. 이 와인은 펩시콜라의 와인 도매 사업부 무슈 앙리Monsieur Henri가 수입했다. 무슈 앙리는 주로 러시아 보드카 스톨리치나야Stolichnaya를 유통하기 위한 사업부였다. 펩시는 소련 정부와 계약을 맺었다. 소련은 무슈 앙리를 통해 보드카를 수출하고, 펩시에 소련 청량음료 시장에 대한 독점적 지위를 준다는 내용이었다. 하지만 무슈 앙리는 철의 장막 너머에는 없는 상품도 많이 취급했다.

대부분의 와인 도매업체는 최저 소비자가격을 '고시'하며, 소매업체에 최소 33퍼센트의 매출총이익률을 제공했다(즉 소매업체는 원가 대비 판매 가격을 50퍼센트 높게 붙였다). 하지만 마르케스 데 올리바가 고시한 매출총이익률은 고작 6퍼센트였다. 나는 무슈 앙리의 책임자인 에디 랜돌프Eddie Randolph에게 전화를 걸었다. 그는 이렇게 설명했다. "우리는 원가보다 최소 6퍼센트 이상만 높다면 원하는 가격을 고시할 수 있습니다. 당신 같은 소매업체가 대박 할인가로 팔 수 있도록 그렇게 고시한 거예요."

이 일로 우리는 도매업체의 가격 고시를 샅샅이 조사했다. 흥미로웠던 점은 많은 유명 프랑스 와인이 도매업체마다 고시된 가격이 제각각이었다는 사실이다.

예를 들어 1966년산 샤토 라피트 로스차일드Chateau Lafite Rothschild 빈티지의 경우 영스 마켓 컴퍼니Young's Market Co.는 최저 소비자가격을 10달러로 고시했고, 보헤미안 유통Bohemian Distributors은 11달러로, 서던 와인 & 스피릿Southern Wines & Spirits은 9.89달러로 고시했다. 그 이유는 무엇이었을까? 아무도 미국이나 캘리포니아에서 라피트를 독점적으로 유통할 수 없었기 때문이다. 세 가격 모두 소매업체가 가져갈 수 있는 매출총이익률은 33퍼센트였다. 고시된 가격이 차이 나는 이유는 세 도매업체의 매입 비용이 다르거나 도매업체마다 와인에 대해 이익을 다르게 남겼기 때문일 것이다.

주 정부에 고시하는 '브랜드'는 1966년산 라피트가 아니라 각각 영스 마켓 '66 라피트, 보헤미안 '66 라피트, 서던 와인 & 스피릿 '66 라피트였다. 주 정부가 보기에 각각은 별개의 '브랜드'였다!

그러다가 훌륭한 신사이자 노련한 수입업자인 에즈라 웹Ezra Webb을 만났다. 에즈라는 우리에게 자체 상표 버번을 공급하는 작은 도매 및 수입 업체를 운영하고 있었다. 실제로 그는 우리가 한 분석이 옳다고 말했다. 게다가 그는 라피트를 비롯한 유명 보르도산 포도주를 대형 도매상들이 지급하는 가격보다 훨씬 저렴하게 구입할 수 있었고, 우리가 원하는 만큼 낮은 가격으로 최저 소비자가격을 책정해 주었다! 와우! 트레이더 조의 코르크 마개가 뽑힌 것이다! 우리가 와인 산업에 괴물을 풀어 놓은 것은 7년 후의 일이지만, '칼잡이 맥(맥 더 나이프)'의 칼날은 이때 처음으로 와인잔 안에서 번득였다.

우리는 법의 틈을 발견했고, 맙소사, 트럭을 몰고 그 틈을 통과했다! 그리고 3년 만에 캘리포니아의 수입 와인 판매를 이끄는 선도적인 소매 업체가 되었다! 이 일로 진정한 트레이더 조의 전설이 시작된 것이다.

우리는 와인 애호가들에게 1981년 항공 규제가 완화되기 전 위대한 항공사 PSA가 여행객들에게 제공했던 것과 비슷한 가치를 제공했다. 우리처럼 PSA도 당시 미국 내 모든 항공 노선의 요금을 정하던 FAA 규정을 면밀히 검토하여 가격을 책정했다. 그러나 캘리포니아 내에서만 운항하는 한, PSA는 FAA의 가격 규제에서 자유로웠다. PSA는 내가 존경하는 영웅 중 하나였고, 이제 그들처럼 고객들에게 큰 가치를 제공할 수 있게 되어 기뻤다.

거의 30년이 지난 지금, 사람들은 내게 와서 자기가 어떻게 라투르Latour를 5.99달러에 샀는지, 어떻게 피숑 롱그빌 라랑드Pichon Longueville Lalande를 3.69달러에 샀는지 이야기한다. 같은 포도밭에서 생산된 같은 와인이 10~20배나 비싸게 팔리는 오늘날에는 이런 가격이 불가능한 것처럼 보인다. 물론 인플레이션 때문에 가격이 상승한 것은 일부 맞다. 하지만 가장 큰 변화는 고급 와인의 인기가 1970년에 비해 지금 훨씬 더 뜨거워졌다는 것이다. 생산량이 매우 한정적인 희소 와인을 찾는 구매자도 훨씬 더 많아졌다.

1970년은 경기 침체가 찾아왔고, 브레턴우즈 협정에 따른 고정환율제가 종식되면서 전 세계 경제가 어려운 시기였기 때문에 우리는 좋은 와인을 싸게 살 수 있었다. 이 시기에 와인 업계는 수렁에 빠졌다. 무슈 앙리를 포함한 캘리포니아의 여러 도매업체가 도산했다. 우리는 이 도산 과정에서 믿을 수 없을 만큼 싼 가격에 와인을 얻을 수 있었다.

> **나는 들어가서 저녁 식사를 했다. 프랑스에서는 양이 많은 식사였지만, 스페인에서는 매우 신중하게 양을 나눈 식사 같았다. 음식을 벗 삼아 와인을 한 병 마셨다. 샤토 마고였다. 천천히 와인을 음미하며 혼자 마시는 것이 즐거웠다. 한 병의 와인은 좋은 친구였다.**
>
> — 어니스트 헤밍웨이 Ernest Hemingway, 《태양은 다시 떠오른다 The Sun Also Rises》

프리미에 크뤼 와인 1위에 오르다

1924년 헤밍웨이가 사랑한 샤토 마고 Chateaux Margaux 한 병 가격은 현재 구매력으로는 3달러 정도였을 것이다. 2021년 기준 샤토 마고는

150달러 정도 한다. 하지만 1970년대에 트레이더 조에서는 150달러가 아닌 3달러에 가까운 가격이었고, 와인 수집가들도 이 혜택을 누렸다.

스위스의 거대 식품 기업 네슬레Nestlé는 보르도 와인에 엄청나게 잘못된 투자를 했다. 그 덕분에 나는 1974년에 보르도에 가서 저렴한 가격에 대량으로 와인을 구입할 수 있었다(그 후 네슬레는 캘리포니아에 있는 베링거Beringer를 사들이고 재정적 손실을 만회했다).

1976년에 우리의 와인 구매는 정점에 다다랐다. 그리고 거의 파산 직전까지 갔다. 당시 들로르Delors는 보르도 와인의 최대 '화주shipper' 가운데 하나였는데, 이를 영국 소유주들이 청산해 버리면서 막대한 재고를 크리스티Christie's에 넘겼다. 1976년 3월, 나는 사상 최대 규모의 보르도 와인 경매에 참석하기 위해 런던으로 날아갔다.

전 세계에서 온 400명의 노련한 바이어들 사이에서 캘리포니아에서 온 촌뜨기가 경매장에 입장했다. 가격이 매우 저렴해 보였기 때문에 계속해서 사들였다. 이틀간의 경매가 끝나고 나니 이 촌뜨기는 그 경매에서 가장 큰 구매자가 되었다!

당시 나는 (갑자기) 이렇게 큰 경매를 열기에 적절한 장소였던 코노트 호텔에 머무르고 있었는데, 우리 와인 바이어인 밥 버닝Bob Berning으로부터 전화가 왔다. 문제가 생긴 것이었다!

경쟁 업체들이 주 정부와 함께 새로운 규정을 입안할 계획을 세우고 있었다. 허가받은 수입 업체의 이름을 병의 전면 라벨에 표시해야 한다는 것이었다. 이미 캘리포니아에 있는 와인에는 새로운 규정이 적용되지 않지만, 새로 수입하는 모든 와인은 새로운 규정을 준수해야 했다.

라벨에 수입 업체의 이름을 넣는 것은 대형 유통 업체에게는 쉬운 일이었다. 라벨을 인쇄할 때 이름을 넣을 수 있게 추가적으로 높이를 늘리도록 특별히 조치를 취할 수 있었기 때문이다. 하지만 크리스티에서 구매한 모든 들로르 와인에는 이미 라벨이 붙어 있었다!

들로르 와인을 수입할 수 없다면, 유럽 시장에 헐값으로 내다 버려야 했다. 파산하지는 않을지 몰라도, 대차대조표에 분명 큰 타격을 입을 것이었다.

그러다가 천재 에즈라 웹이 해결책을 생각해 냈다. 그는 간단히 '에즈라 웹 수입'이라고 적힌 투명한 판박이 그림을 인쇄했다. 그리고 이것을 크리스티에 항공우편으로 보냈다. 크리스티에는 약간의 추가 비용을 지급하고, 케이스를 개봉하여 병마다 메인 라벨에 판박이 그림을 붙여 이제 완벽히 합법적인 와인을 배송하도록 했다.

내가 구입한 와인들은 지금도 캘리포니아와 멕시코의 가장 중요한 와인 저장고 몇 곳에 아름답게 보관되어 있다. 이듬해 밥 버닝은 런던으로 가서 그뤼오 라로즈Gruaud LaRose, 메네Meyney, 클로 데 자코뱅Clos des Jacobins 등 지네스테Ginestet 와인을 판매하는 대규모 경매를 쓸어왔다. 이 와인병에는 모두 에즈라의 판박이 그림이 붙었다. 공정거래법이 시행된 마지막 해였다.

저렴하고 좋은 와인을 찾아서

그러나 우리가 고급 와인에만 관심을 가졌다고 생각하지는 않았으면 좋겠다. 앞서 설명한 것은 우리가 잡은 이례적인 기회였을 뿐, 와인은 내가 트레이더 조의 핵심 역량으로 염두에 두었던 것이 아니었다. 나는 모든 가정이 매일 밤 식탁에 괜찮은 와인 한 병쯤은 놓을 수 있게 하고 싶었다. 내가 집착하는 것 중 하나는 와인과 음식의 조합이다. 와인 그 자체로 평가받으며 끝없이 논쟁의 대상이 되는 고급 와인이 아니다. 와인을 블라인드 테이스팅 하는 것은 쓸모없는 일이라고 생각한다. 주어진 요리가 있을 때를 제외하고는 와인만 맛보는 것은 의미가 없기 때문이다.

그래서 밥 버닝은 당시 1달러 49센트짜리 저렴하지만 좋은 와인을 대량으로 수입하기 시작했다. 먼저 수입한 와인 중 하나는 1971년 포르투갈에서 찾은 레드와인 세라다예레스Serradayres와 1972년 프랑스에서 찾은 장 글레이즈Jean Gleizes였다. 미국에는 이 와인을 취급하는 다른 수입업체가 없었기 때문에 에즈라는 최저 소비자가격을 고시하는 데 아무 문제가 없었다. 그로부터 27년이 지난 뒤에도 트레이더 조에서는 여전히 세라다예레스를 판매했다.

와인 은행

트레이더 조의 진정한 힘은 수입 와인과 밥 버닝이 엄청난 양으로 개발 중이던 우리의 자체 상표 캘리포니아산 와인에 있었다. 그럼에도 우리가 판매하는 와인 중 상당수는 공정거래법의 적용을 받았다. 다양한 캘리포니아산 '부티크' 와인을 취급하는 것 말고는 와인을 홍보하기 위해 우리가 할 수 있는 일은 많지 않았다. 그때 와인 은행Wine Bank이라는 아이디어가 떠올랐다.

1970~1971년 불황의 한가운데서 〈LA 타임스〉는 할리우드의 캐딜락 딜러를 인터뷰했다. 그는 그럭저럭 괜찮다며, "부자들이 늘 함께 하기 때문"이라고 설명했다. 부자들, 아니 적어도 항공우주 산업의 침체로 휩쓸려 나가지 않은 사람들이 시작한 일 중 하나가 바로 와인 수집이었다. 이들에게는 와인을 어디에 보관해야 하느냐는 문제가 있었다.

와인 은행이 바로 내가 생각해 낸 해답이었다. 로스앤젤레스에서 가장 저렴한 가격에 고객이 와인을 보관할 수 있는 창고를 제공하는 것이었다. 이것은 공정거래법에서 규제하지 않는 형태의 가격 경쟁이었다.

우리는 32킬로미터 떨어진 매장에 2개의 와인 은행을 만들어 고객들을 위한 수천 개의 케이스를 보관했다. 저렴한 요금 덕분에 진짜 와인 애호가들에게 트레이더 조의 인기가 높아졌다.

하지만 1978년 주류에 대한 공정거래법이 폐지되던 날 나는 모든 와인 은행을 기꺼이 폭파시키고 싶었다. 그것들은 골칫거리였다. 예를 들어 어느 부부가 이혼을 생각하고 있을 때 둘 중 한 명이 선제공격으로 와인 창고를 비워 버린다면, 와인 은행은 소송의 한가운데에 휘말리게 될 것이다.

공정거래법이 사라지자 이런 박빙의 경쟁은 더 이상 불필요해졌다. 그래도 우리는 고객에 대한 약속을 지키며 트레이더 조에서 내가 일하는 동안은 계속해서 와인 은행을 유지했다. 내가 트레이더 조를 떠나고 약 5년 후에 후임자들은 와인 은행을 접었다. 사업적으로는 훌륭한 결정이었지만, 이 결정은 오랫동안 우리의 좋은 고객이었던 이들의 마음을 아프게 했다.

신용카드를 최초로 도입하다

규제받지 않는 경쟁의 또 다른 형태로 신용카드가 있었다. 많은 와인 소매업체, 그리고 손꼽히는 식료품 체인점 주겐센스는 외상 거래 계정을 가지고 있었다. 적어도 내가 보기에, 이것은 블랙홀과 같았다. 외상 거래를 하면 현금이 마르는 데다가 고객들이 의도적으로 결제를 피하는 일이 많았기 때문이다.

우리는 비자Visa와 마스터 차지Master Charge로 결제하는 시스템을 도입해 카드 결제를 시작한 미국 최초의 식료품점 중 하나가 되었다(주겐센스는 사업을 접기 직전까지 카드 결제를 도입하지 않았다). 카드 결제 시스템을 도입하는 것은 신용카드 회사가 소매업체에 부과하는 수수료 때문에 업계에서는 급진적인 방법으로 여겨졌다. 게다가 비자, (옛) 뱅크 아메리카드BankAmericard, 마스터 차지는 아메리칸 익스프레스가 장악하고 있던 신용카드 업계에서 상당히 새로운 회사였다.

지금은 카드기에 카드를 긁으면 온라인으로 컴퓨터가 그 자리에서 바로 결제 승인을 하거나 거부하지만, 그렇지 않았던 시절에는 신용카드로 결제하기가 얼마나 어려웠는지 기억하기도 힘들다. 그러나 어려운 시기였던 1970년대에는 부도수표가 워낙 흔해서 신용카드 사기의 위험은 그에 비하면 미미했다. 온라인 승인은 너무 요원한 일이라 그것이 가능해질 날은 상상조차 하지 못했는데도 말이다.

트레이더 조 와이너리

와이너리를 운영하면 어떨까? 규정을 자세히 읽어 보니, 소매업체도 갤로Gallo나 로버트 몬다비Robert Mondavi가 가지고 있는 것과 같은 와이너리 면허Master Wine Grower's License를 소유할 수 있었다. 그래서 밥과 나는 캘리포니아 와이너리 면허를 취득하기로 했다. 대략 300달러만 내면 주 정부로부터 새 면허를 받을 수 있었다. 하지만 오래된 면허를 원했던 우리는 로스앤젤레스 동쪽 쿠카몽가에서 지금은 버려진 와이너리 지역의 한 포도밭을 발견했다. 1800년대 후반, 이 지역에는 세계 최대 규모의 포도밭이 있었다. 그러나 1973년에는 유휴 상태에 있거나 유휴 상태와 다를 바 없는 상태의 와이너리 6개가 남아 있었다. 아가조티Aggazotti 박사(부업으로 와이너리 면허를 가지고 있었던 식초 제조의 대가)가 1933년에 발급받은 면허를 팔기로 결정했고, 우리는 그 면허를 1만 달러에 샀다.

왜 오래된 면허인가?

새로운 와이너리 면허에는 1933년 면허에는 포함되어 있던 특권이 없었다. 1933년 면허로는 라벨이 붙어 있지 않더라도 어떤 와인이든 합법적으로 시음회를 열 수 있었다. 또한 합법적으로 모든 와인의 도매업을 할 수 있었기 때문에 로스앤젤레스 최고의 프라이빗 클럽과 레스토랑에 수천 상자를 판매할 수 있었다.

이렇게 도매업을 할 수 있는 특권은 내부적으로도 가치가 있었다. 나중에 22장에서 더 자세히 설명하겠지만, 우리는 세금 관련 이유로 8개의 별도 법인으로 매장을 운영했다. 법적으로 이 매장들은 단체로 와인을 구매할 수 없었다. 하지만 프론토 마켓 1호점이 와이너리 면허를 보유하고 있었기 때문에 사실상 다른 7개 법인에 트레이더 조 라벨 와인과 모든 수입 와인을 도매로 판매할 수 있었다.

오래된 면허에는 캘리포니아 와인 양조업자들과 거래할 수 있는 특별한 권리도 붙어 있었다. 예를 들어 오크빌 와이너리Oakville Winery가 파산했을 때, 와인 저장 통을 만들어 공급했던 통 제조업자는 대금을 다량의 와인으로 지급받았다. 그는 받은 술을 어떻게 처리해야 할지 몰랐다. 게다가 그는 술을 마시지 않는 모르몬교도였다! 그래서 우리가 그 술을 전부 사서 우리 이름으로 라벨을 붙였다. 와이너리 면허가 없었다면 그로부터 직접 재고를 구입할 수 없었을 것이다.

하지만 이 면허에도 작은 문제가 있었다. 바로 와이너리를 운영해야 한다는 것이었다! 나는 사무실 건물로 쓰기 위해 패서디나 남쪽에 있는 파산한 전자제품 공장을 샀다(이곳은 1932년에 140평 규모의 슈퍼마켓으로 처음 지어졌다). 공장에는 다양한 공구 창고가 붙어 있었다. 그중 약 11평 크기의 공구 창고를 골라서 트레이더 조 와이너리라고 이름 붙였다! 분쇄기와 스테인리스 발효 탱크, 중고 위스키 통도 구입했다. (법적으로 버번은 불에 그을린 새 오크통에서만 숙성시킬 수 있다. 이렇게 한 번 사용한 오크통은 통 제조업자에게 판매된다. 통 제조업자는 사용한 통을 분해해 그을린 부분을 긁어내고 다시 조립해 와이너리에 판매한다.) 리버사이드 카운티에서 트럭 한 대 분량의 포도를 사고, 포도를 으깨기 위해 사무실의 전 직원과 그들의 아이들까지 동원했다. 다행히도 버닝에게는 자녀가 다섯 명이나 있었다.

포도를 으깨는 방법

와인 제조에서 꿀벌의 존재는 주목받지 못한다. 꿀벌은 당도 약 28퍼센트의 프리 런 주스*에 열광한다. 1968년 산타크루즈 산맥에 있는 리지 와이너리Ridge Winery를 처음 방문했을 때가 잊히지 않는다. 내가 방문했을 때, 지금은 고인이 된 리지 와이너리의 설립자 데이브 베니언Dave Bennion은 허리까지 벗은 채로 포도송이를 분쇄기에 넣고 있었다. 벌거벗고 땀을 흘리고 있는 그의 몸에서 불과 몇 센티미터 떨어진 주위로 벌떼가 장막을 치듯 날아다니고 있었지만, 그를 쏘지는 않았다. 그때는 다마스커스에서 성 바울이 개종한 순간처럼, 내 생각이 전환점을 맞이해 사무실 옥상에서 벌을 키우던 홀 어스 해리의 시대였다. 다만, 여기서 말하고 싶은 것은 트레이더 조 와이너리에서 포도를 밟던 사람들에게는 데이브 베니언이 누린 행운이 따르지 않았다는 것이다.

---

* free run juice. 강제로 포도 껍질을 압착하기 전 자체 무게 때문에 압착되어 자연히 흘러나오는 포도즙을 말한다. - 역자주

우리가 만든 와인은 끔찍했다. 주된 이유는 포도에 야생 효모를 죽이는 황을 첨가하지 않았다는 것이다. 모든 포도는 효모로 덮이는데, 껍질에 보이는 가루 같은 것이 야생 효모다. 이것은 신이 포도를 와인으로 발효시키려고 했다는 결정적인 증거다. 효모에 따라 발효의 결과도 달라진다. 와인은 이런 맛과 향을 내야 한다고 우리의 미적 기준을 정립시킨 효모는 지중해의 효모, 대개 프랑스의 효모였다. 캘리포니아의 야생 효모는 상당히 다른 미적 결과를 낸다. 아내 앨리스는 그것을 STP의 미학*이라고 말한다. 따라서 전문적인 와인 제조업체들은 와이너리에 포도가 도착하면 캘리포니아의 야생 효모를 죽이는 유황 용액을 뿌린다. 그런 다음 포도를 으깨고 프랑스 효모, 특히 몽라셰Montrachet라는 균주를 포도액에 섞는다. 그런데 우리는 그렇게 하지 않았던 것이다.

그래도 이렇게라도 만들어진 와인 덕분에 우리는 계속 합법적인 와이너리로 유지될 수 있었다. 매년 알코올·담배·총기관리국Bureau of Alcohol, Tobacco & Firearms, BATF에서 조사관이 나와 와이너리를 재인증했다. 우리는 조사관에게 어떤 샘플도 제공하지 않았다. 버닝이 조사관에게 무슨 이야기를 했는지는 기억나지 않는다. 물론 요즘이라면 사우스 패서디나에 환경오염 배출 허가를 받지 않고 이런 와이너리를 짓는 것은 불가능할 것이다.

다만 이 면허에는 주류단속국Department of Alcoholic Beverage Control이 우리에게 허락하지 않은 권리가 하나 있었다. 와인을 수입할 수 있는

---

* STP는 엔진오일 브랜드로, 캘리포니아 와인의 기계적이고 인공적인 맛을 빗댄 표현이다. - 역자주

권리였다. 주류단속국은 우리가 매장에서 증류주 판매를 중단하면 이 권리를 얻을 수 있다고 말했다. 비논리적인 말이었다. 게다가 캘리포니아에는 우리가 원하는 일을 전부 다 하고 있는 회사가 4개나 있었다. 나는 이 문제를 주류단속국에 상소했지만, 또다시 패소했고 포기했다. 다행히도 에즈라 웹과의 계약이 너무 잘 풀려서 와인을 직접 수입할 필요가 없었다.

1976년 무렵 트레이더 조는 와인, 특히 유럽산 저가 와인과 캘리포니아산 저가 와인 판매의 최강자가 되었다. 1976~1977년에 있었던 크리스티 경매 덕분에 잠시나마 고급 와인 부문에서 '1등'을 차지하기도 했지만, 그보다 훨씬 중요한 것은 트레이더 조가 2달러도 안 되는 돈으로 좋은 와인 한 병을 살 수 있는 세계 최고의 장소가 되었다는 것이다. 트레이더 조는 내가 있는 동안 이 자리를 계속해서 지켰다. 우리의 주요 시장이었던, 교육 수준은 높지만 소득이 낮은 캘리포니아 사람들을 완벽하게 공략했던 것이다.

1984~1985년의 거대한 회색시장

1980년대 중반, 미국의 높은 금리 때문에 다른 통화에 비해 달러 가치가 급등했다. 1973년에는 1달러당 4프랑이었지만, 1981년에는 1달러당 6프랑으로, 1985년에는 1달러당 10프랑으로 상승했다. 그러나 프랑스의 브랜드 와인, 특히 샴페인을 취급하는 대형 수입업체들은 새로운 현실을 반영해 도매가격을 낮추지 않았다. 그 결과 몇몇 사업가들이

프리미엄 샴페인을 대량으로 사서 747 전세기에 실어 미국으로 보내기 시작했다. 샴페인을 배로 운송하면 이자 비용이 너무 커져서 항공 운송을 이용하는 편이 경제적이었다.

밥 버닝은 양팔 가득 샴페인을 구매하기 시작했다. 때로는 전체 매출의 10퍼센트에서 20퍼센트가 돔 루이나Dom Ruinart, 로드레 크리스털Roderer Cristal, 테탕저 콤트 드 샹파뉴Tattinger Comtes de Champagne, 돔 페리뇽Dom Perignon, 페리에 주에 플라워 보틀Perrier Jouet Flower Bottle 등 세계 최고의 샴페인에서 나왔다.

경쟁 업체가 있었지만, 대부분 단일 매장이었다. 게다가 우리에게는 현금이 있었다. 747기에서 내린 샴페인이 물류센터로 들어오는 즉시 대금을 지급할 의향이 있었다. 그래서 1980년대 중반 그랑 마퀴 샴페인Grand Marque Champagnes을 취급하는 회색시장에서 우리가 가장 큰 소매업체였던 것 같다. 8년 전 크리스티 경매 때도 그랬지만, 이 고급 와인들은 교육 수준은 높지만 소득이 낮은 사람들에게 와인을 제공한다는 우리의 특별한 사명과는 맞지 않았다. 그러나 취급하는 동안에는 신나는 경험이었다.

안타깝게도, 도매업자들은 다시는 이런 일이 일어나지 않도록 막는 법안을 새크라멘토에서 통과시키려고 노력했다. 그리고 실제로 도매업자들을 보호하는 법안이 입법부를 통과하는 것은 놀라운 일이 아니었다. 도매업자들이 법안을 통과시키기 위해 로비하는 동안 많은 와인 판매상이 이를 막으려고 애썼다. 나는 TV에 출연했으며, 〈LA 타임스〉에서 일하는 친구 토니 데이Tony Day는 반대 사설을 썼다. 그러나 조지

듀크미지언George Deukmejian 주지사를 설득한 것은 '리커 반Liquor Barn' 이라는 주류 할인 판매점 체인을 시작했던 세이프웨이였다. 결국 주지사는 입법 거부권을 행사했다.

1985년 말, G7이 만나 달러 가치 하락을 논의했다. 내가 트레이더 조를 떠날 때는 환율이 1달러당 6프랑으로 되돌아갔다. 지금은 환율이 유로로 표시되지만, 그래도 1달러당 10프랑이 되는 그날이 다시 오기를 기다린다.

와인 사업의 핵심으로 돌아가기

이렇게 해서 우리는 교육 수준은 높고 소득이 낮은 사람들에게 와인을 제공하는 쪽으로 돌아갔다. 1986년에는 자체 상표 레드와인을 캘리포니아산에서 남프랑스산으로 많이 바꿨다. 달러 약세에도 불구하고 남프랑스산 와인이 더 좋다고 생각했기 때문이다. 오늘날 남프랑스 지역은 전 세계에서 판매되는 와인의 10퍼센트를 생산하고 있으며, 로버트 몬다비를 포함한 많은 캘리포니아 업체가 이곳에 투자하고 있다.

아무도 관심을 보이지 않았기 때문에 우리가 성공적으로 판매했던 또 다른 저가 와인은 보르도산 화이트와인이었다. 이렇게 강한 맛에 종종 세련미가 떨어지는 와인이 잘 팔린다는 것은 고객들의 수준이 높아졌음을 알 수 있는 척도였다. 모든 와인이 그렇듯, 이 와인과도 잘 어울리는 음식이 있기 때문이다. 보르도산 화이트와인은 나중에 캘리포니아산 소비뇽 블랑Sauvignon Blanc 인기의 서막을 연 샤르도네Chardonnay

열풍의 유용한 대안이 되었다.

  트레이더 조는 캘리포니아에서는 자유롭게 와인을 판매할 수 있었지만, 대부분의 주에서는 와인 판매에 제한을 받았다. 뉴욕이나 펜실베이니아에서는 아예 와인을 판매하지 못한다. 다행히 나는 그런 문제를 다룰 필요가 없었다. 캘리포니아에서 저가의 좋은 와인 판매에서 1등이 된 것은 내 경력에서 가장 만족스러운 일 중 하나였다.

8장

두 번째 버전,
홀 어스 해리*

상당히 객관적인 증거가 점점 더 늘어나고 있고, 이를 바탕으로 많은 사람이 유기체가 살 수 있는 지역으로서 생물권의 수명은 수억 년이 아니라 불과 수십 년일 것이라고 결론짓고 있다. 이것은 전적으로 인류의 잘못이다. 대기 중에 유리 산소가 축적되기 시작했을 때의 위기에 필적할 만한 위기가 다가오고 있는 것 같다.

— G. 에벌린 허친슨 G. Evelyn Hutchinson, 〈사이언티픽 아메리칸〉

1970년의 경제 상황은 점점 암울해지고 있었고, 매출도 떨어지고 있었다. 그때 〈사이언티픽 아메리칸〉이 또 한 번 나를 구했다.

이 환상적인 잡지는 매년 9월이면 한 호 전체가 한 가지 주제를 다룬다. 1970년 9월에는 생물권biosphere이 주제였다. 전에는 한 번도 본 적이 없는 용어였다. 주요 과학 잡지에서 환경 문제를 다룬 것은 그때가 처음이었다. 물론 1960년대 후반 〈뉴요커〉에 레이첼 카슨Rachel Carson이 쓴 《침묵의 봄Silent Spring》이 연재된 적이 있었으므로, 생물권에 닥친 위험은 엄밀히 말하면 새로운 뉴스는 아니었다. 하지만 경종을 울리는 뉴스였다. 〈사이언티픽 아메리칸〉의 명성은 무게감이 달랐고, 나는 기사를 읽고 정말 깜짝 놀랐다.

---

* 친환경 소비 문화를 주도한 잡지 <홀 어스 카탈로그>에서 영감을 받았다. - 역자주

친환경 식품에서 기회를 찾다

생물권에 관한 기사를 읽고 몇 주 만에 〈홀 어스 카탈로그The Whole Earth Catalog〉, 〈유기농 원예와 농업Organic Gardening and Farming〉, 〈어머니 지구Mother Earth〉 등 로데일에서 나온 모든 출판물과 지금은 기억도 나지 않는 잡지들을 구독했다. 프랜시스 무어 라페Francis Moore Lappé의 책 《작은 행성을 위한 다이어트Diet for a Small Planet》는 특히 인상적이었다. 나는 패서디나 가족계획연맹 이사회에 들어가 6년 동안 봉사했다.

파울 에를리히Paul Ehrlich는 미래에 대해 암울한 예측을 내놓았지만, 그 예측은 완전히 틀렸다는 것이 증명되었다. 하지만 그는 스탠퍼드를 나왔다! 나는 그를 믿어야 했다! 1972년 MIT의 제이 포레스터Jay Forrester는 로마 클럽 전망에서 이 모든 것이 통계적으로 정확하다고 발표했는데, 로마 클럽의 전망은 에를리히의 예측보다 훨씬 더 크게 빗나갔다. 하지만 당시에 나는 이들의 말을 믿었다.

산타아나에 후발 주자로 새로 문을 연 트레이더 조의 캡틴 밥 핸슨Bob Hanson은 친환경 식품 마니아였다. 그는 계속해서 '친환경 식품'을 먹어 보라고 나를 귀찮게 했다. 〈사이언티픽 아메리칸〉을 읽은 뒤에는 나도 핸슨의 의견에 동의했다! 물론 친환경 식품을 먹는 것이 어떻게 생물권을 구할 수 있는지는 석기시대와 거의 비슷한 라이프스타일로 돌아가길 원하는 백 퍼센트 러다이트Luddite주의자들을 제외하고는 나를 포함한 그 누구도 명확히 이해하지 못했다. 결국, 〈홀 어스 카탈로그〉의 모토는 '도구에의 접근'이었지 러다이트는 아니었다.

친환경 식품에 대한 정의를 재배와 가공 과정에 최대한 화학물질을 쓰지 않고 가능한 한 '생태학적으로' 포장된 식품이라고 하자. 당시에는 친환경 식품을 먹는 것, 즉 '내부 생태(몸 안)'를 지키면 생물권이라는 '외부 생태(몸 밖)'에도 어떻게든 도움이 될 거라는 개념이 있었다.

와인에 그래놀라를 곁들여 보시겠어요?

우리는 친환경 식품을 파는 매장과 주류 매장을 합칠 준비를 했다. 이것은 분명 정신분열증 같은 생각에서 시작된 발상이었다. 하지만 와인 애호가든, 친환경 식품 마니아든 자기가 먹는 것에 대해 진지하게 생각하는 사람들은 기본적으로 같은 범주 안에 있다는 생각이 들었다. 두 그룹 모두 폴저스 커피, 베스트 푸즈 마요네즈, 원더 브레드Wonder Bread, 코카콜라 등을 기꺼이 소비하는 대중으로부터 떨어져 나와 있었다. 내 희망이기는 했지만, 두 그룹 모두 미국의 주류 소비층이 균열되었음을 상징하는 사람들이었다.

우리는 산타아나에서 실험을 시작했다. 앨리스와 나는 샌프란시스코로 가서 당시 친환경 식품 판매점들의 온상이었던 헤이트-애쉬버리 지역과 버클리 대학로를 걸었다. 캘리포니아 대학교 산타크루스 캠퍼스를 나온 히피 청년을 채용해서 관련 용어를 배웠다. 르로이, 프랭크 코노와 나는 팜스프링스로 가는 길에 말린 과일과 견과류 판매점으로 엄청난 성공을 거둔 해들리Hadley's를 들렀다.

1971년 봄, 애벌레였던 굿 타임 찰리는 번데기에서 나와 파티 스토어

겸 친환경 식품 매장인 홀 어스 해리가 되었다.

트레이더 조의 첫 번째 자체 브랜드 식품은 그래놀라였다. 우리는 사우스랜드의 불만에도 알타데나Alta Dena 인증 미살균 우유를 들여왔고, 6개월 만에 알타데나 우유(살균 및 미살균 모두)의 캘리포니아 내 최대 판매처가 되었다. 2킬로그램짜리 꿀과 홈 베이킹에 필요한 모든 재료도 폭탄 가격으로 판매하기 시작했다. 매장에 오렌지주스 착즙기를 설치해 신선한 주스를 시내 최저가로 판매했다.

1971년 말에는 절친한 친구 짐 카일루엣 박사의 권유로 비타민을 판매하기 시작했다. 제임스는 캘리포니아 공과대학의 교수들과 많은 대화를 나눴다. 그는 라이너스 폴링Linus Pauling이 비타민 C에 관한 연구로 뭔가 중요한 것을 발견했다고 확신했다. 우리는 비타민 C의 가격을 파괴했다. 한때는 매출의 3퍼센트를 비타민 C가 창출했던 것 같다!

그 후에도 제임스는 고섬유 식단이 어떻게 대장암을 예방하는지 설명하는 영국의 의학 잡지 〈랜싯Lancet〉의 기사를 보내 주었다. 하지만 대체 왕겨를 어디서 구할 수 있을까? 나는 예나 지금이나 늘 위생상의 이유로 상품을 포장하지 않고 쌓아 놓고 판매하는 상점을 반대해 왔는데, 왕겨는 이런 전통적인 건강 식품점에서만 판매했다.

르로이는 베니스에서 왕겨를 포장하는 히피 스타일의 업체(이름이 맘스 트러킹Mom's Trucking이었던 것으로 기억한다)를 발견했다. 하지만 왕겨는 부가가치가 낮은 상품이었다. 배송비도 나오지 않았다. 그러나 이 업체가 견과류와 말린 과일도 포장해 주었기 때문에 우리는 다소 마지 못해 주문을 맡겼다. 그렇게 해서 트레이더 조는 캘리포니아에서 가장 큰 견과류 및 말린 과일 판매점이 되었다! 선견지명이 있었고, 기민하게 시장을 분석했던 것이다!

내가 트레이더 조를 떠난 1989년에 우리는 캘리포니아 전체 피스타치오 수확물의 5퍼센트를 정기적으로 구매했고, 아몬드는 미국에서 열세 번째로 큰 구매자가 되었다(허시Hershey가 가장 큰 구매자였다). 캐슈너트가 전체 매출의 3퍼센트를 차지한 적도 있었다. 내 기억에 그때는 비타민 C가 전체 매출의 3퍼센트를 차지하지 않았다.

치즈로의 대이동

매우 비합리적이게도 당시의 동향은 치즈를 친환경 식품으로 여겼다. 우리는 견과류보다 더 체계적인 방식으로 치즈에 접근했다. 한 매장에서 기존 방식으로 델리를 운영해 본 뒤 기존 방식을 버리고 매장 차원에서 치즈를 구매하고 상품화하는 우리만의 방식을 설계했다.

르로이가 이 프로그램 전체를 강력히 밀고 나갔다. 그는 치즈에 대한 연방 규정의 세부 사항을 조사하기 시작했다. 1950년대 위스콘신주 치즈 로비로 통과된 제한 법률들 덕분에 치즈에 관한 한 미국은 세계에서 보호무역주의가 가장 심한 나라 중 하나다. 르로이는 와이너리 관련 규정을 조사했을 때처럼 치즈에 관한 규정을 파고들었다. 우리는 체다·체셔·스틸턴 같은 영국 치즈 외에 폰티나 등 이탈리아 치즈, 이런 치즈들을 따라 한 덴마크 치즈, 에멘탈 등 스위스 치즈, 프랑스의 다양한 경질 치즈를 수입할 수 있는 쿼터와 면허를 정해진 것보다 더 많이 얻을 수 있었다. 어떻게 면허를 취득했는지에 대해 말하자면, 바라건대 어빈 상원의원의 공소시효가 이미 지났기를 바란다.

하지만 우리에게 혁신은 브리 치즈였다. 1950년대 위스콘신주에는 원래 브리 치즈 산업이 없었기 때문에 수입에 아무런 제한이 없었다. 우리는 수입 와인에 대한 공정거래법의 틈을 파고들었던 것처럼, 치즈에 대해서도 법규의 틈을 파고들어 미국 최대의 브리 치즈 판매업체가 되었다. 다른 어떤 소매업체도 브리 치즈를 합리적인 가격에 파는 일에는 관심이 없었다. 심지어 우리는 브리 치즈를 벨비타보다도 낮은 가격에 판매했다! 모든 매장에는 치즈 전문 코너를 새로 만들어 놓았다. 매장 규모가 작았기 때문에 쉬운 일은 아니었다.

또한 이 코너에서 견과류와 말린 과일도 포장하기 시작했다. 1976년 홀 어스 해리 버전의 트레이더 조는 꽤 효율적이고 수익성이 높은 소매업체로 발전했다. 하지만 규모는 여전히 작았다. (브랜드 수요가 거의 없는) 견과류와 말린 과일, (마찬가지로 브랜드 수요가 거의 없는) 치즈 외에 우리는 몇 가지 자체 브랜드 식품을 가지고 있었다. 하지만 여전히 브랜드 식품을 판매하는 데 치우쳐 있었고, 대량으로 구매하지 않았기 때문에 공격적인 가격정책을 펴면 수익성이 없었다.

친환경의 이점을 온전히 누리다

직접적인 매장 운영 방식에 변화를 준 것 외에도 우리는 환경 보호라는 외부 생태 보전에 대한 책임감을 가지고 모든 회사 차량을 디젤엔진으로 교체했다. 디젤엔진은 가솔린엔진보다 원유 사용량이 적고, 수명이 길었기 때문이다. 디젤 자동차는 1979년 제2차 에너지 위기 때 잠시 기대했던 성과를 거뒀지만, 장기적으로는 많은 문제를 야기했다. 제너럴 모터스General Motors가 서둘러 양산에 들어간 디젤 구동 올즈모빌Oldsmobile 스테이션 왜건은 그저 가솔린엔진을 보강한 모델이었고, 도로보다 정비소에 더 자주 들어가 있었기 때문이다.

우리는 에너지를 절약하기 위해 적극적으로 매장을 재설계했다. 현재까지도 트레이더 조 매장에는 창문이 많지 않고 모든 창유리가 매우 작다. 이 아이디어는 그 후 지진과 폭동이 있을 때마다 부수적인 이득을 가져다주었다. 잘못된 이유로 옳은 일을 한 것이다.

전환된 생각을 처음 개화시킬 때는 지나치게 궤도를 벗어나기도 했다. 1971년에 나는 벅민스터 풀러Buckminster Fuller가 고안한 지오데식 돔geodesic dome을 이용해 매장을 짓기로 했다. 과연 새로운 돔이 환경에 얼마나 도움이 될까……. 아, 그건 모르겠다. 어쨌든 용도 지역이 허용하는 장소를 찾는 데 어려움을 겪었다. 그러다가 결국 트레이더 조의 입점 조건으로 정한 모든 규칙에 어긋나는 몬터레이파크 자리를 매수했다. 심지어 동료들에게 위치가 나쁜 것 같다고 메모를 보내기도 했다. 그래도 계속 진행했다. 휴우, 그때의 내게 내면의 목소리에 더 귀를 기울이라고 메모를 남기고 싶다.

지오데식 돔에는 악몽 같은 문제도 발생했다. 보건부에서 요구하는, 물로 씻을 수 있는 천장을 만드는 것이 불가능했던 것이다. 결국 지오데식 돔의 기본 윤곽을 가진 평범한 건물을 짓는 데 만족해야 했다. 그 후 건축가의 바보 같은 실수로 하수 배출구 아래에 매장을 배치했고, 그 결과 폐수를 위로 퍼 올려야만 하는 일도 있었다. 끝내는 몇 년 후 매장과 부지를 매각했다.

트레이더 조 바이오스피어Trader Joe's Biosphere라는 새로운 유형의 매장을 디자인하는 데에도 많은 시간과 에너지를 낭비했다. 이곳은 원예용품점 겸 애완동물 용품점 겸 친환경 식품만 판매하는 마트가 될 예정이었다. 모토는 '사람, 식물, 동물을 위한 좋은 음식'이었다. 다시 한숨이 나온다. 계획은 정말 좋았다.

1974년 주식시장의 붕괴와 함께 찾아온 급격한 경기 침체는 더 많은 매장을 열지 않을 수 있는 구실이 되었다. 녹색 운동Green Movement이라는 당시의 흐름 속에서 성장을 위한 성장은 일종의 암처럼 정의되었다. 성장을 위한 성장은 여전히 나를 힘들게 한다. 그것은 부자연스럽고, 심지어 변태적인 것처럼 느껴진다.

이것이 내가 1974년부터 1978년까지 다른 매장을 열지 않았던 상당한 이유였다. 홀 어스 해리가 거둔 성공을 고려하면, 이 기간에 다른 매장을 열지 않은 것은 변명할 수 없는 일처럼 보일지도 모른다.

하지만 이번에도 나는 잘못된 이유로 옳은 일을 했다. 1976년 말 우유와 주류에 대한 공정거래법이 우리 눈앞에서 폐지되었을 때, 1930년대에 만들어진 법이 영원히 지속될 것이라는 가정하에 만든 매장이 그리 많지 않아 거기에 매여 있지 않을 수 있었던 것이다.

무엇보다도 공정거래법이 폐지되면서 가치가 급락한 주류 판매 면허에 투자를 늘리지 않을 수 있었다.

그 덕분에 우리는 40킬로미터 밖에서도 사람들을 끌어들일 수 있는 최고의 매장인 맥 더 나이프 버전으로 전환하기에 더 수월한 상태가 될 수 있었다. 물론 사람들이 올 수 있도록 대로 접근성이 좋은 상점을 임대했을 경우에 말이다.

1970년대 중반에는 꾸준히 매출을 늘리기 위해 기존 매장에서 새로운 아이디어를 시행했다. 이것은 내가 가장 좋아하는 성장 방식이다. 가지고 있는 잠재력을 완전히 실현하는 매장은 어디에도 없기 때문이다. 매장 수를 늘리지 않은 4년 동안 매출은 계속 증가했다. 트레이더 조의 CEO는 수익성 있는 운영을 하면서 〈홀 어스 카탈로그〉의 정신을 지키기 위해 고군분투했다. 홀 어스 해리는 그 결과물이었다!

일 외의 사생활에서는 유기농 원예사가 되었다. 유기농으로 정원을 가꾸기 시작한 것만큼 내 삶을 풍요롭게 해준 일은 거의 없다. 개미들이 나의 블러드오렌지 나무에 진딧물 군집을 키우기 시작했을 때를 제외하고는, 여전히 유기농 정원 가꾸기를 계속하고 있다. 다만, 개미들이 진딧물 군집을 키울 때는 '그랜트Grant's의 개미 박멸'이 해결책이다.

어쨌든 파티 매장과 친환경 식품점의 말도 안 되는 결합은 생물권에는 큰 영향을 미치지 못했더라도 트레이더 조에는 큰 성공을 가져다주었다.

신이시여, 그의 생각과 말!
사람의 머릿속에서 얼마나 많은 일들이 일어나는지!

— 괴테, 《파우스트 Faust》

9장

팔지 않는다, 사게 한다

약속, 큰 약속은 광고의 영혼이다.

— 새뮤얼 존슨 Samuel Johnson, 《게으름뱅이 The Idler》

〈피어리스 플라이어〉는 미국과 캐나다에서 큰 관심을 끌었기 때문에 9장을 전부 할애해서 이야기하려고 한다. 1969년부터 1985년까지 〈피어리스 플라이어〉는 '인사이더스 리포트'라는 이름으로 발행되었다. 당시 데이브 니콜Dave Nichol은 캐나다의 대형 슈퍼마켓 체인 로블로스Loblaw's의 사장이었는데, 우리가 만든 '인사이더스 리포트'라는 컨셉에 완전히 빠져 버렸다. 이에 우리 변호사가 협상력을 발휘했고, 그 덕분에 우리는 10만 달러를 받고 '인사이더스 리포트'라는 이름을 내주게 되었다. 로블로스는 자체적으로 '인사이더스 리포트'와 다소 비슷하게 만든 잡지를 내놓기 시작했다. 이름을 팔고 나서 우리 잡지는 '피어리스 플라이어'로 이름을 바꿨다. 그 후 데이브는 트레이더 조의 자체 브랜드 상품을 모델로 삼아 프레지던트스 초이스President's Choice라는 로블로스 자체 브랜드 상품 라인도 만들었다. 데이브는 이 모든 것에 대해 우리에게 아주 충분히 보상했다.

〈피어리스 플라이어〉는 1969년 트레이더 조가 굿 타임 찰리였던 시절 〈인사이더스 와인 리포트〉로 시작했다. 〈인사이더스 와인 리포트〉는 와인에 관심 있는 사람이 거의 없다는 이유로 와인 전문 가십지가 전혀 없던 시절 와인 업계의 '내부' 정보를 담은 가십지였다. 와인 전문 가십지 〈와인 스펙테이터Wine Spectator〉에 따르면 2021년 기준 미국인의 11퍼센트가 전체 와인의 88퍼센트를 소비한다고 한다.

우리는 제품 지식을 얻기 위해 점점 더 자주 와인 시음회를 개최했고, 그 결과를 〈인사이더스 와인 리포트〉에 발표했다. 이렇게 지식이 쌓이자 새삼 우리가 식품에 대해 아는 것이 너무 없다는 사실을 깨달았다. 그래서 1969년 마요네즈, 참치 통조림, 핫도그, 땅콩버터 등 브랜드 식품에 대해서도 와인 시음회와 비슷한 블라인드 시식회를 열기 시작했다. 계획은 1등을 선정해 '시중 최저가'로 판매한다는 것이었다.

블라인드 시식회의 결과를 발표하기 위해 1970년에는 〈인사이더스 푸드 리포트Insider's Food Report〉를 발행하기 시작했는데, 가로 210밀리미터에 세로 280밀리미터의 판형, 행장, 서체(나중에 바꿈) 등 〈컨슈머 리포츠Consumer Reports〉의 레이아웃을 의도적으로 따라 했다. 다른 디자인 요소들은 데이비드 오길비David Ogilvy의 《나는 광고로 세상을 움직였다Confessions of an Advertising Man》를 참고했다. 단락마다 번호를 매기고, 기사 내용을 둘러싸고 상자를 그리는 것은 모두 오길비의 아이디어였다. 나는 지금도 이 책이 광고 분야에서 내가 읽은 최고의 책이라고 생각하고 추천한다. 당시 가장 멋진 편집을 했던 〈뉴욕 매거진New York magazine〉의 편집자 클레이 펠커Clay Felker에게서도 영감을 받았다. 〈뉴욕 매거진〉의 모토는 "뉴욕에 산다면 가능한 모든 도움이 필요하다!"였다. 〈인사이더스 푸드 리포트〉는 이를 차용해 "미국 주부에게는 가능한 모든 도움이 필요하다!"라고 모토를 정했다. 그리고 그 배경에는 그리스 신화 속 카산드라*와 비슷한 존재감을 가졌던 랠프 네이더Ralph Nader가 있었다. 네이더의 영향력은 당시 절정에 있었다.

하지만 내가 보기에 네이더는 말할 것도 없고 모든 상업 잡지가 지나치게 편집증적이고 유머가 부족한 것 같았다. 그래서 우리는 머리를 식힐 수 있게 만화를 삽입했다. 만화의 목적은 원래 다소 진지하고 설명적인 글과 대조를 이루기 위한 것이었지만, 점차 트레이더 조가 어떤 것에 대해 권위자라고 자칭하는 것을 조롱하기 위한 것이 되었다.

삽화는 방대하게 수집한 19세기 책과 잡지를 참고했다. 당시 저작권법에 따라 1906년 이전에 창작된 저작물은 더는 저작권의 적용을 받지 않으므로 자유롭게 쓸 수 있었다. 만화를 만들기 위해 나는 텍스트와 맞는다고 생각되는 삽화를 찾을 때까지 오래된 자료를 훑어보곤 했다.

한참 지나서 로버트 그레이브스Robert Graves의 《순백의 여신The White Goddess》을 읽고 내가 했던 일이 이미지를 의도적으로 잘못 해석하는 도상곡해iconotropy라는 것을 알게 되었다. 그레이브스는 사람들이 그리스 화병에 그려진 그림의 의미를 잘못 해석하거나 왜곡한 데에서 많은 신화가 생겨났다고 생각했다.

나는 잡지를 출간한 이후 19년 동안 도상곡해 방식으로 만화를 만들

* 미래를 예언할 수 있는 능력이 있으나 아무도 그 예언을 믿어 주지 않았다. - 역자주

었다. 만화를 만드는 일은 귀찮기도 했지만, 그와 동시에 사업 운영의 압박감에서 벗어날 수 있는 안식처가 되기도 했다. 무엇보다도 이 만화들은 대중의 관심을 끌었다. 그리고 트레이더 조가 사람들의 인식에 너무 진지하지만은 않은 뭔가 '다른' 소매업체로 자리 잡는 데 주요한 역할을 했다.

나는 늘 교육 수준은 높고 소득이 낮은 사람들을 대상으로 〈피어리스 플라이어〉를 만들었다. 이를 위해서는 세 가지를 염두에 두어야 했다.

1. 필요하지도 않고 원하지도 않는 물건을 사라는 허튼소리에 휘둘리는 멍청한 소비자consumer는 없다. 합리적인 지식을 가지고 있으며 자신의 소비 습관에 집중하는 고객customer만이 존재한다. (경력 후반기에 비합리적인 소비자들만 유입되는 끔찍한 체인을 맡아서 경영한 적이 있다. 비합리적인 소비자들은 그들을 어른으로 대하는 방식에 잘 반응하지 않았다.)

2. 〈피어리스 플라이어〉의 글은 늘 고객을 올려다보았다. 고객이 실제로 아는 것보다 더 많은 것을 알고 있다고 생각했고, 절대로 무시하지 않았다. 어려운 프랑스어는 음성기호를 표기했지만, 그것이 우리가 유일하게 양보한 것이었다.

3. 앞의 두 가지 가정을 바탕으로 독자들은 슈퍼마켓 광고와는 백팔십도 반대되는 지식에 대한 갈증이 있을 것이라고 가정했다. 우리는 '정보성 광고informative advertising'임을 강조했다. 이 용어는 1980년대 초에 〈홀 어스 리뷰Whole Earth Review〉에 글을 쓰

기 시작한 유명한 기업가 폴 호켄Paul Hawken에게서 빌려온 것이다. 이러한 정보성 기사는 우리 상품이 다른 일반적인 상품과 어떻게 다른지를 강조하기 위한 것이었다. 사례는 자체 브랜드 상품에 대해 쓴 14장을 참고하라.

원래 〈피어리스 플라이어〉는 매장에서 배포하거나, 소수이지만 점점 늘고 있는 구독자들에게만 배포했다. 하지만 개별 주소로 잡지를 발송하는 일은 매우 고약한 잡일이었다. 미국인들은 대략 3년에 한 번씩 이사하기 때문이다. 1980년에 들은 어느 마케팅 강의에서 누군가가 이사를 나가면 이사 나간 사람과 비슷한 사람이 같은 주소로 이사 올 가능성이 높다는 내용을 배웠다. 이 말은 사실이었다. 개별 고객이 아닌 특정 우편번호를 포괄하는 지역 주소로 우편물을 발송함으로써 우리는 〈피어리스 플라이어〉의 배포를 엄청나게 확대할 수 있었다. 물론 우편물을 발송할 우편번호는 교육 수준은 높지만 소득이 낮은 사람들이 밀집되어 있을 가능성이 높은 곳을 기준으로 선정했다.

우편물 발송량이 크게 늘면서 단기적으로 광고비가 크게 증가했다. 하지만 나는 광고 예산을 책정할 때 매출에 대한 비율을 기준으로 잡는 것은 좋지 않다고 생각한다. 일을 제대로 해내기 위해 필요한 비용을 파악하고 그만큼 지출하라. 결과적으로 〈피어리스 플라이어〉 덕분에 매출이 크게 늘면서 사후적으로 매출 대비 광고비가 감소했다. 내가 트레이더 조를 떠날 무렵에는 1년에 다섯 번씩 수백만 부를 우편으로 발송했다.

1985년 애플의 매킨토시가 등장하면서 〈피어리스 플라이어〉를 발행하는 과정이 엄청나게 발전했다. 어도비 페이지메이커Adobe® PageMaker라는 소프트웨어를 사용해 중간 인쇄업자의 역할을 대부분 없애고, 사무실에서 바로 인쇄해 사본을 만들었다. 1986년 앨리스가 광고 책임자로 영입한 팻 세인트 존Pat St. John은 기획에서 제품화까지의 리드 타임lead time을 거의 일주일이나 단축하며 〈피어리스 플라이어〉의 발전에 크게 기여했다. 광고를 해본 사람이라면 누구나 아는 짜증 나는 문제가 있다. 광고는 나갔지만 상품이 제때 도착하지 않는 경우인데, 매킨토시가 없었다면 나는 벌써 심장 발작을 일으켰을 것이다. 그리고 매킨토시 덕분에 〈피어리스 플라이어〉를 12쪽에서 20쪽으로 늘릴 수 있었다. 이로써 상품을 광고할 수 있는 지면이 더 늘었고, 아이러니하게도 심장 발작의 가능성도 높아졌다. 게다가 만화가 훨씬 더 많이 필요해졌다! 기억해야 할 것은 트레이더 조는 직원 모두가 여러 역할을 맡아 간접비가 낮았다는 것이다. 물론 이상의 일부 작업은 매킨토시 이전에도 할 수 있었지만, 비용이 훨씬 더 많이 들었을 것이다.

  〈피어리스 플라이어〉를 20쪽으로 늘린 것은 1985년 이후 트레이더 조의 매출이 급증하는 데 중요한 역할을 했다. 자세히 들여다보면 〈피어리스 플라이어〉는 교육적인 매체였다. 수백 명의 고객들이 기사를 다시 찾아볼 수 있도록 3공 바인더에 잡지를 모았다. 여러 해 동안 우리는 바인더에 끼울 수 있는 구멍을 표지에 인쇄해서 내보냈다.

  하지만 이에 못지않게 중요한 점은 〈피어리스 플라이어〉는 직원들을 위한 교육 매체이기도 했다는 것이다.

1. 많은 직원이 21세 미만이었기 때문에 판매하는 와인을 법적으로 시음할 수 없었다. 그래서 〈피어리스 플라이어〉는 이러한 직원들을 위한 영업 수단이기도 했다.

2. 우리는 점점 더 많은 비타민을 취급·판매하게 된 반면 FDA는 건강식품 업계가 주장하는 내용에 대해 점점 더 엄격한 규제와 감독을 시행하게 되면서, 나는 직원들이 비타민과 건강보조제를 영업하지 않기를 바랐다. 직원들은 제품에 대해 질문을 받으면 〈피어리스 플라이어〉를 참고해야 했고, 이를 위해 매장 차원에서 지난 〈피어리스 플라이어〉의 기사를 보관했다. (1993년 유타주의 오린 해치 Orrin Hatch 상원의원은 의회를 통해 건강식품을 위한 대헌장 Magna Carta을 통과시켰다. FDA는 이 법을 싫어하지만, 이 법 덕분에 건강식품 회사 등은 우리 시대에는 불가능했던 온갖 종류의 주장을 할 수 있게 되었다.)

〈피어리스 플라이어〉가 이끄는 트레이더 조의 가격정책

원가가 변하지 않는 한 소매가는 달라지지 않는다는 것이 트레이더 조의 기본 원칙 중 하나다. 주말 할인도 없고, 타임세일 in-and-out pricing도 없다. 이러한 가격정책을 펼 수밖에 없었던 한 가지 이유는 〈피어리스 플라이어〉를 수십만 부 배포했기 때문이다.

나는 늘 슈퍼마켓의 가격정책은 야바위 노름과 비슷하다고 믿어 왔다. 그리고 거기에 동참하고 싶지 않았다.

〈피어리스 플라이어〉가 성공할 수 있었던 까닭은 출판물이 담고 있는 가치, 즉 새뮤얼 존슨이 말한 "약속, 큰 약속"에 있었다는 점이 중요하다. 이것을 이해하지 못하는 사람들도 있다. 1980년대 초에 유명 항공사의 고위 마케팅 임원이 나를 찾아왔다. 그들은 내가 항공사를 위해 우리 것과 비슷한 출판물을 만들어 주기를 원했다. 몇 분 후 나는 이 항공사는 고객에게 제공할 특별한 가치를 가지고 있지 않으며, 그들이 원하는 것은 내가 허튼소리로 고객들을 당황하게 만드는 것이라고 결론 내렸다. 그래서 내 생각을 그대로 말했다. 이 항공사는 나중에 당연히 파산했다. 무엇보다도 금연 비행기를 만들어 달라고 요청했는데, 아마 그들은 내 말을 듣고 내가 비현실적인 괴짜라고 확신했을 것이다.

라디오 시대

1976년 로스앤젤레스에는 클래식 음악만 방송하는 상업 라디오 방송국 KFAC가 있었다. 아내는 젊은 성악가들을 위한 〈메트로폴리탄 오페라Metropolitan Opera〉의 오디션을 관리하면서 프로그램 매니저인 칼 프린시Carl Princi와 친구가 되었다. 칼은 1976년 내게 음식과 와인에 관한 1분짜리 방송을 진행해 달라고 부탁했다. 12년 후 트레이더 조를 떠날 때까지 내가 진행한 1분짜리 방송은 3300회나 되었다.

출연료는 받지 않았지만, "음식과 와인에 대해 이야기해 드리는 트레이더 조의 조 쿨롬입니다"라는 오프닝 멘트로 트레이더 조를 홍보할 수 있었다. 당시 트레이더 조는 홍보를 해야 했고, KFAC는 교육 수준은 높지만 소득이 낮은 사람들이라는 우리의 표적 시장에 딱 맞아떨어지는 방송이었다. 오페라 업계에서 아내의 활동(1982년 LA 오페라단 설립을 도왔다)과 나의 KFAC 방송 출연 덕분에 트레이더 조는 캘리포니아 클래식 음악계에서 독보적인 지위를 얻게 되었다.

하지만 그 방송이 가치가 있었던 이유는 내가 직접 방송을 위한 내용을 조사하고 대본을 작성해야 한다는 데 있었다. 나는 음식과 와인을 강제로 공부할 수밖에 없었다. 트레이더 조를 시작하고 9년이 지난 마흔여섯 살에도 내가 얼마나 무지했는지 다시 한번 말해야겠다. 정말 갈 길이 멀었다. 그래서 같은 주제와 내용을 반복하지 않으려고 노력했다. 3300개의 대본은 가능한 한 각각 다 달랐다. 이 방송은 결코 상업적인 방송이 아니었다. 다음이 대표적인 방송 대본이다.

> 음식과 와인에 대해 이야기해 드리는 트레이더 조의 조 쿨롬입니다. 요즘 우리는 생태학적 재해에 관한 이야기를 자주 듣습니다. 생태학적 재해 중에는 어떤 지역에 이전에는 살지 않았던 새로운 동물이나 식물이 들어오면서 일어나는 것들이 있습니다. 다들 호주에 토끼가 들어와서 어떤 일이 벌어졌는지 아시지요. 여기 미국에서는 찌르레기가 들어와 포도 농가에 재앙이 되었습니다.
>
> 잉어도 골칫거리입니다. 잉어는 미국 토종 생물이 아닙니다. 1876년 독일에서 가져왔고, 식용으로 귀한 물고기라고 여겨졌지요. 수세기 동안 유럽인들은 연못에서 잉어를 양식했습니다. 실제로 우리 정부

는 잉어를 키우고 싶어 하는 모든 사람에게 수십만 마리의 잉어를 나눠 주었습니다. 이 잉어들이 자연에 방생되면서 지금은 미국 전역에 퍼져 있지요.

야생 잉어의 문제는 바닥을 파헤쳐 먹이를 찾는다는 점입니다. 진흙을 휘저어 물속으로 들어오는 일조량을 감소시키고, 수생식물과 플랑크톤에 악영향을 미칩니다. 그 결과 많은 토종 물고기가 고통받고 있습니다.

조 쿨롬입니다. 청취해 주셔서 감사합니다.

너무 평범한가? 맞다. 하지만 대본의 절반을 셔츠 소맷부리에 적고는 그마저도 잘 입지 않는 사람에게 무엇을 기대하는가? 그러나 나는 많은 것을 배웠다.

나는 매일 또는 매주 할리우드에 가서 녹음할 시간 여유가 없었다. 그래서 1년에 네다섯 번만 방송국에 가서 한 번에 50~60개의 방송을 녹음했더니 번아웃이 왔다.

KFAC는 '음식과 와인에 관한 이야기'에 붙는 광고 시간을 판매했다. 항공사, 은행, 심지어 슈퍼마켓까지 이 방송에 광고를 붙이려고 돈을 냈다. 우스운 일이기는 했지만, 우리 이미지에는 전혀 해가 되지 않았다. 오프닝 멘트 외에 트레이더 조의 광고는 〈피어리스 플라이어〉, 아주 자그마한 신문 광고, 남부 캘리포니아 전역에서 진행한 강연과 와인 시음회가 전부였다. 하지만 1982년, KFAC 방송이 너무 분명한 성공을 거두자 나는 모든 신문 광고를 중단하고 그 돈을 라디오 광고에 투입했다. 트레이더 조의 광고 방송은 인구통계학적으로 우리의 표적 시장과 맞는 라디오 방송국, 즉 주로 뉴스 방송국이나 클래식 방송국에서 송출되었다. 트레이더 조는 여전히 이 방식을 따르고 있다.

미디어 업계가 많은 관심을 쏟고 있는 60초 라디오 광고의 포맷에 대해 나는 대부분의 라디오 광고가 엉망이라고 생각한다. '제작에 필요한 기술이나 재료'가 너무 많다. 더 나쁜 것은 청취자에게 명령을 내린다는 사실이다. "이걸 사세요!", "지금 당장 구매하세요!", "서두르세요!" 이런 식이다.

고객을 대할 때는 절대 강압적인 문장을 사용해서는 안 되며, 명령을 내려서도 안 된다. 트레이더 조의 광고는 다음과 같은 잠재의식적 메시지를 담고 있다. "우리는 오래도록 함께할 겁니다. 이번 기회를 놓치더라도 다음번 기회가 있어요. 시간과 오실 마음만 있으면 됩니다."

슈퍼마켓이 광고주인 라디오 광고는 대부분 제조업체로부터 공동 광고비를 협찬받아 비용을 지급한다. 슈퍼마켓은 수익을 극대화하기 위해 60초 안에 가능한 한 많은 브랜드를 포함한다. 정보는 개나 주는 것이다! 이와는 대조적으로 트레이더 조의 광고는 광고마다 하나의 상품에 집중했으며, 우리는 그에 관한 스토리를 만들려고 노력했다. 그리고 어떤 제조업체로부터도 광고 수입을 받지 않았다(〈피어리스 플라이어〉도 마찬가지였다). 이것은 유통업계에서 완전히 특이한 정책이었으며, 광고에 조용한 정당성을 부여했다.

많은 사람이 따라 하고 사랑해 주셨던 "청취해 주셔서 감사합니다"라는 맺음말은 1976년 S. I. 하야카와S. I. Hayakawa의 성공적인 상원의원

선거 캠페인에서 나온 것이었다. 하야카와는 (대학 총장이 되기 전) 샌프란시스코 주립대학교의 언어학 교수였다. 그는 영어를 어떻게 구사해야 하는지 알고 있었다. 라디오 광고에서 차분한 태도로 청취자에게 채널을 고정해 주셔서 감사하다고 말하는 모습은 정말 인상적이었다. 그리고 그의 말은 6년 후 트레이더 조 광고의 기본 틀과 마지막 멘트로 차용되었다.

우리는 〈피어리스 플라이어〉를 발행하는 사이사이 계속 대중에 노출될 수 있게 광고를 활용했다. 두 가지를 동시에 진행하지는 않았다. 아니면 매장에 일이 너무 많아서 주체하지 못했을 것이다. 요약하면, 라디오 광고는 그때나 지금이나 매우 효과적인 홍보 수단이다. 그 과정에서 나는 캘리포니아에서 가장 유명한 목소리 중 하나가 되었다.

TV 광고도 평범하지 않게!

로스앤젤레스 PBS 방송국의 28번 채널 시청자는 인구통계학적으로 트레이더 조에 딱 맞는 사람들이었다. 그러나 당시 PBS는 노골적인 광고를 허용하지 않았다. 앨리스는 방송국에서 자원봉사자로 꽤 활발히 활동하고 있었다. 우리는 그녀의 인맥을 통해 줄리아 차일드Julia Child의 프로그램, 〈질주하는 미식가The Galloping Gourmet〉, 바버라 우드하우스Barbara Wodehouse의 반려견 훈련 시리즈 등 트레이더 조와 관련된 프로그램의 재방송을 후원하기로 계약했는데, 그것은 매우 효과적이었다! 재방송은 본방송보다 스폰서 비용이 저렴했고, 시청자층도 탄탄했다. 트레이더 조가 프로그램을 후원하고 있음을 보여주는 '스폰서 소개'가 우리가 얻은 전부였지만, 지역사회에서 우리의 입지를 세울 수 있는, 비용 대비 효율적인 방법이었다.

공중파 TV를 통해 우리를 홍보하는 또 다른 방법으로 TV에서 기금 모금 행사를 하는 동안 '전화 받는 인원을 배치'했다. 당시 광고를 담당했던 로빈 겐터트 Robin Guentert(1982년 이후 가장 중요한 매장 감독 직원 중 한 명으로, 2002년에 트레이더 조의 사장이 되었다)는 직원 무리를 이끌고 방송국에 나타나곤 했다. 직원들은 TV에 나와 좋았고, 우리는 홍보 효과를 누렸다.

기부를 통한 홍보

대부분의 소매업체는 자선단체가 기부를 요청하면 그들을 밀어내기 위해 최선을 다하거나 일련의 까다로운 요건을 충족해야 한다고 요구한다. 보통은 유나이티드 웨이 United Way처럼 크고 조직화된 자선단체를 제외하고는 기부를 잘 하지 않으려고 하는데, 이렇게 큰 자선단체에 기부함으로써 온갖 불편한 압력단체의 청원을 피할 수 있기 때문이다. 하지만 트레이더 조는 아주 초기부터 광고 및 홍보의 수단으로 비영리단체에 기부하는 정책을 취했다. 우리의 정책은 다음과 같았다.

1. 누구에게도 현금을 주지 않는다.
2. 팸플릿의 지면 공간을 사지 않는다. 그것은 버려지는 돈이다.

3. 자유롭고 아낌없이 기부하되 교육 수준은 높고 소득이 낮은 사람들에게 초점을 맞춘 비영리단체에만 기부한다. 박물관 개관, 미술관 개관, 병원 자선 공연, 대학 동창 모임, 미국대학여성협회, 어시스턴스 리그, 실내 관현악단 자선 공연은 모두 매우 따뜻하게 환대했다. 하지만 어린이 야구 리그, 어린이 미식축구 리그 등에는 기부하지 않았다. 이런 단체는 트레이더 조의 표적 시장과 맞지 않았기 때문이다. (하지만 '가정폭력 피해 여성을 위한 집'이나 지역 무료 급식소 등에는 조용히 음식을 기부했다. 냉장고가 고장 나서 식품이 상할까 봐 걱정되면 늘 휴먼 소사이어티에 기부했다.)

4. 주로 와인을 기부했다. 특히 1973년에 와이너리 면허를 취득해 합법적으로(!) 와인을 기부할 수 있게 된 뒤에는 더욱 그랬다. 요청하는 사람들은 대부분 어떻게든 행사에 필요한 와인을 구하기 위해 각 조직에서 선발된 (남성이 아닌) 여성들이었다. 우리의 특기는 첫 전화부터 그들을 따뜻하게 환대하는 것이었다. 요구하는 것은 단체의 501c3(비영리단체) 등록 번호와 와인을 수령하고 싶은 매장뿐이었다. 우리는 전화를 건 여성과 그녀의 친구들을 고객으로 만들고 싶었다. 하지만 팸플릿에 이름을 인쇄해 대놓고 공로를 인정받고 싶지는 않았다. 우리에게 전화를 걸기 전 대여섯 개의 마켓에서 거절당했을 그 여성이 고마운 마음을 가지고 트레이더 조에 대해 이야기하고 다닐 것을 알았기 때문이다.

5. 모두가 샴페인을 원했지만, 스파클링 와인에 부과되는 연방 소

비세가 스틸 와인(비발포성 와인)에 부과되는 세금에 비해 너무 높기 때문에 단호히 기부를 거절했다.

나중에는 캡틴들의 부담을 덜어 주기 위해 본사 사무실로 기부 업무를 집중했다. 내가 트레이더 조를 떠날 즈음에는 팻 세인트 존이 1년 동안 기부할 단체 300개를 정리해 매킨토시 파일로 만들어 놓았을 정도였다. 나는 이 모든 것을 광고로 간주했다. 그것이 우리가 한 활동의 본질이었고, 가장 생산적인 유형의 광고였기 때문이다.

지역 소식을 전하는 쇼핑백

비영리단체의 마음을 사로잡는 가장 생산적인 방법은 우리 쇼핑백에 비영리단체의 프로그램을 인쇄하는 것이었다. 따라서 매년 LA 오페라단이 새로운 시즌을 시작하거나, 헌팅턴 도서관이 전시회를 열거나, 샌디에이고 심포니가 연주회를 시작하면 그것을 우리 쇼핑백에 인쇄했다. 쇼핑백에 이런 광고 자료를 인쇄하는 것만으로도 트레이더 조는 그 단체에 소속된 모든 구성원의 지지를 얻을 수 있었고, 그 시즌이나 이벤트는 성공을 거둘 때가 많았다. 우리에게 가장 큰 문제는 쇼핑백에 인쇄 공간을 배분하는 것이었다. 쇼핑백은 오페라, 심포니, 박물관 등으로부터 추가 작업 없이 바로 인쇄할 수 있는 사본을 얻어서 만들었다. 그것은 트레이더 조의 핵심 고객을 확보하는 데 매우 효과적인 방법이었다. 심지어 샌디에이고, 로스앤젤레스, 샌프란시스코 지역 시장에 맞게 맞춤 제작하여 쇼핑백을 현지화하기도 했다.

내가 트레이더 조를 떠나고 몇 년이 지난 뒤에는 쇼핑백 인쇄 프로그램을 그만두었다. 애리조나와 워싱턴 등으로 사업을 확장한 뒤 운영이 너무 복잡해졌을 뿐 아니라 트레이더 조와 음악 및 예술 업계 사이에서 조율을 맡아 주었던 아내 앨리스가 없었기 때문이다. 그런 까닭에 지역의 작은 소매업체들에 기회가 생겼고, 나는 그들에게 이 전략을 강력히 추천했다.

1994년, 샌프란시스코에서 문제가 많았던 페트리니스 마켓Petrini's Markets을 운영하면서도 쇼핑백에 샌프란시스코 발레단과 몇몇 박물관의 홍보 자료를 인쇄하는 시도를 똑같이 했다. 그리고 이 전략은 또다시 성공을 거뒀다.

리더가 직접 움직여라

우리 직원들은 1933년에 발급된 와이너리 면허로 합법적인 와인 시음회를 수십 차례 열었다. 시음회는 알려지지 않은 소매업체가 인지도를 쌓는 데 핵심적인 역할을 했다.

무명의 소매업체가 점점 유명해지면서 마케팅이나 경영, 음식과 와인에 관한 강연 요청이 1년에 6회 정도 들어왔다. 나는 빡빡한 스케줄에도 강연 일정을 끼워 넣었다. 금전적으로 직접적인 인센티브가 없는데도 강연을 했다. 다만 KFAC 방송을 할 때처럼, 똑같은 강연을 한 번 이상 하는 것은 좋아하지 않는다. 청중을 위해 강연을 준비해야만 했기 때문에 프렌치 패러독스French paradox*든, 소빙하기Little Ice Age든, 유리 제조든, 어떤 주제에 대한 현재의 생각을 정리하고 그 생각을 어느 정도 조리 있게 다듬어야 했다. 앞서도 언급했듯이 이 책은 1998년 3월 요리역사학회에서 한 강연의 결과물이다.

입소문, 진정한 추종자의 힘

모두가 알듯이, 입소문은 가장 효과적인 광고다. 나는 술이 몇 잔 들어가면 사이비 종교보다 경영하기 좋은 사업은 없다고 말하곤 한다. 트레이더 조가 교육 수준은 높고 소득 수준이 낮은 사람들이 열광하는 회사가 될 수 있었던 까닭은 어느 정도는 우리가 실제로 하는 일에 대해 감을 잡은 후 그렇게 되기 위해 의도적으로 노력했기 때문이고, 또 한편으로는 고객과의 약속을 절대적으로 지켰기 때문이다.

나는 추수감사절마다 매장 중 한 곳에서 일했다. 계산하는 법을 모두 잊어버렸기 때문에 직원들은 내게 포장하는 일만 시켰다. 한번은 추수감사절에 한 여성이 와서 버번을 달라고 했다. 나는 좋은 상품을 좋은 가격에 들여놓을 수 없어서 매장에 버번이 없다고 말했다(이때는 공정거래법이 폐지된 뒤였고, 한창 맥 더 나이프 단계에 있을 때였다). 그러자 손님은 이렇게 말했다. "괜찮아요. 우리를 위해 어떤 노력을 하고 있는지 아

---

* 프랑스인들이 다른 나라 국민들만큼 고지방 식이를 하고도 상대적으로 허혈성 심장 질환에 덜 걸리는 현상을 뜻한다. - 역자주

니까요!" 여기에서 그녀가 '우리'라고 말한 것에 주목하자.

오랜 기간 추종자를 거느리며 그 지위를 성공적으로 유지하는 소매업체는 많지 않다. 캘리포니아에는 인앤아웃 버거In-N-Out Burger와 프라이스 일렉트로닉스Fry's Electronics 정도가 있다. 하지만 미국 전체로 보면 모든 도시마다 특정 도넛 가게, 피자 가게, 빵집, 청과물 가게, 바 등 마니아층이 있는 가게가 있다. 1950년대와 1960년대의 페트리니스 마켓은 고기에 관해서 그런 지위에 있었다. 브룩스 브라더스Brooks Bros.도 1970년대까지는 추종자가 있었다. 보스턴의 S. S. 피어스S. S. Pierce도 마찬가지였다. 하지만 모두 신념을 지키지 못했다. 진정한 추종자를 배신하지 않도록 주의하라! 배신당한 추종자의 분노에 비하면 경멸당한 여자의 분노는 아무것도 아니다.

위기를 기회로

셰익스피어의 작품에서는 누구도 선과 악의 표본으로 여겨지지 않습니다. 그는 쉬운 답을 찾거나 도망치기 쉬운 다른 방법을 찾지 않고 세상에 호기심을 갖는 철학을 제시하지요. 그는 우리에게 쉬운 답은 없지만, 어쨌든 웃을 수 있다는 것을 보여줍니다.

— 이언 매컬런 Ian McKellen, 〈LA 타임스〉

모든 사업에는 문제가 있다. 그리고 바로 그 문제가 기회를 만들어 낸다. 사업이 쉽다면 개나 소나 뛰어들 것이다. 어떤 의미에서 프론토의 문제는 여기에 있었다. '소형 마켓' 분야의 유일한 진입 장벽은 자본이었다. 소형 마켓 분야는 어느 정도의 자본만 있다면 누구나 진출할 수 있는 분야였고, 또 실제로 누구나 진출하기도 했다. 그러나 1980년대 과잉 개발로 모든 기회가 사라지면서, 이 분야는 결국 석유회사처럼 자본력 있는 세력의 손에 넘어가게 되었다.

거의 같은 시기에 있었던 백화점의 추락은 달랐다. 백화점은 좀 복잡하다. 성공하려면 자본 이상의 것, 말하자면 똑똑한 경영진이 필요하다. 노드스트롬과 딜러드Dillard 등의 소수 경영진만이 1986~1995년 유통업계를 휩쓴 험난한 물살을 잘 헤쳐 나갈 수 있었다. 몽고메리 워드Montgomery Ward가 휩쓸려 나가는 동안 시어스Sears는 간신히 살아남았다.

내가 말하고 싶은 요점은, 불평을 일삼는 사업가는 본인 사업의 기본적인 문제들을 이해하지 못한 사람들이라는 것이다. 그러므로 헤어볼hairball(머리카락 뭉치)이란 사업의 모체를 구성하는 수요, 공급, 경쟁, 인력, 자본 같은 기본적인 문제를 의미하는 것이 아니다. 헤어볼이란 예기치 않게 발생하는 완전히 쓸모없는 골칫거리를 의미한다. 이것의 가장 큰 위험은 모체를 구성하는 기본적인 문제를 해결하는 데 써야 할 경영적 체력을 소모한다는 것이다.

노동부 감사

우리도 헤어볼 때문에 숨이 막힌 적이 있다. 미국 노동부가 급여 제도를 감사 나왔던 일이다. 노동부에 불만을 제기한 직원은 없었다. 게다가 우리는 유통업계에서 가장 많은 급여를 지급하고 있었다. 그럼에도 1970년 10월, 7장에서 이야기했던 극심한 불황을 타개하려고 애쓰고 있을 때 갑자기 감사관이 사무실에 나타나 지난 3년 동안의 임금 및 근무시간과 관련된 문서를 모두 보여 달라고 요구했다!

1970년 10월만 해도 우리는 아직 작은 회사였다. 친환경 식품 매장과 파티 매장을 합치지도 않았을 때였다. 〈피어리스 플라이어〉는 이제 겨우 날개를 달았을 뿐이었다.

전혀 예상치 못한 감사였기에 경쟁 업체가 노동부에 친척이 있는 것은 아닌지 의심했다. 내가 편집증이 있는 것이 아니다. 우리가 특정 지역에서 주류 판매 면허를 받으려고 할 때면 경쟁 업체들이 주류 단속국에 허위로 '시위'를 선동한 일이 여러 번 있었기 때문이다. 이런 일은 너무 흔해서 나는 이것을 사업을 하는 데 기본적인 문제라고 생각한다. 하지만 노동부 감사는 흔한 일이 아니다. 노동부에는 일단 현장 감사관이 그렇게 많지 않다. 감사관이 경쟁 업체와 특별한 관계에 있었다는 뜻은 아니다. 감사관은 본부에 있는 누군가가 시키는 대로 할 뿐이다.

간단히 설명하자면, 지난 3년 동안 우리는 수백만 달러를 임금으로 지급했다. 감사 결과, 기록되지 않은 근무시간에 대해 2000달러를 추가 지급하는 것으로 끝났다. 우리는 정말 깨끗했던 것이다.

하지만 먼저 공정노동기준법에 따라 시간당 임금을 받아야 하는 우리 회사의 '비면제nonexempt' 근로자에게도 1937년 대법원 판결(3장에서 설명한다)을 적용해야 한다고 감사관을 설득해야 했다. 쉽지 않은 일이었다. 불쌍한 감사관은 지금까지 일을 하면서 이 판결을 접해 본 적이 한 번도 없었기 때문이다. 오늘날까지도 트레이더 조는 새로운 주에 진출할 때마다 주 당국에 급여 지급 방법의 정당성을 인정받아야 한다.

그러나 1937년 대법원 판결을 받아들인 뒤에도 노동부는 1935년 공정노동기준법에 따라 부점장(퍼스트 메이트)이 '비면제' 근로자에 해당한다고 주장했다. 우리는 부점장을 연봉을 받는 직원, 즉 경영진이라고 보았기 때문에 이들의 근무시간을 기록하거나 시간당 급여를 지급하지 않았다. 유통업의 여러 분야에서 부점장은 '면제exempt' 직원이지만, 캘리포니아의 슈퍼마켓들은 부점장에게 시간당 임금을 지급하도록 하는 노조 계약을 체결하고 있었다. 노동부는 이 관례를 근거로 우리가 법을 위반하고 있다고 주장했다. 오히려 부점장들은 '비면제' 직원이었다면 받았을 급여보다 우리 급여 체제에서 더 많은 돈을 벌었다는 사실을 알아주었으면 좋겠다. 하지만 우리가 법을 위반한 것으로 결론이 난다면, 노동부는 3배로 과징금을 부과할 수도 있었다.

신이시여, 이 문제를 해결하는 데 저희 변호사를 보내 주셔서 감사합니다. 그는 내게 진정하고(당시 나는 크게 격노했다) 규제 당국의 규정집을 읽으라고 가르쳐 주었다. 우리 변호사는 '면제'의 정의에 대해 규제 당국의 규정집을 샅샅이 읽으며 소송을 준비했다.

우리는 노동부와 함께 고위급 청문회에 참석했다. 나는 흥분해서 테이블을 쾅쾅 내리치며 대법원에 소송을 제기하겠다고 소리 질렀지만, 결국 그날 우리가 이길 수 있었던 것은 변호사가 꼼꼼히 일한 덕분이었음을 인정한다.

몇 달 뒤 카페에서 노동부 현장 감사관을 우연히 마주쳤다. 그는 나와 악수를 나누면서 조용히 "그 문제에 대해 아주 잘 대처하신 것 같습니다"라고 말했다. 내가 받은 칭찬 중 가장 기억에 남는 말이다. 하지만 3배로 과징금을 물어야 했다면, 재정적으로 거의 파산 위기까지 갔을 것이다. 이런 헤어볼이라니!

그 후 나는 공정노동기준법과 그것에 대한 캘리포니아 노동부의 자체 해석에 대해서는 어느 정도 전문가가 되었다. 이러한 지식은 트레이더 조 이후 내가 맡았던 모든 회사와 컨설팅 업무에 큰 도움이 되었다.

마지막으로, 당시 규제 당국과 그들이 집행해야 했던 파시스트적인 법률(우유법을 다룬 1장을 참고하라), 부패한 유제품 업체의 영업 관리자들을 돌아보면 참으로 유감스럽다는 말을 하고 싶다.

이들 대부분은 1900년경에 태어난 50대 남성들이었다. 일자리를 구하기 어려웠던 대공황기에 30대를 보냈고, 일자리를 얻은 뒤에는 평생 그 직장을 떠나지 않았다. 이제 정년이 다가오고 있는 그들은 '규칙을 따르며' 안정적으로 퇴직하기를 바랐다. 아서 밀러Arthur Miller가 쓴《세일즈맨의 죽음Death of a Salesman》에 나오는 주인공 윌리 로먼(역시 1900년쯤 출생했다)과는 다른 유형이었지만, 더 일반적이고 더 현실적인 사람들이었다.

다락방에서 대신 늙어 줄 초상화가 없는 도리언 그레이처럼, 인생의 거친 풍파를 맞아 주름 위에 또 주름이 팬 한 유제품 영업 관리자가 기억난다. 젊고 건방졌던 나는 이제 막 시작한 프론토를 렉솔에 잘 보이게 하려고 불법적인 설비 리베이트와 우유에 대한 할인을 모두 요청했다. 그러자 그는 부드럽게 "소의 앞뒤에서 젖을 짜내면 안 돼요, 조"라고 대답했다.

내가 어릴 때는 은행, 기반 시설, 철도, 대부분의 정부 부서, 심지어 우체국까지 모든 기관에서 대공황의 상처를 입은 사람들이 일하고 있었다. 많은 경우 이들은 맡은 업무에 비해 더 많은 교육을 받은 사람들이었고, 그 결과 기관은 좋은 성과를 내기가 쉬웠다. 이것이 지금은 평온한 섬처럼 보이기 때문에 간과하기 쉬운 트루먼-아이젠하워 시대의 한 단면이다.

관료들은 종이가 아니라 사람을 섞는다.

— 허버트 슐로스버그Herbert Schlossberg, 《파괴의 우상Idols for Destruction》

농장노동자연합의 2차 보이콧

1971년 추수감사절 직전, 노동부 감사가 종결되고 얼마 지나지 않아 내 혈압도 서서히 떨어지고 있을 무렵 농장노동자연합United Farm Workers 의 대표가 예고도 없이 사무실에 찾아와 최후통첩을 전했다. 그들은 "조합을 조직하려고 하는 내파밸리 8개 와이너리의 와인을 판매하지 마라. 아니면, 우리 매장에 대해 시위를 하겠다"라고 말했다.

이것은 일반 포도와는 아무 상관이 없었다. 당시 우리 매장은 농산물을 전혀 취급하지 않았다. 나는 조합 농가에서 생산했든, 비조합 농가에서 생산했든, 어쨌든 모든 포도 판매를 전적으로 반대했다. 식료품점에서 미끄러짐 사고의 가장 큰 단일 원인이 포도였기 때문이다.

센트럴밸리는 1971년을 몇 년 앞두고 세사르 차베스Cesar Chavez가 포도 농장 노동자들을 규합하기 시작한 곳이다. 차베스의 본부는 밸리 중심부에 있는 델러노에 있었다. 델러노에서 재배되는 포도는 대부분 톰슨 시들러스Thompson Seedless 품종의 '일반 포도'였다. 하지만 센트럴밸리에서 재배된 포도는 식탁에 올리거나, 건포도로 만들거나, 와인으로 만드는 세 가지 용도로 사용할 수 있었다. 가장 저렴한 캘리포니아산 와인, 특히 저렴한 '샴페인'은 대부분 센트럴밸리의 톰슨 시들러스로 만들었다.

농장노동자연합 사건이 일어나기 2년 전, 최종 용도별 포도 가격 사이에는 밀접한 관계가 있다는 어니스트 갤로Ernest Gallo의 흥미로운 강연을 들은 적이 있다. 예를 들어 중동 지역에서 건포도 작황이 좋지 않으면 캘리포니아 건포도 가격이 급등하고, 그 결과 와인으로 만들거나 일반 포도로 판매할 센트럴밸리의 포도 양이 줄어든다는 것이었다.

농장노동자연합이 와인용 포도 농장에 노동조합을 조직하고 싶다면, 델러노 근처의 톰슨 시들러스 농장들이 가장 효과적인 곳이었다. 당시 이곳은 전체 캘리포니아산 와인의 약 60퍼센트를 생산했기 때문이다. 따라서 센트럴밸리에서 생산된 와인에 대한 2차 보이콧*은 실질적인 효과가 있었을 것이다.

그러나 내파, 서노마, 멘도치노에서 재배되는 포도의 운명은 단 하나, 와인뿐이다. 카베르네 소비뇽Cabernet Sauvignon, 샤르도네, 리슬링Riesling은 열매가 작은 데다 씨는 너무 많고 과육은 적어서 그냥 먹는 포도나 건포도로는 형편없다. 평균 수확량도 1에이커당 4톤으로 일반 포도로 수지에 맞게 생산하기에는 턱없이 적다. 일반 포도는 센트럴밸리와 임피리얼밸리의 더운 기후에서 1에이커당 14톤씩 생산된다.

그러나 이때 우리는 농장노동자연합의 지부 혹은 분파로부터 와이너리에 노동조합을 만들 예정이므로 특정 브랜드를 취급하지 말라고 최후통첩을 받았다! 이 일에 세사르 차베스나 돌로레스 후에르타Dolores Huerta는 직접적으로 관여하지 않은 것 같았다.

표면상 최후통첩은 터무니없었다. 문제가 된 와이너리 중 일부는 포도밭을 소유하지도 않았기 때문이다. 게다가 농장노동자연합은 농업

---

* 분쟁과 직접적인 관련이 없는 제3자에 대해 불매운동을 하는 일. 세컨더리 보이콧이라고도 한다. - 역자주

노조였다. 농장노동자연합은 연방 노동법의 적용을 받지 않았기 때문에 트레이더 조에 대한 시위 같은 '2차 보이콧'을 조직해도 괜찮았다. 농장노동자연합이 산업 노조였다면 시위가 불법이었을 것이다. 아마도 그들은 내파밸리에 있는 8개 와이너리가 농장노동자연합에 가입되어 있는 포도 농장에서만 포도를 구매하도록 강요하고 싶었던 것 같다. 하지만 당시 내파밸리에는 그런 포도밭이 없었다. 심지어 오늘날에도 그다지 많지 않다.

최후통첩을 받고 내파밸리에 있는 와이너리 여덟 곳에 전화를 걸어 무슨 일인지 알아보았다. 그랬더니 그때 보이콧에 대해 처음 들은 사람들도 있었다! 다른 와이너리에서는 직원들이 기계공조합이나 국제운수연맹 등 산업 노조에 가입되어 있었는데, 이 일로 갑자기 일자리를 위협받게 되었다.

알고 보니 우리에 대한 공격은 뉴욕 유니언 신학교의 젊은 신학생들이 조직하고 주도한 것이었다. 이것이 내가 이제부터 농장노동자연합에 물음표를 붙이려는 이유다. 모든 것이 비이성적이었다. 우리는 농장노동자연합에도 그렇게 말했다.

농장노동자연합은 트레이더 조가 캘리포니아산 브랜드 와인을 가장 다양하게 취급한다고 알려져 있었기 때문에 우리를 공격하기로 한 것이 틀림없었다. 하지만 트레이더 조는 규모가 너무 작았기 때문에 우리 쪽에서 매출이 떨어진다고 해도 코벨Korbel이나 로버트 몬다비처럼 규모가 큰 내파밸리의 8개 와이너리는 알아차리지도 못할 것이었다(심지어 코벨과 다른 몇몇 브랜드는 내파밸리에 있지도 않았지만, 그런 것은 신경도

쓰지 않았다).

그러나 시위대는 추수감사절을 며칠 앞두고 우리 매장마다 대거 몰려와서 중요한 연휴 기간 내내 영업을 방해했다. 그들의 시위는 새해 전날까지 이어졌다.

그리고 사건이 일어났다. 시위자들은 쓰레기통에 불을 붙이고, 타이어를 찢고, 직원들에게 와서 부딪히고 또 부딪치기도 했다. 그들은 높은 임금을 받는 우리의 일자리를 위협하고 있었다! 고객들도 트레이더 조의 상품에는 "오줌과 농약이 가득하다"라고 적힌 플래카드로 밀쳐지고 공격당했다. 유감스럽게도, 이 말은 아직도 우리 가족들의 기억에 남아 있다. 고객들은 반격에 나섰다. (몸무게가 40킬로그램이나 될까 싶은 금발의 충실한 고객은 매일 피켓 라인을 넘어 가운뎃손가락을 세워 전 세계에서 통용되는 사인을 보여주었다). 농장노동자연합은 산업 노조가 아니므로 트럭 배송에는 아무 어려움이 없었다.

우리와 농장노동자연합 양측 모두 변호사, 증언 녹취, 사진 증거 등에 수천 달러를 지출하기 시작했다. 중요한 크리스마스 주말이 다가오고 있었고, 매출에도 타격을 입었다.

크리스마스에 극적 합의를

당시 우리는 소득 수준이 높은 근교 산마리노에 살았다. 공립학교가 우수하다고 해서 이사를 했던 것이다. 4000가구의 고급 주택으로 이뤄진 이 마을에서 농장노동자연합은 오토바이를 타고 굉음을 내며 나를 개인적으로 공격하는 전단지 수천 장을 뿌렸다. 그들은 무엇을 얻고자 했던 것일까? 과장하지 않고 말해서, 산마리노는 잘못된 청중이었다.

1971년 크리스마스가 사흘 남은 밤이었다. 우리 집 주변에는 수십 명의 농장노동자연합 시위대가 검은 독수리가 그려진 플래카드를 흔들며 소리를 지르고 있었다. 산마리노 경찰은 이를 불안하게 지켜보고 있었지만, 법적으로 개입할 수 없었다. 우리 집 거실에는 유니언 신학교에서 온 꽤 예의 바른 젊은 신학생 두 명이 방문해 있었다. 그들은 꽉 끼는 새 청바지 탓도 있었겠지만, 앨리스가 벼룩시장에서 발견한 오래된 등나무 소파에 위축된 상태로 불안하게 앉아 있었다. 이 소파는 아마도 그들 앞에 깔린 회갈색의 1920년대 액스민스터 카펫보다 더 오래되었을 것이다. 카펫은 내가 파산 정리 세일에서 50달러에 산 것이었다.

응접실에서는 우리 아이들이 뿌리까지 살아 있는 올해의 크리스마스 트리 아래에 놓인 선물 꾸러미를 건드리며 왔다 갔다 하고 있었다. 크리스마스 트리는 슬프게 뒤틀린 흰색 전나무의 표본이었다. 홀 어스 해리를 경영하는 나는 그 나무를 보이스카우트 355단에서 보지도 않고 샀는데, 집에 와서 나무를 봤을 때는 뭐랄까, 깜짝 놀랄 수밖에 없었다.

그들 앞에 앉아서 내파밸리의 여덟 악마에 대한 설교를 듣고 있는 사악한 상인 왕자(나)와 보석으로 치장한 왕비(앨리스)는 분명 그들의 기대에 미치지 못했다. 그들은 권력자에 맞서러 왔지만, 평범한 소시민을 만났을 뿐이었다.

그들은 자본주의의 요새에서 가장 소박한 집 중 하나인 우리 집의 현관문으로 오는 길에 뭔가 잘못되었다고 의심했어야 했다. 홀 어스 해리의 앞마당에는 시어도어 페인 재단Theodore Payne Foundation에서 사온 멸종 위기의 캘리포니아 식물이 심겨 있었다. 홀 어스 해리라면 응당 할 만한 일이었다. 하지만 이 식물들이 멸종 위기에 처하게 된 이유 중 하나는 보기에 그다지 매력적이지 않았기 때문이다. 이웃들은 적어도 지난여름 앞마당을 가득 채웠던 해바라기보다는 깔끔했기 때문에 나의 이런 집착을 용인해 주었다. 또한 이웃들은 녹색 운동을 실천하는 나의 첫 크리스마스였던 1970년 크리스마스에 쓰고 남은 크리스마스 트리를 옆 마당에 심어 놓은 것도 용인해 주었다.

내파밸리의 8개 와이너리(아! 내파밸리의 7개 와이너리로 바뀌었다. 신이 신사적인 한스 코널Hans Kornell은 피의 복수에서 제외하라는 말씀을 보내 주셨기 때문이다)에서 생산하는 와인을 왜 취급하면 안 되는지 주장하는 그들의 목소리는 서서히 낮아졌다. 그들은 오래된 소파에서 일어나 나와 악수를 나누고, 행복한 크리스마스를 보내라고 인사를 나누고는 떠났다. 그들이 떠난 뒤에는 이웃들이 와서 크리스마스 캐럴을 불러 주었다. 트레이더 조에서 보낸 여러 해의 기억들 중 가장 따뜻했던 기억이다.

무려 6주 동안이나 터무니없이 부당한 노력을 기울여 우리 작은 회사를 파괴하려던 시위대는 열흘 뒤 매장을 떠났다.

농장노동자연합과 우리는 합의에 도달했을까? 양측 모두 여러 가지 소송을 취하하고 증언 녹취와 온갖 값비싼 법적 절차를 접는다는 합의서에 서명했다. 농장노동자연합은 당시 랠프스 슈퍼마켓Ralphs Supermarket을 소유하고 있던 백화점 체인 불록스Bullocks를 상대로 시위를 하러 떠났다. 그 후 그들의 잘못된 노력은 며칠 지속되지 않았고, 이후로는 내 파밸리의 7개 와이너리나 프리미엄 와인 생산지에서 노조를 결성하려는 활동이 있다는 이야기를 더는 듣지 못했다.

하지만 피켓을 든 사람들의 불평은 그렇게 빨리 사라지지 않았고, 아이들의 안전에 대한 우려도 계속되었다. 우리는 그 후 6개월 동안 계속해서 아이들을 보호자와 함께 다니게 했다.

슬프게 뒤틀린 흰색 전나무의 표본인 우리 집의 살아 있는 크리스마스 트리는 산마리노 집 옆 마당에 여전히 살아 있다. 이 집은 신학생들이 방문하고 12년이 지난 뒤 일본에서 몇 년간 거주했던 매우 관대하고 교양 있는 사람들에게 팔았다. 아마도 내가 기형으로만 본 그 나무에서 그들은 분재의 아름다움을 보았을 것이다.

헤어볼을 넘어서

1976년 늦가을, 캘리포니아의 모든 식료품점이 바탕으로 삼고 사업을 구축해 왔던 법적 기반 전체가 무너졌다. 그리고 그 폭발로 말미암아 트레이더 조의 다음 버전인 '맥 더 나이프'가 탄생했다.

2부

대체 불가능한
브랜드의 비밀

세 번째 버전,
맥 더 나이프*

경제학자 조지프 슘페터 Joseph Schumpeter의 말은 완전히 옳았다.
혁신은 지성의 행동이 아니라, 의지의 행동이다.

— 마이클 슈레이지 Michael Schrage

이렇게 해서 우리는 그 후 최소 21년 동안 운영된 트레이더 조의 세 번째 버전에 이르렀다. 무엇보다도 '맥 더 나이프'의 탄생은 나와 동료들이 살아남기 위해 행한 '의지의 행위'였다. 1976년 말, 캘리포니아 정부는 갑자기 두 가지 분명한 소식을 전했다.

1. 1977년 1월 1일부터 주 정부는 더 이상 우유의 최저 소매가를 의무화하지 않는다.
2. 주 정부는 주류 판매에 공정거래법의 적용을 전면 중단한다.

　1977~1978년 주류 판매에 대한 공정거래법과 우유에 대한 소매가

---

* 〈서 푼짜리 오페라〉에 등장하는 냉철하고 현실주의적인 성격의 인물 '맥 더 나이프(칼잡이 맥)'에서 따온 이름이다. - 역자주

격 유지 제도가 종료된 사건은 너무 충격적이어서 많은 식료품점은 무슨 일이 닥친 것인지 제대로 알아차리지도 못할 정도였다. 그 후 몇 년 동안 슈퍼마켓 업계는 급격한 통폐합을 경험했다. 그것은 1930년대에 만들어진 파시스트적 법률이 폐지된 결과였지만, 새로운 현실에 적응할 수 없었던 식료품점들에는 달갑지만은 않은 일이었다.

지난 40년 동안 캘리포니아의 슈퍼마켓들은 단순한 방식으로 운영되어 왔다. 주말 광고를 내서 베스트 푸즈 마요네즈와 폴저스 커피를 원가 이하로 홍보하고 고객을 유치해서, 이들에게 이익이 많이 남는 우유와 술을 판매하는 것이었다. 그런데 이제는 갑자기 뭘 어떻게 해야 할지 모르게 되었다. 우유를 팔아서 벌던 보장된 이익이 사라진 것은 바로 실감했다. 하지만 주류에 대해 적용되던 공정거래법이 종료된 효과를 이해하는 데는 시간이 걸렸다. 세이프웨이, 폰스Von's, 러키가 모두 실험적으로 주류 할인 체인점을 시도하자 슈퍼마켓들의 매출이 감소하기 시작했다. (이 주류 할인 체인점들은 리커 반을 제외하고는 금방 실패로 끝났다. 리커 반은 1986년 콜버그 크라비츠 로버츠Kohlberg Kravitz Roberts가 세이프웨이를 인수하면서 매각할 때까지 영업을 유지했으나 나중에 파산했다.) 가격경쟁은 더디게 나타났다. 업계를 뒤흔들기 시작한 것은 아마도 1978년 7월 4일 등장한 버드와이저 광고였을 것이다.

식료품 업계는 1981년 규제가 완화되면서 항공사나 전력회사가 겪었던 것과 같은 종류의 '굴곡'을 겪었다. 자유는 반갑지만은 않은 것일 수도 있다.

우리 매장은 6주 만에 우유 매출총이익이 22퍼센트에서 2퍼센트로 급감했다. 이런 일이 생기면 사람은 쉽게 냉정해진다. 다행히도 주류에 대한 공정거래법 폐지 문제는 법원에서 소송이 진행 중이었고, 1978년에야 마침내 폐지하는 쪽으로 종결되었다. 그 덕분에 우리는 맥 더 나이프의 새로운 운영 요소를 개발할 시간을 벌 수 있었다.

수입 와인에 대한 공정거래법의 틈을 찾는 것부터 자체 상표 캘리포니아산 와인을 개발하고 친환경 식품과 치즈 가격을 파괴했던 일까지 지난 6년간 배운 것들 덕분에 앞으로 무엇을 해야 하는지에 대해 어느 정도 생각은 가지고 있었다. 하지만 지금까지는 위험으로부터 보호자의 보호를 받으며 뛰어다니는 어린아이와 비슷했다. 우리는 가격통제 덕분에 판매 상품의 거의 50퍼센트를 '보호'받고 있었다. 이제는 그 보호 장치를 벗어 버릴 준비를 해야 했다.

1977년 2월, 회사의 핵심 인물인 르로이, 밥 버닝, 진 펨버턴Gene Pemberton, 프랭크 코노와 함께 두 달 동안 심사숙고한 끝에 나는 규제 완화에 대한 우리의 해답을 대략적으로 담은 '77년 5개년 계획을 작성했다.

진정한 소매업자가 되기

소매업자의 기본적인 일은 상품을 대량으로 사서 잘게 나눠 최종 소비자에게 판매하는 것이다. 이것이 소매업에 진출하고 싶어 하는 사람들에게 내가 알려줄 수 있는 가장 중요한 아이디어다. 대부분의 '소매업자들'은 이 말의 정식 의미를 전혀 모른다. 나는 사회에서 나의 역할이 무엇이어야 하는지를 여러 번 반복해서 상기했다. 소매업자가 내리는 여러 가지 정책 결정은 결국 '소매업의 기본적인 업무를 어떻게 충실히 이행해야 하는가?'로 귀결된다.

'소매 retail'는 '조각내다'라는 뜻의 중세 프랑스어 '리테일러 re-tailer'에서 유래했다. '재단사 tailor' 역시 같은 동사에서 나왔다.

사실 대부분의 소매업자들은 본연의 업무를 직시하고 싶어 하지 않는다. 프론토 마켓도 소매업을 하지 않기 위해 할 수 있는 노력을 다했다. 감자칩, 빵, 컵케이크, 잡지, 문고판 책 등 가격이 미리 표시된 포장상품을 구매해 공급업자에게 부담을 전가하고 우리는 가격 결정에 관여하지 않으려고 노력했다. 상품을 주문·진열·반품하는 것도 외부 영업사원이었다. 오늘날까지도 슈퍼마켓은 매장의 핵심 업무를 외부인에게 맡길 수 있는 권리를 확대하기 위해 점원 노조와 싸우고 있다.

홀 어스 해리가 와인과 친환경 식품 분야로 진출하면서 우리는 진정한 소매업으로 큰 걸음을 나아가게 되었다. 치즈 코너에서는 말 그대로 치즈를 통으로 가져다가 조각으로 잘라서 팔았다. 나는 그것을 보고 판매하는 모든 상품을 어떻게 다뤄야 할지 깨달았다. 우리 매장에서 외부 영업사원을 모두 없애는 것은 향후 5년 동안 전개될 프로그램의 목표이자 결과였다. 맥 더 나이프에서는 어떤 종류의 외부인도 매장 운영에 관여하는 것이 허락되지 않았다. 모든 업무는 직원들이 처리했다. 요즘 눈에 띄는 가장 비슷한 사례는 코스트코 Costco다. 코스트코는 트레이더 조와 많은 점에서 비슷하다.

우리는 근본적으로 사업의 관점을 고객 중심에서 구매자 중심으로 바꿨다. 구매자에게 회사를 맡긴 것이다.

1958년부터 1976년까지 우리는 소규모 매장이라는 한계와 그 밖의 운영상 요인을 고려해 고객이 요청하는 상품을 취급하려고 노력했다. 각 매장의 캡틴은 취급 품목과 주문을 넣는 공급업체에 대해 큰 재량권을 가졌다. 트레이더 조의 라벨이 붙은 캘리포니아산 와인이나 수입 와인을 제외하고는 중앙에서 물류를 관리하는 일은 거의 없었다. 각 매장의 SKU Stock Keeping Units(선반에 진열되는 제품의 최소 수량 단위 혹은 재고 관리 코드)는 아마도 1만 개쯤 되었으나 매주 실제로 선반에 진열되는 것은 그중 약 3000개였다.

1989년 내가 트레이더 조를 떠날 무렵에는 SKU를 1100~1500개로 줄였고, 모두 중앙 물류 시스템을 통해 배송했다. 캡틴은 더 이상 구매 재량권을 갖지 않았고, 매장 직송, 즉 DSD Direct Store Deliveries도 없애 버렸다.

그 과정에서 우리는 고객들이 매장에서 판매했으면 좋겠다고 생각했던 수많은 상품을, 그것이 적당한 가격에 판매되고 있는데도 취급 중단했다. 그뿐 아니라 구매 금액을 초과하는 수표를 쓰면 차액을 현금화해 주는 서비스도 그만두었다. 대량 구입 시 가격 할인 제도도 없앴으며, 영업시간을 지속적으로 단축했다. 우리는 소매업계에서 통용되는 일반 상식을 모두 버렸다. 다만 한 가지, 대부분의 소매업자가 실패하는 큰 가치를 제공한다는 생각만은 남겨 두었다.

77년 5개년 계획의 핵심 요소

다음의 내용은 하루아침에 이루어지지 않았다. 1977년 2월에 작성된 가이드라인 중 일부다(주류에 대한 공정거래법은 1978년이 되어서야 폐지되었다는 사실을 잊지 말라).

1. **먹을 수 있는 상품에 집중하고, 먹을 수 없는 상품을 줄인다.** 나는 슈퍼마켓들이 우유와 주류에서 마진이 줄어든 것을 만회하기 위해 식품 가격을 인상할 것이라고 생각했다. 그렇게 되면 우리에게는 식품 가격을 낮출 수 있는 여지가 더 많아질 것이었다. 그 후 5년 동안 우리는 필름, 양말, 전구와 철물, 인사 카드, 건전지, 잡지, '건강한 식품health food'을 제외한 모든 건강 및 미용 보조 상품을 없앴다. 비누와 세제, 종이 제품도 급격히 줄였다. 판매를 줄이지 않은 비식용 상품은 와인잔, 와인 오프너, 양초처럼 '식탁 위에 올려놓는' 품목뿐이었다. 식품에 더 무게를 두고, 술과 우유는 내려놓아야 한다는 사실은 꽤 분명했다.

2. **식품 중에서 베스트 푸즈, 폴저스, 웨버스 브랜드와 같은 일반 브랜드 상품은 모두 취급 중단한다.** '식품groceries'과 '식료품food' 사이에 이분법이 생겨나고 있는 것 같았다. 내가 말하는 '식품'이란 슈퍼마켓이 적극적으로 판매를 미는 광고를 많이 하고 말끔하게 포장된 '부가가치'가 높은 제품, 즉 슈퍼마켓에 입점 공제와 공동 광고 공제를 가져다주는 제품을 뜻한다. 이렇게 '플라스틱

통에 든' 제품을 취급함으로써 슈퍼마켓은 '식료품'과 식료품을 사고파는 데 필요한 제품 지식을 포기하고 있는 것 같았다. 하지만 우리 입장이 전적으로 이타적인 이유에서 나온 것은 아니었다. 1977년 2월 20일에 작성한 계획에는 이렇게 적혀 있다. "대부분의 독립 슈퍼마켓은 어리석게도 대형 체인이 탁월한 경쟁력을 갖는 플라스틱 통에 든 제품 분야에서 이들과 경쟁하려고 했기 때문에 업계에서 밀려났다."

3. **판매 중단을 적극적으로 실행한다.** 고객에게 올바른 거래를 제공할 수 없다면, 어떤 제품이라도 기꺼이 판매를 중단한다.

4. **제조업자 상표 대신 트레이더 조 자체 상표 제품이나 견과류 및 말린 과일과 같은 '무無라벨' 상품에 집중한다.** 이것은 트레이더 조 자체 상표 제품이 매장에서 탄력을 얻을 수 있도록 의도된 것이었다. 그리고 효과가 있었다.

5. **전체 라인이 아닌 개별 품목을 취급한다.** 양념이나 봉지사탕, 비타민의 전全 라인을 갖추지 않는다. 단지 '완전한' 라인을 갖추기 위해 매장에 들여오는 것이 아니라 각각의 SKU가 그 자체로 취급할 만한 충분한 근거가 있어야 했다. 얼마나 다양한 종류를 갖춰 놓느냐는 이제 중요하지 않았다. 1978년 공정거래법이 종료되자마자 우리는 100가지 스카치와 70가지 버번, 50가지 진을 매장에서 철수했다. 그리고 마치 이를 뽑는 것처럼 천천히 다양한 캘리포니아산 부티크 와인을 취급하지 않기 시작했다.

6. **고정된 설치물을 없앤다.** 1982년까지 매장은 대부분의 상품을 고

정된 선반이 아닌 박스 단위로 쌓아 올려 진열했다. 이것은 SKU 수가 적다는 의미였다. SKU가 많은 매장은 선반이 많이 필요하다. 슈퍼마켓은 평균 2787제곱미터(843평)의 판매 면적에서 약 2만 7000개의 SKU를 취급한다. 대략적으로 1제곱미터당 10개의 SKU를 취급하는 것이다. 1988년까지 트레이더 조는 1제곱미터당 2개의 SKU를 취급했다! 내가 영웅으로 여기는 프라이스 코스트코Price-Costco는 1제곱미터당 0.5개의 SKU를 취급했다. 또한 가능한 한 제조업체가 배송한 상자 그대로 제품을 진열하려고 했다. 그것은 이미 우리 와인 판매 전략의 핵심 요소였다.

7. 각각의 SKU는 이익을 중심으로 독자적으로 판매한다. 각각의 SKU는 해당 품목을 취급하는 데 드는 비용을 정당화하기에 충분한 매출총이익을 창출해 낼 것이다. '미끼 상품loss leaders'은 없다.

8. 무엇보다도 (7번에 따른 가격으로 이익을 창출할 수 있으면서) 가격이나 고유성의 측면에서 우리가 현저한 경쟁력을 갖지 않는다면, 어떤 품목도 취급하지 않는다.

1977년 말에는 구매 인력을 늘리고 건강식품 도매업을 하던 더그 로치를 핵심 인력으로 영입했다. 르로이, 프랭크 코노, 밥 버닝, 더그는 내가 '맥 더 나이프'라고 부르는 '77년 5개년 계획에 착수했다. 당시에는 그 칼이 얼마나 날카로울지 전혀 예상하지 못했다! 그저 규제가 완화된 상황에서 살아남고 싶었을 뿐이었다.

집중 구매 전략

자크 기베르 백작 Jacques, Comte de Guibert은 《전술에 관한 에세이 Essay on Tactics》에서 병참, 야전 포병, 공병학을 재구성하여 이전의 규칙서에서는 모두 큰 죄악으로 여겼던 기동성, 불규칙성, 융통성을 강조했다. 1788년 3월, 그는 기병대와 보병대를 연합 여단으로 재편성하고 전투 준비를 위해 연합 여단을 함께 집중적으로 훈련시켰다.

— 사이먼 샤마 Simon Schama, 《시민 Citizens》

전쟁 전략은 질서정연하게 대형을 짜서 싸우는 방식(로마군의 사각형 진형, 아쟁쿠르Agincourt의 프랑스 기사들, 18세기 초의 정형화된 전투, 1915~1918년의 참호전, 마지노/지크프리트 전선)과 기동성, 불규칙성, 융통성을 강조하는 방식(훈족의 아틸라, 아쟁쿠르의 영국 장궁병, 1776년의 식민지 게릴라, 남북전쟁의 남군과 북군, 독일 기갑부대, 베트콩, 아프가니스탄 게릴라)이 교차하며 순환하는 것 같다.

대형 소매업체, 특히 슈퍼마켓과 드럭스토어 체인은 18세기의 구매 및 판매 전략을 답습해 왔다. 이들은 브랜드화가 잘되어 있고 광고가 많이 된 상품을 기반으로 경직되고 고정된 전략을 취해 왔다. 우리는 매주 (도시마다 다르지만) 신문이나 체인점에서 발행하는 타블로이드지에서 엄청난 양의 광고를 접한다. 광고를 통해 체인점들은 코카콜라, 버드와이저, 스미노프Smirnoff, 애너신, 콜게이트Colgate, 팸퍼스Pampers, 치즈 위즈Cheez Whiz, 폴저스 커피 등을 내세워 서로를 명예롭게 공격한다. 수백 개 상품의 상대방 가격을 성실하게 조사하고, 자신의 승리를 선언하기도 한다. 얼마나 신사적인가! 또 얼마나 냉철한가! 살아남은 마켓 체인(현재 대부분의 도시에는 고작 서너 개의 체인만 남아 있다)의 유일한 차이점은 '더블 쿠폰'을 주는지, 즉 제품을 구매할 때 제조업체가 할인해 주는 만큼 소매업체도 할인을 해주는지 여부뿐이다. 이 전략은 브랜드화가 잘된 제품에서만 의미를 가질 수 있다. 융통성 없는 상품 진열대, UPC(공통 상품 코드)가 붙은 상품들, 단위당 가격, 온스당 가격. 프리드리히 대왕이 펼칠 법한 판매 전략이다. 계산대 스캐너가 유용한 정보로 치환할 수 있는 양 이상의 데이터를 만들어 내는 동안 입점 공제와 진열 공간 할당을 두고 치열한 지면誌面 싸움이 벌어진다.

그리고 여기에 당시 스캔 기능조차 없었던 트레이더 조가 있었다. 1998년에도 우리는 대부분의 매장에서 여전히 1987년형 맥 플러스를 썼다. 하지만 '77년 5개년 계획의 핵심인 집중 구매Intensive Buying 덕분에 우리는 식품 소매업에 큰 영향을 미칠 수 있었다. 집중 구매는 내가 계획의 마지막에 공식적으로 붙인 이름으로, 기동성·불규칙성·융통성을 강조한 전략이다. 집중 구매는 다음과 같은 방식으로 운용된다.

당신의 공급업체를 존중하라

결국 당신은 공급업체에서 물건을 사 온다. 이들을 적으로 대하면 안 된다. '77년 5개년 계획에는 다음과 같이 명시되어 있다. "그러므로 구매는 단순히 공급업체의 가격을 깎으려고 하는 문제가 아니다. 대안을 만드는 창의적인 활동이다." 트레이더 조의 가장 우수한 제품 아이디어와 특별한 구매 기회 중 상당수가 공급업체로부터 나왔다.

공급업체는 신속하게 만나야 한다. 체인점 바이어에 대해 공급업체가 갖는 가장 흔한 불만은 바이어를 만나려면 몇 주 전부터 약속을 잡아야 한다는 것이다.

바이어는 제품에 대해 잘 알고 있어야 한다. 바이어에 대해 공급업체가 갖는 또 하나의 가장 흔한 불만은 그들이 구매하는 제품에 무지하다는 것이다. 현대 조직 이론(피터 드러커)이 매장 조직에서 '계층화'를 비판하는 것처럼, 구매 조직에서도 계층화는 권장되지 않는다. CEO와 말단 바이어 사이에는 CEO와 매장 관리자 사이만큼이나 조직 계층이 많이 있어서는 안 된다. CEO가 변호사나 투자은행가인 회사에서는 조직 계층의 최소화로 문제가 생길 수도 있다. 하지만 그런 회사는 이것 말고도 어차피 여러 가지 문제가 일어날 가능성이 높다.

'계층화'를 없애는 것과 더불어 실제 바이어 수는 최소화해야 한다. 바이어는 서류 작업이나 정기적인 재주문 업무를 하지 않고 제품을 구매할 수 있어야 한다. 바이어는 제조·포장·배송 등에 대해 깊이 있게 알아야 하지만, 바이어의 본래 업무를 방해할 수 있는 이런 수직적 과정은 보조자가 처리해야 한다.

바이어는 많은 보수를 받아야 한다. 트레이더 조는 구매 담당 직원에게 식료품 소매업계에서 가장 많은 급여를 지급했다. 누구보다 유능한 우리 바이어들은 엄청난 업무량을 처리할 수 있었다. 트레이더 조를 떠난 뒤 내가 겪은 큰 문제 중 하나는 최고의 구매 인력을 고용하고 그에

합당한 보수를 지급하라고 의뢰인을 설득하는 것이었다. 대부분의 체인점은 15만 달러를 주고 바이어를 고용해야 할 상황에서 5만 달러만 지급하면서 간신히 업무를 처리한다. 다시 말하지만, 트레이더 조의 근본적인 차이점 중 하나는 높은 급여율이었다.

바이어 간의 경직된 부서 분리는 피해야 한다. 두 명의 바이어가 동시에 한 공급업체를 만날 수 있어야 한다. 대부분의 공급업체는 판매할 제품 또는 제품 카테고리를 하나 이상 가지고 있기 때문이다. 바이어를 물리적으로 분명히 분리하는 것, 특히 개인 사무실로 분리하는 것은 프리드리히 대왕과 함께 사라졌어야 할 방식이다.

공급업체에는 신속하게 결정을 내려 주어야 한다. 트레이더 조에서 크게 성공했던 몇 가지 판매 프로그램은 프레젠테이션 후 24시간 이내에 제안을 보내겠다고 약속하고, 이를 지킴으로써 만들어졌다. 절박한 공급업체들은 우리 쪽에서 변비에 걸린 듯 답답하게 구매 절차를 진행하면서 그들을 질질 끌고 다니지 않을 거라는 사실을 알았다. 우리가 보낸 제안이 마음에 들지 않을 수도 있지만, 어쨌든 그들은 제안을 받았다. 반대로 말하면, 바이어는 공급업체의 최종 의사 결정권자로부터 한 단계 이상 떨어져 있는 공급업체 담당자에게 시간을 낭비해서는 안 된다.

공급업체는 소매업체의 확장이라고 간주해야 한다. 마크스 & 스펜서Marks & Spencer식 개념이다. 공급업체 직원을 거의 소매업체 직원처럼 여겨야 한다. 공급업체 직원의 이직은 때로 우리 직원의 이직보다 더 큰 비용을 초래할 수 있으므로 공급업체의 복지에도 관심을 가져야 한다. 또한 공급업체에 있던 우수한 영업사원이 이직하면, 그가 일하는 다음 업체로 그를 따라가라.

기업가 정신을 가진 공급업체를 소중히 여기고, 기업가적인 구매 시간을 지켜라. 이를테면 휴일이나 아주 이른 시간 또는 아주 늦은 시간 말이다. 공급업체가 정말 절박하다고 주장할 때마다 우리는 금요일 저녁 6시에 만나자고 제안했다. 이런 식으로 알곡과 쭉정이를 구분할 수 있다! 밥 버닝도 이렇게 샤토 디켐Chateau d'Yquem을 말도 안 될 만큼 멋지게 구매했다.

공급업체의 제조 공장을 우리 측 품질 관리 담당자가 자주 방문해야 한다. 더그 로치는 진정한 친환경 식품 애호가인 패티 스미스Patty Smith를 채용하는 데 도움을 주었다. 패티는 우리가 판매하는 모든 제품의 품질을 모니터링했다. 마크스 & 스펜서는 깐깐한 품질관리로 유명하다. 한번은 마크스 & 스펜서와 트레이더 조 둘 다에 제품을 공급하는 프랑스의 브리 치즈 공장을 방문한 적이 있다. 그날 공장 관리자들은 마크스 & 스펜서의 품질관리 담당자들이 방문해서 진땀을 흘리고 있었다. 마크스 & 스펜서의 품질관리 담당자들이 치즈 회사의 자체 품질관리팀보다 훨씬 더 까다로웠던 것이다.

[피터] 드러커는 영국의 거대 소매업체 마크스 & 스펜서의 팬이었다. 마크스 & 스펜서는 특히 신규 경영진을 채용·교육·개발하는 데 있어 시어스의 일부 방식을 모방하면서도 시어스의 생산성이나 마케팅보다 더 다양한 목표를 가지고 있었다. 또한 드러커의 표현대로 '혁신 목표'를 수립했다. 이를 통해 "마크스 &

> **스펜서는 품질관리 연구소를 신속하게 연구·디자인·개발 센터로 키우고 디자인과 유행 스타일을 개발했다. 그리고 마침내 적절한 제조업체를 찾아 나섰다." 그 결과 세계 최고의 자체 상표 제품이 탄생했다.**
>
> — 이시도어 바르마시 Isidore Barmash, 《메이시스 백화점을 팝니다 Macy's for Sale》

마크스 & 스펜서는 때로는 완벽한 레시피를 개발하고, 때로는 와인을 여과하지 말라고 조건을 붙이기도 하며, 때로는 단위 중량을 바꾸기도 한다. 이미 만들어진 것을 제공하는 프록터 & 갬블 Procter & Gamble과 거래할 때와는 완전히 반대 방식이다. 우리는 엔칠라다 enchilada 같은 음식의 자체 상표 제품을 개발할 때, 제조업체와 협력하여 건강한 식품에 대한 우리의 기준을 충족하도록 제품 공식을 조정했다.

토론토에서 데이브 니콜은 로블로스의 제품 테스트를 실행하는 부엌을 만들고, 토론토 대학교 의과대학과 협력하여 심장 건강에 좋은 자체 상표 식품을 개발했다. 그의 직원 중에는 마크스 & 스펜서의 전 부사장도 있었다. 이런 자원을 가지고 로블로스는 우리가 할 수 없는 일을 해낼 수 있었다.

공급업체를 신뢰하라. 마크스 & 스펜서는 오랫동안 거래해 왔던 공급업체에서 배송되는 물건은 박스 수를 세지 않고 받는다. 마크스 & 스펜서의 천재성을 느낄 수 있는 부분 중 하나다. 1980년대에 영국에 있는 치즈 공장을 방문한 적이 있다. 그들은 마크스 & 스펜서에 납품할 절단 치즈를 바퀴 달린 카트에 싣고 있었다. 마크스 & 스펜서는 이

카트들이 물류센터를 통과해 매장으로 갈 때까지 한 번도 개수를 세지 않았다. 물론 감사는 시행했다. 만약 마크스 & 스펜서에 속임수를 쓴 것이 발각되면, 그 업체는 그대로 끝이었다.

나는 이런 규칙을 세웠다. 나를 한 번 엿 먹이면 네 잘못이지만, 두 번 엿 먹이면 내 잘못이다. 우리를 두 번 엿 먹인 공급업체는 그 길로 영원히 끝이었다. 트레이더 조에서 일하는 동안 영구 퇴출된 사례는 두어 건밖에 기억나지 않는다. 내가 매번 놀랐던 점은 공급업체의 샘플과 실제로 납품된 제품의 일치율이 아주 높았다는 것이다.

사람들은 대부분, 심지어 공급업체조차도 내가 정중하게 대하면 예의 있게 행동한다. 이것은 단순한 믿음이 아니라 상식이고, 그래서 누군가가 나를 속이면 더욱 씁쓸한 마음이 든다. 소매업의 이러한 어두운 면에 대해서는 나중에 더 자세히 논의하겠다.

인터넷과 전자 인터페이스의 발전은 소매업체와 공급업체 사이에 새로운 차원의 신뢰를 요구하고 있다. 새로운 인터페이스 아래에서 공급업체는 소매업체가 일일이 주문을 넣지 않아도 온라인으로 전송되는 스캔 데이터를 근거로 소매업체에 자동적으로 상품을 재공급한다. 개인들의 인터넷 구매 역시 엄격한 신뢰의 규칙을 기반으로 운영되어야 한다.

제품 개발에 대한 강도 높은 개입

내가 말하는 '구매'는 단순히 알기 쉬운 제품을 쌓아 놓고 협상하는 것이 아니다. 커피를 예로 들어보자. 우리는 질소가스 치환 포장에서 판매할 제품의 키워드를 찾아냈다.

먼저 와인에 관해 공부했을 때처럼 커피에 관해 공부하기 시작했다. 우리는 커피에 관해 알게 된 새로운 제품 지식을 바탕으로 진공 포장된 분쇄 커피를 취급하지 않기로 결정했다. 이유는 두 가지였다. 첫째, 원두를 분쇄하면 냄새와 풍미를 내는 휘발성 화합물이 너무 많이 날아간다. 둘째, '진공 포장'은 착각일 뿐이기 때문이다. 캔 속이 진짜 진공 상태가 되면 대기압에 의해 캔이 찌그러진다. 즉 '진공 포장'은 기껏해야 커피의 풍미를 보존할 수 있는, 한계가 분명한 방법일 뿐이다.

따라서 우리는 1970년대 슈퍼마켓들이 거의 버려 두었던 분야인 커피 원두만 판매하기로 했다. 또한 와인처럼 품종을 표시한 라벨을 붙이기로 했다. 페루 찬차마요Chanchamayo, 니카라과 히노테가Jinotega, 콜롬비아 엑셀소Excelso 등이었다. 처음에는 로스팅한 원두를 종이봉투에 담아 판매했지만, 종이봉투는 휘발성 화합물을 보존하는 데 '진공 포장'보다 훨씬 더 비효율적이었다. 1980년 그리스 아테네를 방문했을 때, 그곳의 많은 레스토랑이 커피를 직접 로스팅하고 있었는데 그것을 보고 우리도 그렇게 해야겠다는 생각이 들었다. 하지만 이웃이 커피를 로스팅할 때 냄새 때문에 항의할 것 같았다. 게다가 커피를 로스팅하는 과정은, 이를테면 원두를 24시간 동안 식혀야 하기 때문에 특별한 조건이 필요하다.

그러던 중 더그 로치가 캔을 진공으로 만드는 대신 불활성 기체인 질소를 채워 산소를 제거하는 새로운 공정을 발견했다. 트레이더 조는 지금도 이 방식으로 커피 원두를 판매하는데, 그것은 큰 성공을 거뒀다.

이 방식도 단점은 있었다. 캔은 한 가지 크기로만 나오지만, 원두는 로스팅하면 종류에 따라 팽창률이 다르다. 그래서 종류가 다른 원두의 무게를 균일하게 맞출 수가 없다. 이것은 슈퍼마켓이나 대형 브랜드의 틀에 박힌 생각에는 맞지 않았다. 우리는 간단히 무게를 다르게 포장하고, 〈피어리스 플라이어〉에서 그 이유를 설명했다. 효과가 있었다!

니카라과 히노테가나 수마트라 만델링Mandheling 같은 원두의 재고를 항상 확보해 두려고 노력하지는 않았다. 구매는 와인처럼 기회가 있을 때만 했다.

가장 큰 성공을 거뒀던 커피 원두 중 하나는 '진짜 스위스 워터 공법Swiss water process'을 거친 디카페인 커피였다. 카페인을 제거하는 방법을 둘러싼 다양한 정치적 논쟁에는 휘말리고 싶지 않다. 다만, 건강한 식품을 찾는 고객들은 진짜 스위스 워터 공법을 원했다는 것만 말해도 충분할 것이다. 공급량이 워낙 적었기 때문에 대형 체인들은 이 품목에 손대지 못했다. 우리는 스위스 회사가 알 수 없는 이유로 배송을 중단할 때까지 샌프란시스코(서부 해안 쪽 커피 로스팅 센터)에 도착하는 모든 컨테이너 화물을 계속해서 사들였다. 스위스 회사가 다시 배송을 시작했을 때, 우리는 기꺼이 전량을 구매했으므로 거의 독점적인 지위를 누렸다. 결국 이 제품은 다시 사라졌는데, 이유는 알 수 없다.

과일 주스에서 얻는 이익의 상당 부분은 유리 용기를 저렴하게 매입한 덕분에 생겼다. 가끔 이상한 모양의 유리 용기가 (큰 용기인데도) 많이 등장할 때가 있다. 이를테면 선스위트Sunsweet 자두주스가 이상한 모양의 용기를 시도하다가 그만두었다고 해보자. 그러면 남은 재고를 저렴한 가격에 처분한다. 우리는 이 이상한 용기를 사서 우리와 거래하는 사과주스 업체로 보낸다. 유리 용기가 과일 주스 원가의 상당 부분을 차지하므로 큰 폭의 원가 절감 효과를 소매가에 반영할 수 있었다.

법을 제대로 알고 불필요한 비용은 줄인다

소매업자는 비타민, 수입 와인, 수입 육류 등의 라벨 표시에 영향을 미치는 USDA(미국 농무부), FDA(미국 식품의약국), BATF(알코올·담배·총기 관리국) 규정을 완벽하게 알아야 한다. 또한 법률이나 거래 관행에서 요구하는 것보다 더 많은 정보를 라벨에 표시해야 한다. 우리는 성분 표시가 의무화되기 훨씬 전부터 모든 성분을 공개하기 위해 노력해 왔다.

우리가 와인에 적용되는 공정거래법과 와이너리 면허의 틈을 이용하기 위해 어떻게 연구했는지, 르로이가 위스콘신주에서 만든 치즈에 대한 보호주의적 규정을 어떻게 돌파했는지에 대해서는 이미 이야기한 바 있다.

우리는 수입 와인·치즈·겨자·사탕 등을 구매할 때 환율 위험을 고려했다. 모든 해외 공급업체는 미국 달러로 판매할 의향이 있지만, 이에 대한 위험 프리미엄을 부과한다. 우리는 환율 위험을 고려해 거래하고 가격에서 위험 프리미엄을 제거했다. 환율에 대해 괜한 추측을 하지 않고 구매 주문서를 발행하자마자 당일 환율에 상관없이 프랑 선물환을 매수했다.

베이커리와 유제품 거래에서 핵심은 폐기 식품을 우리 쪽에서 처리할 의사다. 공급업체는 반품 비용을 계산할 필요가 없다.

나는 영업사원이 수거하러 올 때까지 '폐기 식품'을 뒷방에 보관하는 것은 좋은 생각이 아니라고 생각했다. 쥐, 개미, 바퀴벌레가 꼬일 뿐이고 귀중한 공간만 차지한다. 제품은 한 방향으로만 이동해야 하고, 공급망을 역행해서는 안 된다. 우리는 병이 깨지거나 캔이 찌그러지거나 '내용물이 부족한 제품'을 발견하면 바로 쓰레기통에 버렸다.

비용을 낮추는 또 다른 방법으로, 상자당 18킬로그램을 넘기지 않는다는 규칙(20장에서 근로자의 보상 부분을 참고하라)을 어기지 않는 한 제조업체로 하여금 12개들이에서 24개들이로 상자당 포장되는 제품의 개수를 늘리게 하기도 했다.

또한 환율 변동 때문에 미국 달러를 받지 못하는 통화 약세 국가의 제품은 '맞교환' 방식으로 거래했다. 제3자 거래도 했다. 예를 들어 코카콜라가 미국 달러를 받지 않는 유고슬라비아에서 와인을 구매하고 싶다면, 유고슬라비아에 탄산음료를 판매하고 디나르dinar를 받은 뒤 그것으로 유고슬라비아에서 와인을 구매하고 그 와인을 미국 유통 업체에 달러를 받고 판매하는 것이다.

우리의 집중 구매에서 주목할 또 다른 요소는 배송받을 때 현금을 지급할 의사가 있었다는 것이다. 배송 시 현금 지급 의사가 있는 소매업체는 거의 없다. 우리는 간단히 대금교환인도Cash On Delivery, COD에 따른 경제적 비용을 계산하여 이를 공급업체에 제안할 때 반영했다.

집중 구매에 대한 오해

1. **중개인 배제.** 집중 구매 시 뜻하지 않게 중개인을 거치지 않을 수도 있다. 그것은 정말 중요하지 않다. 문제는 무능하거나 너무 비싼 중개인이다. 사실, 유능한 중개인을 확보하는 것도 집중 구매의 한 형태로 볼 수 있다.

2. **구매력.** 현금만 가지고 있다면, 어떤 바보라도 '구매력buying power'이 있다. 대부분의 사람들이 말하는 '구매력'은 사실 판매력selling power, 즉 대량의 상품을 팔 수 있는 능력을 의미한다. 그러나 판매력을 확보하는 것은 집중 구매를 성공적으로 했을 때 따라오는 결과는 될 수 있지만, 집중 구매의 한 유형은 아니다. 판매력은 좋은 입지, 효과적인 광고, 낮은 가격 등 다른 방법으로 확보할 수 있다. '구매력' 곡선과 '판매력' 곡선이 서로 만나는 지점에서 마법 같은 물리적 임계점이 형성된다. 소매업체가 경쟁력을 가지려면 반드시 두 가지 물리적 임계점을 달성해야만 하는데, 바로 트럭 한 대분의 적재량과 해양 컨테이너 한 대분의 적재량이다. 이러한 임계점이 대부분의 규모의 경제가 일어나는 한계점이다.

3. **독점.** 공급량 전체를 구매하는 것이다. 경쟁자가 동일한 제품을 확보하여 나보다 저가로 판매할까 봐 구매하지 않기로 결정한다면, 그 제품을 집중 구매할 수 없음을 인정하는 것이다.

4. **브랜드 마감 세일 상품 및 자체 상표 제품만 취급.** 집중 구매하는 바

이어가 취급하는 상당수의 상품은 자체 상표 상품이거나 99센트 스토어99 Cent Stores나 픽 엔 세이브Pic 'N' Save에서 판매하는 것과 비슷한 브랜드 '마감 세일 상품'일 것이다. 그러나 브랜드/자체 상표라는 이분법으로 간단히 나눌 수 없는 제품도 많다. 소매업자는 이런 제품을 자체 상표로 취급하거나, 라벨이 없는 상품으로 취급하거나, 아예 취급하지 말아야 한다.

많은 제품이 브랜드가 없거나(귀리기울) 약하다(메이플 시럽, 올리브오일, 파스타, 건과일, 말린 콩, 커피 원두, 소독용 알코올, 엡섬Epsom 소금). 브랜드 상품을 주로 취급하는 데 익숙한 프리드리히 대왕 스타일의 소매업체는 다른 유형의 기회를 활용하는 기술이 부족하기 쉽다.

예를 들어 르로이 왓슨, 더그 로치, 밥 존슨은 사실상 브랜드가 없는 냉동 포장 해산물이라는, 캘리포니아에 없던 새로운 제품 카테고리를 만들어 냈다. 슈퍼마켓들은 모든 해산물을 정육 코너에서 취급했고, 해동한(이른바 신선 식품) 상태의 해산물을 포장하거나 또는 박스에서 그대로 꺼내 판매했다. 냉동식품 코너에는 브랜드에서 나온 해산물만 있었다. 미세스 폴스Mrs. Paul's(캠벨스 수프Campbell's Soup), 반 드 캠프스Van de Kamp's에서 나온 빵가루를 입힌 생선 스틱, 속을 채운 게 등 부가가치가 높은 해산물만 진열되어 있었다. 왓슨, 로치, 존슨의 접근 방식 덕분에 트레이더 조는 불과 3년 만에 유명한 해산물 소매판매점으로 성장할 수 있었다. 우리는 냉동 해산물을 집중 구매했기 때문에 슈퍼마켓보다 훨씬 저렴한 가격에(이익은 창출하면서) 판매할 수 있었다. 이를 위해 트레이더 조는 해산물에 대해 배워야 했고, 제품의 포장·운송 등의 과정에도 종종 간섭해야 했다. 하지만 우리는 이렇게 해서 미국 내 블랙타이거 새우 판매 1위 소매업체가 되었다.

우리는 어떻게 이런 특가 상품을 만들었나?

내가 정말 자주 받는 질문이다. 사람들은 우리가 매출총이익을 줄이거나 심지어 원가 이하로 판매함으로써 '이런 특가 상품'을 만들 수 있었을 것으로 생각한다. 이들이 가정하는 '기본 조건'은 특정 제품에 대한 도매가격은 단 하나뿐이며, 소매업체는 그 단 하나의 가격을 기준으로 자신의 이윤을 깎아 경쟁한다는 것이다. 그러나 집중 구매는 고정된 가격은 없다는 생각에 입각한 방식이다.

가격은 어떻게 책정했나?

소매업자들이 가장 많이 묻는 질문이다. 그들은 보통 "목표 마진율이 어느 정도였나요?"라고 묻는다. 나는 이 질문을 받으면 늘 비율이 아닌 달러로 생각하는 방식에 대해 긴 열변을 토한다. 전통적인 슈퍼마켓 업계에서는 달러로 생각하는 방식을 쉽게 무시하는 것 같다.

바이어는 늘 특정 제품 카테고리에 대해 일정한 비율을 적용해 수익성을 따지고, 업무 부담을 줄이고 싶어 한다. (식료품점이라면 매출총이익을 매출로 나눈 비율인 매출총이익률의 측면으로 생각한다. 백화점이라면 이익을 원가로 나눈 값인 마크업markup의 관점으로 생각한다.) 식료품점의 바이어들은 모든 제품에 일률적인 총이익 비율을 적용하기를 좋아하지만, 이는 잘못된 관행이다.

내가 있던 맥 더 나이프 시절 트레이더 조는 모든 유통 비용과 완곡한 표현으로 '재고자산 감모손실'을 제외하고 약 23퍼센트의 매출총이익률을 달성했다. 하지만 이것은 사후적인 결과였다. 우리는 딱히 23퍼센트를 목표로 삼은 적이 없다. 우리의 전략은 특정 SKU의 시장 가격을 파악한 다음 시장보다 가격을 낮추는 것이었다. 그와 동시에 판매할 때마다 얼마나 돈을 버는지도 고려해야 했다.

그러므로 당시 나는 20달러짜리 샴페인 한 병을 팔고 13퍼센트만 이익이 남아도 괜찮았다. 20달러의 13퍼센트면 2.60달러의 수익이 발생하는 것이기 때문이다. 그러나 2달러짜리 상품이라면 수익률이 훨씬 더 높아야 했다. 실제로 1달러 미만으로 판매되는 제품은 꾸준히 취급 품목에서 제거했다. 예컨대 낱개로 파는 캔 음료수와 맥주를 매장에서 없앴다. 그런 종류를 판매하고 싶지 않았기 때문이다. 내가 트레이더 조를 떠날 때 고객당 평균 구매액은 약 30달러였으며, 이는 중앙값the median에도 매우 근접한 금액이었다.

매출총이익률이 23퍼센트가 되었다는 사실은 아무 상관이 없다. 중요한 점은 각각의 SKU가 취급 비용을 모두 고려한 후에도 이익을 창출해 내는 이익 중심점profit center이라는 사실이다. 따라서 베이커리 제품과 치즈의 변질도 반드시 고려해야 한다.

집중 구매는 실제로 제품을 제조하지 않으며, 유통 센터에 도착하기 전에는 제품을 물리적으로 다루지도 않는다. 집중 구매는 수직적 과정에 개입하고 감독하는 프로그램이지만, 수직적 통합은 아니다. 한때 미국에서 가장 큰 슈퍼마켓이었던 A&P를 몰락으로 이끈 것이 바로 수직적 통합이다.

 기베르의 기동성, 불규칙성, 융통성이 수직적 간섭의 핵심이다. 그러나 제품에 대한 지식이 깊지 않다면, 이것은 위험한 전략이다. 제품에 대한 깊은 지식이 없다면, 그 제품을 아예 판매하지 않거나 프록터 & 갬블에 역할을 넘겨 주는 편이 낫다.

13장

통합 물류 시스템

그는 때때로 느린 인지 속도 때문에 고통받았다. "처음에는 일종의 안개 속에서 대상을 봅니다. 나중에 보게 될 것이 항상 거기에 있음을 분명히 알고 있지만, 그것은 시간이 지난 뒤에야 분명해지지요. 때로는 가장 늦게 분명해지는 것이 가장 중요한 것입니다."

— 장 르누아르 Jean Renoir, 《르누아르, 나의 아버지 Renoir, My Father》

'77년 5개년 계획을 발표하면서 내가 어떻게 물류의 중요성을 인지하게 되었는지도 설명하는 편이 좋겠다.

집중 구매는 컨테이너와 트럭에 적재된 화물을 한곳에서 받아서 매장으로 운송할 방법이 없다면 실행이 불가능하다. 우리는 이 과정에 대해 상당히 무지했다. '77년 5개년 계획의 문제점은 1977년 당시에는 매장으로 상품을 배송하는 일을 전적으로 제3자에게 맡겼다는 것이었다.

그 후 12년 동안 맥 더 나이프 시기를 거치며 우리는 판매 품목의 구성을 근본적으로 바꿨을 뿐 아니라, 물류를 자체 시스템화하여 공급업체의 점포 직배송을 전부 없앴다! 우리가 한 일을 더 잘 이해하려면 1976년과 1988년의 판매 품목 구성을 비교한 다음 페이지의 표를 참고하라.

홀 어스 해리 시절 밥 버닝은 컨테이너에 실려 온 저렴한 수입 와인과 트럭으로 배송된 저렴한 트레이더 조 캘리포니아산 와인을 창고에

〈홀 어스 해리(1976)〉

카테고리	매출 비중(%)
건조 식품	10
알타데나 우유 및 아이스크림	10
담배	10
와인 - 프로모션	8
주류	8
치즈와 버터	8
맥주	7
와인 - 공정거래	6
포장 조제 식품	6
빵, 컵케이크, 쿠키, 프리토스, 칩	5
달걀	4
청량음료	4
철물, 양말, 사진, 건강 및 미용	3
매장에서 짜낸 신선한 오렌지주스	3
냉동식품	2
견과류, 말린 과일	2
비타민	2
매장에서 만든 샌드위치	1
농산물	1

보관한 후 유통하는 제3자 시스템을 만들었다. 대부분의 제3자는 우리에게 '정기적으로' 상품을 공급하는 주류 유통 업체였다. 밥은 이들을 이용해 우리의 특가 와인을 유통했다. 하지만 이런 프로모션 와인은 전체 매출의 약 8퍼센트에 불과했다.

그 후 밥은 맥 더 나이프 시기를 거치며 다양한 크기의 해상 컨테이

⟨맥 더 나이프(1988)⟩

카테고리	매출 비중(%)
와인 - 프로모션	22
건조 식품	12
견과류, 말린 과일	12
냉동식품	11
치즈 및 버터	10
빵, 컵케이크, 쿠키, 프리토스, 칩	8
알타데나 우유 및 아이스크림	6
우유와 함께 배송되는 신선한 주스	5
커피 원두	5
비타민	3
맥주	2
달걀	2
주류	1
철물, 양말, 사진, 건강 및 미용	1
담배, 청량음료, 착즙 오렌지주스, 와인 - 공정거래, 포장 조제 식품, 샌드위치, 농산물	0

너(때로는 40피트 컨테이너보다 20피트 컨테이너를 이용하는 것이 더 저렴할 때도 있다)와 북부 캘리포니아에서 제품을 가져오는 트럭 복화운송의 복잡한 세부 사항을 익혀 나갔다.

견과류와 건과일, 건강한 식품의 매출 비중이 늘어나면서 더그 로치와 르로이는 제품을 창고에 보관하고 유통할 뿐 아니라 포장까지 담당하는 직원들을 고용했다. 더디고 고통스러운 과정을 거쳐 우리는 상온으로 운송 가능한 모든 제품을 유통할 수 있게 되었다. 한때는 화물 운송 회사 세 곳과 거래하며 창고를 18개나 운영하기도 했다. 이렇게 창고를 많이 운영하게 된 데는 내 책임도 어느 정도는 있었다. 1971년 실마르 지진 이후 지진에 대한 우려가 커졌던 것이다. 실마르 지진으로 창고 몇 개가 무너졌을 뿐 아니라 고속도로의 고가도로도 많이 부서져 트럭이 드나들 수 없게 된 곳도 있었다. 또한 18개 창고 중 주요 창고는 4~5개뿐이었고, 각각의 창고에는 창고 측에서 판매할 자체 상품도 있었기 때문에 확장할 공간이 부족했다.

우리 앞에 놓인 중요한 물류 문제

◆ 냉동식품과 냉장식품

우리가 판매하는 모든 냉동식품은 도매업체 서티파이드 그로서스Certified Grocers에서 배송받는 브랜드 제품이었다. 맥 더 나이프의 초기 단계에서는 매출이 워낙 적었기 때문에 자체적으로 냉동식품을 저장하고 유통하는 시스템을 구축할 수 있을 거라는 희망이 거의 없었다. 게다가 여전히 홀 어스 해리식으로 사고했기 때문에 전기 요금이 계속 증가할 것으로 예상했다. 따라서 '77년 5개년 계획에서는 상온 보관 제품과 냉장 보관 제품의 진열 공간을 더 많이 확보하기 위해 냉동 진열장을 모두 없애는 것을 고려하기도 했다. 다행히 동료들의 만류로 냉동식품 진열장을 없애지는 않았다.

르로이와 더그는 비어 있는 패서디나의 공공 창고에 냉동 제품을 보관한 다음 그것을 스티로폼 상자에 넣어 견과류와 건과일, 그 밖의 제품을 동일한 트럭에 실어 배송하는 시스템을 생각해 냈다.

치즈, 그리고 그와 유사한 냉장식품은 여전히 제품을 구매한 다양한 현지 치즈 공급업체를 통해 배송받았다. 우리는 그때까지도 유럽, 버몬트 등의 지역에서 제품을 직접 구매하지 않았다. 피콕Peacock, 데어리 프레시Dairy Fresh 같은 치즈 도매업체는 자신들에게 이익이 되기 때문에 우리에게 협력했다.

르로이가 치즈 수입 규정을 더욱 잘 알게 되면서, 우리는 직접 구매를 늘리고 로스앤젤레스에 있는 최대 규모의 냉동 보관 창고, U.S. 그로어스U.S. Growers에 치즈를 보관하기 시작했다. 이 물량이 늘어나면서 냉장식품과 냉동식품을 모두 운송할 수 있는 냉장 트럭 운송업자를 구할 수 있게 되었다.

1986년, M&C 트러킹M&C Trucking의 소유주였던 마이크 캠벨Mike Campbell의 사업이 크게 성장한 덕분에 우리는 '크로스 도크cross-dock' 시스템을 이용해 알타데나로부터 우유 유통 과정을 인수받을 수 있었다. 이는 물류센터에 입고되는 상품을 보관하지 않고 곧바로 다시 배송하는 시스템이다. 문제는 우유는 치즈보다 훨씬 더 자주 배송해야 하므로 물리적으로 더 많은 물량이 필요했다는 것이었다. 그때부터 우리는 매장에서 오렌지주스를 직접 착즙해 판매하지 않기로 했다. 착즙 주스는 인기는 있었지만, 손이 많이 갔다. 그 대신 중앙 공장에서 착즙한 신선한 주스를 판매하는 것으로 전략을 바꿨다. 우리는 오렌지주스뿐 아니라 당근주스까지 어마어마한 물량의 신선 주스를 판매했고, 결국 캘리포니아에서 가장 큰 신선 주스 판매점이 되었다. 그 결과 1986년에는 우유와 주스를 결합한 프로그램을 실행할 수 있었다.

알타데나에서 하루에 한 번만 우유를 구매할 수 있게 되자, 우유관리국Bureau of Milk Control도 알타데나를 귀찮게 하던 것을 그만두었다. 1977년에는 소비자가격만 통제에서 벗어났고, 도매가격은 여전히 통제되고 있었다. 우유관리국은 알타데나가 우유를 매장으로 직배송 해주면서 우리에게 일률적인 가격을 부과하는 것을 마땅찮게 여기고 있었다. 매장마다 우유 판매량이 너무 달랐기 때문이었다. 이 외에도 물류를 중앙으로 집중하지 않았다면 1986년 샌디에이고, 1988년 북부 캘리포니아로 사업을 확장할 수 없었을 것이다. 밥 존슨은 1987년 내가 그를 수석 바이어로 영입한 이후 냉장·냉동 제품의 복잡한 물류 문제를 아주 멋지게 처리해 냈다. 또한 다음 제품도 완벽하게 유통시켰다.

◆ **빵과 베이커리**

1981년 물류에서 큰 진보를 이룬 우리는 자체 베이커리 사업을 시작해 볼까 고민하기 시작했다. 업계에서는 우리를 미쳤다고 생각했다. 모든 슈퍼마켓 체인은 자사의 직원이 배송을 담당하는 자체 베이커리를 가지고 있었지만, 그렇다고 콘티넨탈Continental, 랑겐도프Langendorf, 인터스테이트 베이커리Interstate Bakeries 같은 외부 베이커리를 포기한 곳은 하나도 없었다. 다들 우리가 '재고'를 너무 많이 먹다가 사업을 중단할 것이라고 예상했다.

우리 컨셉은 '건강한 빵을 만드는' 작은 베이커리를 몇 곳 모아 중앙 플랫폼으로 빵을 운송하고, 트럭 운송업자를 고용해 그 빵들을 매장으로 배송하는 것이었다. 이 프로젝트를 구체화하면서 나는 파리에서 제빵을 공부하고 로스앤젤레스의 몇몇 유명 레스토랑에서 파티시에로 일했던 로리 타넨바움 라타Lori Tannenbaum Latta를 고용했다. 그녀의 전문 지식은 그 후 5년간 트레이더 조에 크게 기여했다. (로리는 결혼하고 사직했다가 1994년경 트레이더 조로 돌아왔다. 그리고 회사에 더 크게 기여했다.)

새로운 베이커리 프로그램은 바로 성공을 거뒀다. '재고' 비율이 너무 낮아서 마침내는 더 이상 추적도 하지 않게 되었다. 1988년에 우리는 17개의 작은 베이커리에서 만든 85가지 SKU를 판매했다. 우리 스스로가 중소기업의 범주에서 벗어난 지 얼마 되지 않았기 때문에 소규모 공급업체의 사업을 촉진하기 위해 더욱 신경 썼다.

하지만 다음의 과제가 해결되지 않았다면, 빵이나 다른 물류 전략은 우리의 요구 조건을 충족하지 못했을 것이다.

컴퓨터의 도입

1980년, 아들 조지프 스티어 쿨롬Joseph Steere Coulombe(젊은 조)이 파리의 그랑제콜 중 한 곳에서 2년간 컴퓨터를 공부하고 UC 샌디에이고에서 커뮤니케이션 이론으로 학사 학위를 받은 뒤 서던캘리포니아 대학교의 아넨버그 커뮤니케이션 스쿨에서 석사 과정 펠로십을 따냈다. 이렇게 해서 다시 로스앤젤레스에 돌아온 아들은 우리에게 애플I과 애플II를 소개해 주었고, 1984년에는 매킨토시를 알려주었다. 젊은 조는 공인된 매킨토시 프로그래머였다. 애플은 사무실 최초의 컴퓨터였다.

당시 임금대장과 총계정원장은 여전히 구식 IBM 펀치 카드 기계로 처리했기 때문에 계속해서 주의를 기울여야 했다. 데이브 요다는 구식 IBM 기계에서 생성된 정보로 분기별 손익계산서를 수기로 작성했다.

처음 빵을 유통할 때는 종이와 연필, 계산기를 가지고 정말 힘들고 비효율적인 방식으로 일을 처리했다. 매장마다 전화를 걸어 제품별로 빵을 몇 개씩 원하는지 물어봐야 했다. 주문량을 합산하여 각 빵집에 전화를 걸어 몇 개의 빵을 구워야 하는지 알려주었다. 이렇게 일하는 것은 악몽과도 같았다. 제빵사들은 새벽 2시쯤에 일을 시작하기 때문에 자정까지는 빵을 얼마나 구워야 하는지 정확한 수량을 알아야 했다.

1982년, 우리는 애플II를 구매했고, 이것으로 대부분의 방대한 계산을 수행했다. 큰 도움이 되었지만, 제빵업자와 야간에 소통하는 문제는 해결하지 못했다. 젊은 조는 미국 최초의 음성 인식 컴퓨터 시스템 중 하나를 설치해 매장으로부터 주문을 받았다. 무모하고 버그도 많았지만, 덕분에 전자 주문에 대해 배우기 시작했다. 또한 조는 우리의 사고방식에 완벽히 맞는 개념을 가르쳐 주었다. 즉 듣지 못할 컴퓨터는 사지 말라는 것이다. IBM을 사용해 보고, 우리는 준비가 되어 있었다!

당시 나는 데니스 레스토랑Denny's Restaurants의 이사였다. 이곳은 중앙처리장치mainframe를 소유하고 있었는데, 초기 비용과 유지·보수 비용이 말도 안 되게 높았다. 심지어 중앙처리장치의 수명은 새로운 모델이 나오기 전까지 고작 12개월 정도였다. 중앙처리장치는 전기 소모량이 많을 뿐 아니라 열이 많이 났기 때문에 고부하 에어컨이 필요했다. 이 거대한 시스템은 내진 설계가 된 콘크리트 벙커에 비상시 예비 전력을 공급하기 위한 대형 디젤 발전기와 함께 설치되어 있었다. 게다가 〈사이언티픽 아메리칸〉(또다시!)은 '명령어 100만 개당 비용'이 아주 낮아져 데스크톱 컴퓨터가 중앙처리장치의 성능을 발휘하게 될 것이라는 인상적인 기사를 내보내기도 했다. 나는 절대로 중앙처리장치를 보유할 생각이 없었다. 그것은 지금도 마찬가지다.

그래서 르로이가 외부 (중앙처리장치) 컴퓨터 서비스 업체인 런드버그Lundberg를 찾아냈다. 내가 트레이더 조에 있는 동안 우리는 주요 숫자 처리를 이곳에 맡겼다.

그동안 사무실에는 데스크톱을 설치했다. 여러분은 들어본 적도 없겠지만, CPM이라는 언어로 실행되는 오트로나Otrona를 사용하기 시작했다. IBM에서 나온 MS DOS도 샀지만, 젊은 조가 코로나Corona에서 호환 가능한 컴퓨터를 구매하여 비용을 절감할 수 있었다. 이 원시적인 컴퓨터의 저장 용량은 코비스Corviss 하드 드라이브를 이용해 높였는데, 코비스의 용량은 지금은 마치 농담처럼 느껴지는 20메가바이트였다.

> 1992년 34억 달러 규모의 스리프티 코퍼레이션Thrifty Corp.을 맡게 되었을 때 가장 처음 충격받았던 것은 중앙처리장치였다. 중앙처리장치는 11층짜리 건물 지하에 설치되어 있었는데, 그 자체로 사무실 직원들 간의 효율적인 커뮤니케이션에 장애가 되었다. 시 당국에서 디젤 발전기를 구내에 두는 것을 허용하지 않았기 때문에 예비 전력도 없었고, 그래서 컴퓨터와 에어컨은 늘 전원이 나갈 위험이 상존해 있었다. 더 큰 문제는 비즈니스의 변화하는 니즈에 맞춰 수

차례 수정과 재수정을 거친 소프트웨어에 대한 기록이 없다는 것이었다. 우리는 즉시 시애틀에 있는 빅 파이브 스포팅 굿즈Big 5 Sporting Goods와 페이 엔 세이브 드럭스토어Pay 'n Save Drugstores 등 5개 자회사에 가급적 많은 컴퓨터 작업을 분산시켰다. 그리고 이 모든 업무를 아웃소싱할 수 있는 업체를 찾기 시작했다. 이런 거대 기업을 아웃소싱하는 일은 하룻밤 사이에 끝날 수 없기 때문에 스리프티의 후임 소유주들은 약 2년 뒤에야 이 일을 완료할 수 있었다.

그러다가 1994년 북부 캘리포니아에 있는 프로비고Provigo를 맡았을 때, 또다시 사무실에 있던 끔찍한 기계를 발견했다. 중앙처리장치 컴퓨터는 스리프티에 있던 것보다 훨씬 더 좋은 상태였지만, 망할 중앙처리장치를 옮기는 일이 복잡해서 위치도 엉망이고 디자인도 잘못된 사무실 건물에서 이사할 수가 없었다!

하지만 진정한 혁신은 매킨토시와 함께 찾아왔다. 매킨토시가 출현하자마자 몇몇 직원들은 코로나/MS DOS 컴퓨터 대신 자신의 맥을 가져와 업무에 사용하기 시작했다. 우리는 코로나를 버리고 거의 모든 책상에 맥을 설치했다. 사무실 직원들이 직접 스프레드시트를 만들고, 서신을 작성하는 능력은 놀라웠다. 매킨토시는 내게도 확실히 도움이 되었다. 앞서 언급했듯이, 나는 한 번도 비서를 둔 적이 없었기 때문이다. 또한 9장에서 이야기한 것처럼, 매킨토시는 〈피어리스 플라이어〉를 제작하는 데에도 혁신을 가져왔다.

젊은 조는 맥에서 실행할 수 있는 급여 시스템을 만들었다(우리는 다른 판매자가 사용했던 다루기 어려운 컴퓨터로 인해 안 좋은 경험을 한 적이 있다). Y2K를 미리 예견했던 이 시스템은 급여 시스템이 프로그램에 비해 너무 커지게 된 1990년대 초까지 사용되었다.

물류 분배에 관한 논의에서 기억해야 할 것은, 그것이 정적인 문제가 아니라는 점이다. 회사는 매년 20퍼센트씩(3.6년마다 2배씩) 성장하고 있었다. 또한 물류 분배 프로그램의 효율성이 높아질수록 매출도 더욱 증가했다.

우리는 모든 매장에 맥을 설치했다. 르로이, 로빈 겐터트, 젊은 조(피터 드러커로부터 경영학 석사 학위를 받으러 클레어몬트로 떠나기 전까지 조는 우리의 컨설팅을 맡아 주었다)는 맥으로 가이 런드버그Guy Lundberg의 회사로 보내는 전자 주문 시스템을 만들었다. 엄청난 혁신이었다.

우리는 중앙처리장치에서 수행되는 숫자 처리뿐 아니라 중앙처리장치에서 생성되는 문서를 인쇄하는 일까지 아웃소싱했다. 고속 프린터는 업무 처리의 병목 지점이었다. 창고에서 필요한 '출고 관리' 문서, 매장에서 필요한 '수령' 문서, 회계 부서를 위한 요약 문서를 뽑아야 했기 때문이다. 요컨대 "듣지 못할 컴퓨터는 절대 사지 말라"는 말은 무거운 업무용 프린터를 구매할 때는 적용되지 않았다.

1987년 트레이더 조에서 일어난 큰 발전 중 하나는 컴퓨터로 작성한 보고서 인쇄를 전문 창고 회사에 이관한 것이었다. 런드버그가 물류창고로 데이터를 전자 전송하면, 창고에서 출고 관리 문서를 직접 인쇄해 창고 직원이 출근하면 받아 볼 수 있게 준비했다. 그 덕분에 런드버그에서 로스앤젤레스의 교통 체증을 겪으며 65킬로미터나 떨어진 물류

창고로 문서를 보내는 과정이 사라졌다. 나는 업무를 더 효율적으로 만들기 위해 어떻게 노력해야 하는지 보여주기 위한 사례로 이것을 자세히 설명하고 있다. 또한 컴퓨터가 우리 사회에서 문서 작업을 없애지 못했다는 것을 상기시키고도 싶다.

컴퓨터에 대해 천천히 알아가면서, 문득 SKU는 그 물리적 크기에 관계없이 전자적으로는 모두 동일한 공간을 차지한다는 사실을 깨달았다. 50센트짜리 캔디바가 11킬로그램짜리 건조식품 한 포대와 동일한 전자 공간을 차지하는 것이다. 이것은 시스템에서 SKU 수를 급격히 줄여야 할 또 다른 이유였다. 그래야 컴퓨터가 더 잘 돌아갔기 때문이다.

물류 시스템의 통합

1986년, 컴퓨터를 이용하는 체계를 제대로 작동시키려면 좀 더 전문적인 도움이 필요하다는 것이 분명해졌다. 젊은 조는 클레어몬트로 떠났고, 컴퓨터에 대해 정식으로 배운 적이 없는 르로이는 다른 업무가 산적해 있었기 때문에 나는 컴퓨터 전문가를 고용했다. 전문가인 그는 "듣지 못하는 컴퓨터는 사지 말라"는 말을 받아들이기 어려워했다. 그가 들어 올릴 수 없는 왕 미니컴퓨터Wang mini-computer를 사서 설치하려고 했을 때, 우리는 그와 헤어졌다. 나는 어찌할 바를 몰랐다. 내가 해결해야 할 경영상의 문제는 데이터 처리와 물류 문제만이 아니었다.

모든 회사의 발달 과정에서 창업자들에게는 교체까지는 아니더라도 더 넓은 시야를 가진 관리자를 들여 보강해야 할 시기가 온다.

이듬해 나는 지금껏 시행해 본 적 없는 가장 큰 조직 변화를 단행했다. 신임 사장으로 존 실즈John Shields를 영입한 것이었다. 존은 스탠퍼드 대학교 2년 후배였다. 우리는 각자의 자리에서, 나는 기업가로서 존은 회사원으로서 고군분투하는 동안에도 연락을 하고 가까이 지냈다. 그는 회사라는 세계에 잘못 자리 잡은 기업가였으므로 대화가 통했다.

MBA를 취득한 뒤 존은 장인어른이 회장으로 있던 샌프란시스코 메이시스 백화점에서 근무하며 물류 전문가가 되었다. 배송비가 매트리스의 매출총이익보다 훨씬 크므로 메이시스가 매트리스를 판매하면 안 된다는 사실을 발견한 것도 존이었다. 메이시스에서 약 10년 동안 근무한 뒤 그는 머빈스 백화점Mervyn's Department Stores으로 자리를 옮겨 창업자인 머빈 모리스Mervin Morris와 함께 일했다. 나도 1990년대에 코스트 플러스 월드 마켓Cost Plus World Markets의 이사로 머빈과 함께 활동한 적이 있다. 그 후 존은 나와 캔드 푸즈 그로서리 아웃렛Canned Foods Grocery Outlets의 자문위원회에서 함께 일했던 잭 킬마틴Jack Kilmartin과도 함께 일했다. (나는 이 두 명의 명석한 소매업자들과 어울리며 얻은 바가 많았다.) 메이시스와 머빈스에서 존은 주로 판매 계획보다는 물류에 관여했다. 우리에게 필요한 것이 바로 물류 분야에 도움을 줄 사람이었다.

머빈은 데이턴 허드슨Dayton Hudson에게 백화점을 매각했고, 그 후 잭은 은퇴했다. 쉰다섯 살이었던 존도 조기 은퇴를 결심했다. 그는 사막으로 이주해 단조로운 생활을 하기 시작했다. 1987년 7월에 내가 전화를 걸었을 때 존은 다시 일할 준비가 되어 있었고, 나는 그를 다시 일터로 나오게 할 준비가 되어 있었다.

나는 존에게 경영 컨설턴트로서 트레이더 조의 업무 방식과 이를 개선할 방법을 분석해 달라고 요청했다. 그는 곧바로 우리 물류 시스템의 매듭을 푸는 일을 훌륭히 해냈다. 심지어 나로 하여금 지진에 대한 두려움에서 벗어나 18개 창고를 하나로 통합하게 했다. 1987년 10월, 나는 그를 사장 겸 최고운영책임자로 임명했다. 이 이야기는 나의 사임, 그리고 존을 후임자로 세우게 된 내용을 다루며 다시 할 것이다.

시스템 효율성의 핵심은?

물류에 대해 아무것도 몰랐던 사람들을 위해 르로이 왓슨, 밥 버닝, 더그 로치, 밥 존슨, 로빈 겐터트, 로리 타넨바움, 다이앤 테니스Diane Tennis, 글로리아 레이놀즈Gloria Reynolds, 메리 제네스트Mary Genest, 젊은 조는 미국에서 가장 비상한 시스템 중 하나를 만들어 냈다. 우리는 트럭도, 창고도, 중앙컴퓨터도 소유하지 않았다. 나는 이것을 '르로이의 공기보다 가벼운 물류 시스템'이라고 불렀다. 지금은 '통합' 물류 시스템이라고 부를 수도 있을 것이다. 1987~1988년, 존 실즈가 이 모든 것을 통합했다. 그리고 내가 트레이더 조를 떠날 때는 로스앤젤레스에서 샌프란시스코까지 네 가지 다른 온도로 제품을 배송해야 하는 물류적인 문제에도 불구하고 이 시스템은 꽤 잘 운영되었다.

1977년에 우리가 내린 가장 중요한 결정 가운데 하나는 제품을 낱개나 일부가 아닌 전체 박스 단위로만 매장에 배송하기로 한 것이었다. 이것이 시스템 효율성의 핵심이다. 단점은 와인, 주류, 비타민과 같은 고가의 제품이 모든 매장에서 똑같이 잘 팔리는 것은 아니라는 것이다. 결국 금전적으로도, 공간상으로도 과도한 재고를 보유하게 된다. 그래서 많은 체인점이 매장에서 주류를 병 단위로 주문할 수 있게 한다. 나는 아울 드럭과 스리프티 드럭에서 이렇게 하는 것을 보았는데, 정말 엉망이었다. 하지만 SKU를 많이 구비해 두는 정책을 실행하려면, 대체로 낱개 배송 전략을 채택해야만 한다. 우리는 1977년에 SKU를 줄이기로 결정한 덕분에 박스 단위로만 배송하는 방식을 고수할 수 있었다.

1989년 내가 회사를 떠날 때 계속 늘어나는 배송량을 관리하는 것 외에 해결되지 않은 가장 큰 문제는 문서 작업이었다. 물류창고에 입고되는 물품과 매장으로 배송되는 물품은 (온라인으로) 연속 처리되는 것이 아니라 런드버그에서 일괄 처리했다. 그런 이유로 메리 제네스트의 업무가 필요 이상으로 힘들어졌고, 매장의 재고 수준을 맞추는 중요한 일이 지연되었다. 매장 재고는 자주 확인하고 그 결과를 바로 확정해야 한다. 그 결과는 신선한 생선만큼 유효 기간이 짧기 때문이다. 나는 이 문제가 해결되기 전에 트레이더 조를 떠났다.

자체 상표 제품

가장 자랑스러운 테이블을 기쁘게 꾸미세요.
영광스러운 라벨을 붙이는 것은 당신의 몫이니까요.

— 로즈 파일먼 Rose Fyleman

우리가 1967년에 사업을 시작할 때는 원래 상표가 두드러지지 않는 보드카, 진 등을 제외하고는 자체 상표 제품을 취급하지 않았다. 이것들도 대부분 우리가 사업을 좀 알게 되자마자 취급하지 않게 되었지만 말이다. 오늘날 트레이더 조에서 판매하는 제품은 대부분 어란, 올리브 오일처럼 자체 상표 제품이거나 상표가 없는 것들이다.

우리의 첫 번째 자체 상표 와인은 1969년에 출시되었다. 내파밸리의 유명한 와인 제조업자 조 하이츠Joe Heitz는 루비 카베르네Ruby Cabernet를 만들었지만, 그 와인에 자기 이름을 붙이고 싶어 하지 않았다. 아직 와인에 대한 이해가 깊지 않았던 우리는 열심히 루비 카베르네를 사서 트레이더 조의 상표를 붙여 판매했다. 와인은 그다지 좋지 않았다. 바로 여기에 자체 상표 와인의 한 가지 문제점이 있다. 와인은 고객의 와인 저장고로 들어간다는 것이다. 고객들은 마개를 열고 오랜 기간을 거쳐 와인을 마시고, 처음처럼 똑같이 실망한다. 이런 의미에서 와인 판매상은 식료품점이라기보다는 예술품 딜러에 가깝다. 식료품상은 실수를 해봤자 그 실수가 가정에서 며칠 이상 지속되지 않는다.

와인, 음식, 무엇보다도 고객에 대해 더 많이 알게 되면서 자체 상표 제품은 홀 어스 해리 시대에 본격적인 시작을 맞이하게 되었다.

가이드라인 : 단순히 자체 상표를 붙이기 위한 자체 상표 제품을 만들지 않는다.

이는 슈퍼마켓의 정책과는 백 퍼센트 반대되는 것이다. 슈퍼마켓은 모든 브랜드 제품을 모방한 개인 상표 제품을 출시해 대개 더 저렴하게 판매하려고 하지만 요즘은 더블 쿠폰, '고객 충성도 프로그램', 그 외에도 뭐가 있을지 모를 온갖 전략이 난무한다. 예를 들어 1982년 매장에서 브랜드 베이커리 제품을 없앴을 때조차도 우리는 트레이더 조 상표로 식빵이나 햄버거 번, 핫도그 번과 같은 평범한 빵을 출시하지 않았다. 이런 제품 없이도 충분히 잘 해냈다. 특정 제품 없이도 해내겠다는 의지는 트레이더 조가 추구하는 판매 철학의 토대다.

여러분은 우리가 와인을 계기로 제품 지식을 쌓기 시작했고, 그것이 나중에 식품으로까지 이어졌다는 사실을 기억해야 한다. 따라서 와인을 상품화하면서 알게 된 여러 가지 방법을 식품에도 적용했다. 그 가장 극단적인 예가 트레이더 조의 날짜가 적힌 빈티지 옥수수 통조림이다. 그것은 다른 밭에서 타화수분他花受粉 되지 않도록 격리된 채, 아이다호의 특정 밭에서 재배된 세계 최고 수준의 옥수수였다. 가장 큰 문제는 커피, 생선, 보르도 와인 등 무엇이든 최고급만 구매하려는 경향이 있는 일본인들과 경쟁해 이 옥수수를 구하는 것이었다. 매년 라벨에는 수확 날짜가 적혀 있었고, 그 시기가 지나면 다음 해까지는 그것으로 끝이었다. 이것은 와인에나 적용될 법한 생각이지만, 상품 판매에서 불연속성의 원칙을 잘 보여주는 사례로 우리는 이 전략을 적극 활용했다.

홀 어스 해리를 시작하면서 모든 자체 상표 식품은 화학조미료 무첨가, 무가당, 저염, 인공색소 무첨가라는 건강한 식품 운동의 최신 표어를 충족해야만 했다. 냉동 해산물을 취급하게 되면서는 아황산염도 사용하지 않았다.

제품을 차별화하는 방법

연식 기입 외에도 우리는 다음과 같은 전략을 써서 유명해졌다.

1. **와인 판매 전략 적용**: 마우이섬의 파인애플(그저 '하와이'산이 아니다). 1981년에 수확한 콩코드 포도주스. 무엇보다도 와인을 구매할 때는 대체로 수량이 한정적이거나 적어도 한계가 정해져 있었으므로 우리는 늘 보유 수량을 공지했다. 그리고 그것을 〈피어리스 플라이어〉에서 다른 모든 제품에도 적용했다. 우리는 늘 얼마나 구매해 왔는지 수량을 발표했다. 이것은 아래의 희소성을 강조하는 전략과도 관련이 있다.

2. **건강한 식품임을 호소**: 햇볕에 익은 사탕수수로 유황을 쓰지 않

고 만든 당밀. 방부제 없이 말린 자두. 대부분의 말린 자두가 소베이트로 보존된다는 사실을 알고 있는가? 나도 더그 로치가 제품 설명서를 쓸 수 있도록 배경지식을 알려주기 전까지는 몰랐다. 그러므로 각각의 자체 상표 제품은 이유, 즉 차별화 포인트가 있어야 한다.

3. **의학 뉴스 이용**: 납이 검출되지 않는 캔. 1980년대 초에 캔에 포함된 납 성분의 위험성이 알려지면서 우리는 이 뉴스를 이용했다. 알코올이 함유되지 않은 바닐라 에센스, 저나트륨 베이킹 파우더도 의학 뉴스를 이용한 사례다. 1986년에는 의학계에서 데오도란트에 함유된 알루미늄이 알츠하이머와 관련이 있다는 의혹을 제기하면서 알루미늄이 함유된 데오도란트에 반대하는 캠페인도 벌였다. 이것은 그 후 거짓으로 밝혀졌지만 말이다.

   트레이더 다윈Trader Darwin 비타민은 대부분 특정 의학 뉴스를 보고 그에 맞춰 출시되었다. 예컨대 트레이더 다윈의 메타모포시스Metamorphosis는 1981년 〈메디컬 트리뷴Medical Tribune〉의 기사를 바탕으로 특별한 도움이 필요한 어린이를 위해 출시된 제품이다.

4. **생태학적 접근**: 그물 대신 긴 낚싯줄로 잡은 날개다랑어. 인산염이 포함되지 않은 세제(우리는 이 제품을 판촉한 미국 최초의 식료품점이었다).

5. **미식가 겨냥**: '거르지 않았다Unfiltered'는 표시는 와인에 대한 아

주 중요한 정보다. 와인 제조업자들은 거르지 않은 와인을 좋아하지 않는데, 거르지 않으면 (나쁜) 3차 발효가 일어날 가능성이 있기 때문이다. 따라서 거르지 않은 와인을 병에 넣을 때는 더 각별한 주의를 기울인다. 우리는 사과식초에 대해서도 거르지 않았음을 밝히며, 이에 덧붙여 농축액이 아닌 통사과로 만들었다는 점을 강조했다. 수제 타말레, 수제 베리파이도 미식가들을 노린 제품이었다.

6. 희귀성 강조: 냉압착 땅콩기름. 매일 볼 수 없는 물건이 여기 있다! 로스앤젤레스에서 유일한 엑스트라 프라임 홀빈 코나 커피. 18개월 숙성 롱혼 치즈. 발효되지 않은 진판델 포도주스.

종이 타월이나 설탕처럼 부피가 큰 제품은 다루지 않았다. 면적당 창출하는 가치가 높은 제품을 판매한다는 규칙이 여전히 적용되었기 때문이다.

트레이더 조의 창업 초기에는 화장지, 2킬로그램짜리 설탕 봉지와 밀가루 봉지, 브랜드 세제 등 편의점에 구비되어 있는 기본적인 브랜드 상품을 계속 취급했다. 그러던 어느 날 당시 매장의 절반을 관리하던 프랭크 코노가 나를 찾아오더니 이런 일반적인 식료잡화는 팔리지도 않을뿐더러 소중한 진열 공간만 차지하고 있으니 모두 철수시켜야 한다고 말했다. 우리는 '대용량으로 판매하는 제품'의 취급을 중단하고 그 제품들을 자체 상표 제품으로 대체하지 않았다.

브랜드 제품을 자체 상표로 판매하기

일단 통합 물류 시스템이 작동하기 시작하자, 물류의 효율성이 매우 높아져 일부 브랜드 상품을 구매해 슈퍼마켓보다 저렴하게 판매할 수 있었다. 이는 광고 수당, 입점 공제 등의 모든 부가적 혜택을 포기하고 기꺼이 낮은 도착 원가landed cost를 선택한 결과였다. 때때로 슈퍼마켓들은 우리가 그들보다 낮은 가격에 판매한다는 이유로 화를 내며 제조업체를 압박하기도 했다. 우리는 늘 신사답게 공급업체의 편의를 도모하면서 동일한 물건을 우리 상표로 판매했다.

대표적인 예로 볼프강 퍽Wolfgang Puck's의 냉동 피자를 들 수 있다. 슈퍼마켓에서 판매하는 제품과 직접 비교를 피하기 위해 트레이더 조에서 판매하는 제품은 지름을 더 작게 만들었다. 그런데 이 제품은 오븐 토스터에 넣을 수 있다는 예상치 못한 장점이 있었다!

자신의 재능을 드러내고 싶지 않았던 와인 제조업자들이 있었던 덕분에 트레이더 조의 자체 상표 와인 중 상당수는 매우 유명한 와이너리에서 생산된 것이었다.

수준 높은 고객을 겨냥한 상표

우리는 슈퍼마켓처럼 획일화된 자체 상표를 만드는 대신 각각의 제품에 맞는 상표를 개별화하려고 노력했다. 따라서 제품 이름에 되도록 예술적·음악적·문학적·역사적·과학적 비유를 끌어다 썼다. 자체 상표 베이커리를 시작했을 때는 브랜든버그 브라우니, 아이작 뉴턴 경, 베이글 스피노자, 땅콩 파스칼, 디즈레일리 & 글래드스턴의 영국식 머핀 등이 있었다.

우리 제품의 이름에는 특별한 의도가 숨어 있었다. 나는 교육 수준은 높고 소득 수준이 낮은 고객들과 조용히 공모해 그들이 매장 통로를 따라 걸어가면서 제품에 적힌 비밀 메시지를 읽게 하고 싶었다.

자체 상표 중에서 내가 가장 좋아하는 것은 '하이젠베르크의 불확실성 블렌드' 커피 원두였다. 커피 볶는 사람들이 여러 가지 원두를 로스팅하는 과정에서 컨베이어 밑으로 일부 원두가 떨어지기도 한다. 그들은 이 떨어진 원두를 주기적으로 수거해 로스팅한 뒤 우리에게 아주 낮은 금액으로 판매했다. 이 제품은 나올 때마다 블렌딩이 말 그대로 불확실했다. 라벨에는 현대 물리학의 핵심 인물인 베르너 하이젠베르크Werner Heisenberg(1927년 발표한 불확정성의 원리로 1932년 노벨 물리학상을 받았다)의 발견에 대한 브리태니커 백과사전의 설명이 적혀 있었다. 하이젠베르크에 대해 들어본 고객이 얼마나 될까? 많지 않을 것이다. 하지만 이 농담을 이해한 고객들은 말 그대로 우리와 영원히 연결되었다. 게다가 이 제품은 가격이 너무 저렴해서 커피를 잘 모르는 사람들도 구매해 갔다.

그 밖에도 나는 다음과 같은 상표를 좋아한다. (적자생존을 위한) 트레이더 다윈의 비타민, (시인 칼 샌드버그Carl Sandburg에게는 실례지만) 리틀 캣 피트 고양이 건조 사료, 하비어스 크리스퍼스 감자칩, 아담이 만든 이브의 스파클링 사과, 트레이더 클레오파트라의 마이 샐러드 데이 식초, 트레이더 게인즈버러의 블루 보이 블루베리 시럽, 위대한 유산 개 사료. 정말 재미있었다!

하지만 영감의 빛은 우리를 비추지 않을 때가 많았고, 그러면 이름을 짓는 몇 가지 편리한 방법으로 돌아갈 수밖에 없었다.

1. 모든 멕시코 제품은 트레이더 호세Trader José's로.
2. 모든 일본 제품은 트레이더 조상Trader Joe-San*으로.
3. 모든 이탈리아 제품은 트레이더 조토Trader Giotto's**로.
4. 크랜베리 주스, 메이플 시럽 등 뉴잉글랜드와 관련된 모든 제품은 필그림 조Pilgrim Joe's로.

베이킹 제품의 이름은 두 딸 매들린과 샬럿의 이름을 따서 지었다. 이렇게 이름을 지어서 아이들이 평생 시달리진 않았을까 걱정이다. 해마다 〈피어리스 플라이어〉에 실린 '트레이더 샬럿과 와인 케이크 레시피'는 그녀를 열한 살 나이에 멈춰 두었고, 샬럿의 게티 박물관 동료들은 이것을 까먹지도 않으니 말이다.

---

* 일본어 '상'은 대상을 높이는 호칭으로 한국어로 '씨'에 해당한다. - 역자주
** 조를 이탈리아식으로 바꾸면 주세페(Giuseppe)이지만, 문화적인 느낌을 고려했다. - 저자주

마지막으로, 〈피어리스 플라이어〉에 썼던 것과 똑같은 19세기 삽화를 라벨에도 사용했다. 19세기에는 4색을 사용한 삽화가 거의 없었기 때문에 중고 서점에서 이런 삽화를 발견하면 특히 소중히 여겼다. 이들 삽화는 여러 커피 원두 캔('에스프레소 디 로마'의 로마 전경이나 '수마트라 만델링'의 인도네시아 그림)에 쓰였고, 아름다운 이집트 그림은 '차전자피의 비밀'을 장식했다. 장 건강에 좋은 제품을 이보다 더 낭만적으로 표현할 수 있을까? 제품에 쓰인 그림은 여행 경험이 풍부하고 교육 수준이 높은 고객들을 겨냥한 것이었음을 다시 한번 말한다.

자체 상표 제품의 놀라운 효과

자체 상표 제품이 성장함에 따라 이력履歷 현상 또는 자체 상표 제품 간의 피드백 고리가 생겨 성장에 더 추가적인 자극이 되었다. 한 제품에 대한 신뢰가 다른 제품의 구매로 이어진 것이다. 다음 장에서 보게 되겠지만, 나는 브룩스 브라더스의 전략처럼 자체 상표 제품 외에 다른 제품은 판매하고 싶지 않았다. 하지만 그것은 20년 동안 트레이더 조라는 브랜드를 구축하고 난 뒤 1987년에 뒤늦게 깨달은 것이었다.

15장

재고 정리
또는 보물찾기

벗들이여, 나는 화려하고 떠들썩한 잔치를 벌여
집에서 두 번째 결혼을 올렸지.
침대에서 오랜 불모의 이성을 쫓아내고
포도 넝쿨의 딸을 아내로 삼았네.

— 오마르 하이얌 Omar Khayyam

다시 말하지만, 우리는 와인이라는 문을 통해 식품의 세계(식료잡화가 아닌 식품)로 진출했다. 우리는 포도 넝쿨의 딸을 배우자로 삼았다.

진정한 제품 지식을 처음으로 획득한 것은 와인에 대해 배웠을 때였다. 그때의 배움은 그 후 식품 분야에서 우리가 하는 모든 일에 영향을 미쳤다. 와인의 가장 중요한 특징은 특정 수확기에 생산된 와인마다, 그리고 같은 해 수확된 포도로 만들었다고 해도 그 종류마다 개별적이고 독특하며 단절되어 있고 불연속적인 제품이라는 점이다. 불연속적이라는 말은 다른 것들과 다르며, 별개로 분리되어 있다는 뜻이다. 연속성과 반대되는 개념이다. 홀 어스 해리 시절 초기에 우리는 갤로 와인을 판매 중단했다. (적어도 그 시대에) 갤로 와인은 코카콜라처럼 연속적인 제품이었기 때문이다. 갤로 와인이 진열되어 있던 공간은 소규모 와이너리 제품으로 채웠다.

이러한 철학적 접근 방식 때문에 우리는 제품의 연속성을 강조하는 미국 소매업계의 주류와 충돌했다. 슈퍼마켓은 코카콜라를 홍보하면서 그것이 1세기 전 애틀랜타에서 개발된 비밀스러운 음료 제조법으로 만든 것이며, 원래는 코카인을 원료로 했지만 수십 년 전 코카인을 제거했고 '코카'는 그 기원을 보여주는 유물이라고 설명할 필요가 없다. 슈퍼마켓에서 광고해야 할 것이라고는 단지 '코카콜라'의 크기와 가격뿐이다.

슈퍼마켓 광고를 보라. 제품의 이름, 크기, 가격만 표시되어 있을 뿐 제품의 출처에 대해서는 거의 알 수 없다. 이것은 한편으로는 식료품점 스스로가 판매하는 제품의 출처에 대해 아무것도 모르는 데다가 개별적인 차이에 대해 문제를 제기하고 싶어 하지 않기 때문이기도 하다. 제품이 균일하지 않은데, 300개나 되는 슈퍼마켓 광고를 어떻게 진행할 수 있겠는가? 어떤 면에서 이것은 1962년 프론토 마켓에서 발견한 특대란의 애로 사항이었다.

1967년, 굿 타임 찰리는 교육 수준이 높아지면 대중이 세분화될 것이며 지금은 소수지만 점점 더 많은 사람이 남들과 똑같은 것을 소비하는 데 불만을 품게 될 것이라는 데 베팅했다. 말도 안 되는 행운으로 우리는 이 새로운 패턴에 딱 맞는 제품 분야를 우연히 발견했다. 바로 와인이었다. 와인은 본질적으로 연속성이 있는 제품이 아니기 때문에 미국에서 그다지 인기가 없었다. 와인은 단순히 설탕과 화학물질을 섞어서 똑같은 제품을 찍어내듯 만들 수 있는 것이 아니다. 코카콜라, 헌트웨슨Hunt-Wesson, 필스버리Pillsbury 등의 부티크 와인 붐을 이용하려던 모든 대기업이 1970년대 캘리포니아 와이너리에 잘못된 베팅을 해서 큰 손실을 입었다. 불연속성을 특징으로 한 제품은 그들에게 유리한 게임이 아니다. 여기에는 두 가지 의미가 있다.

1. 미국인들은 1930년 〈아모스 엔 앤디〉와 펩소덴트의 스폰서십(5장 참고) 이후로 하나의 브랜드를 선택하고 그것을 계속 고수하도록 길들여져 왔다. 이것이 미국인들이 치약과 케첩과 진을 구매하는 방식이다. 와인도 같은 방식으로 구매하고 싶지만, 계속 실패한다.
2. 이렇듯 제품에 내재된 불연속성 탓에 대중을 상대로 하는 판매업체는 와인을 판촉하기가 어렵다.

이것이 바로 와인의 88퍼센트를 미국인의 11퍼센트가 소비(2021년 기준)하는 이유 중 하나다(그리고 이들 중 대부분은 트레이더 조의 고객이거나 잠재 고객일 거라고 장담할 수 있다). 1990년대 후반의 와인 붐은 가장 불연속적이고 개별적이며 비싼 와인, 즉 펩소덴트와 가장 다른 와인, 대중을 상대로 하는 판매업체가 판매하기 가장 어려운 와인에 초점을 맞추고 있다. 갤로조차도 저렴한 대용량 와인(연속적)에서 소노마 같은 프리미엄 와인 산지에서 생산된 빈티지 와인으로 초점을 전환했다. 그러나 미국 내 1인당 와인 소비량은 1980년대 중반 이후 감소하고 있다.

와인에 대한 배경지식을 가지고 있었던 덕분에 우리는 불연속성을 특징으로 하는 여러 가지 음식을 좋아했으며, 기꺼이 받아들일 수 있었다. 트레이더 조 자체 상표로 판매되는, 수확 날짜가 적힌 옥수수 통조림과 메이플 시럽에 관해서는 이 전략이 잘 통했다. 하지만 브랜드 식품의 재고 정리 세일을 시작했을 때 정말 골치 아픈 일이 생겼다.

트레이더 조는 재고 정리 매장?

1971~1976년, 도매업체들이 줄줄이 파산하면서 온갖 와인이 헐값에 쏟아져 나왔고, 우리는 염가로 나온 와인을 한창 신나게 사들였다. 그때 경쟁 업체들이 트레이더 조에서 판매하는 제품은 모두 '떨이' 와인이라는 소문을 퍼뜨렸다. 로스앤젤레스에서 손꼽히는 와인 전문가는 "트레이더 조는 애크런Akron이 거부한 와인을 판다"고 비웃었다. (애크런은 저렴하지만 최신 스타일의 물건을 파는 할인점으로, 99센트짜리 와인을 판매했다. 나중에 파산했다.) 대다수 고객은 이런 말에 아무런 관심을 기울이지 않았지만, '재고 정리 매장이라는 이미지'는 굳어졌다. 우리는 맥더 나이프 시절 대규모 식품 프로모션을 진행하면서 이 이미지를 지우려고 딱히 노력하지 않았다.

맥 더 나이프 시기에 우리는 더 본격적으로 식품의 집중 구매에 나섰다. 그러자 제조업체의 재고 문제를 전문적으로 해결하는 중개상들이 우리에게 재고 정리 브랜드 식품을 팔아 보면 어떻겠냐고 제안해 왔다. 이런 제품은 일회성 재고 정리라는 점에서는 불연속적인 제품이다. 재고 정리에는 보통 세 가지 이유가 있다. 아이스크림 사업을 접은 사라리Sara Lee처럼 전체 제품 라인을 중지하는 경우, 리비스 페어패션 넥타Libby's Pear-Passion Nectar처럼 맛이나 사이즈가 인기가 없는 경우, 제조업체가 회계연도 말까지 재고 불균형을 해결해야 하는 경우다.

어떻게 이런 파격적인 할인이 가능했는지 궁금한가? 대부분의 대형 식품 제조업체에는 MBA를 나온 젊은 '제품 담당 책임자'가 있다. 이들은 '경력 사다리'를 따라 이동하면서, 처음에는 한 개 브랜드를 담당하다가 이후 여러 브랜드를 담당하게 된다. 이들은 종종 인기가 없는 레시피를 만들거나, 생산량을 지나치게 크게 잡는 등 대형 실수를 저지른다. 진퇴양난에 빠진 제품 담당 책임자는 재고 실수를 감추기 위해 부풀린 가격으로 광고 지면을 '구매'하고, 그 대가로 중개업체와 잉여 제품을 '물물교환'한다. 제품 담당 책임자는 물물교환이 만천하에 드러나기 전에 다른 제품 라인으로 자리를 옮기게 될 거라고 계산한 것이다. 우리가 한 거래는 대부분 '광고매체를 대가로 한 물물교환'이었다.

캔드 푸즈 그로서리 아웃렛, 맥프러걸스MacFrugals, 픽 엔 세이브, 오드 라츠Odd Lots, 99센트 스토어 등의 소매업체에 제공되는 것도 이와 같은 종류의 불연속적인 거래다. 우리는 이 제품들을 사들이기 시작했다. 이들은 가격 대비 가치가 높았을 뿐 아니라 미친 듯이 팔렸기 때문이다. 진짜 흥분은 냉동식품이 들어오면서부터 시작되었다.

트레이더 조와 캔드 푸즈 그로서리 아웃렛(나는 트레이더 조를 떠난 뒤 4년 동안 이곳의 자문위원으로 활동했다)이 미국에서 냉동식품을 취급하는 유일한 '재고 정리' 매장이었다!

더그 로치와 그를 이은 밥 존슨은 선풍적인 인기를 끈 냉동식품 판매 분야로 우리를 이끌었다. 서티 프레시Certi Fresh 해산물 앙트레, 사라 리 아이스크림, 존스턴 냉동 파이Johnston Frozen Pies, 아머 디너 클래식Armour Dinner Classics, 미세스 폴스 해산물 앙트레, 필즈버리 치즈케이크, 필즈버리 전자레인지 팝콘, 글로리아 밴더빌트 두부Gloria Vanderbilt Tofu, 퍼듀 코니시 게임 헨스Perdue Cornish Game Hens, 버짓 고메Budget Gourmet 앙트레, 프루센 글래드제Frusen Gladje 아이스크림, 브레이어스Breyer's 아이스크림 등이었다. 때로는 프로모션을 한 번 진행하는 데 100만 달러를 투자하기도 했다. 이것은 우리에게도 꽤 큰돈이었다. 한편으로 트레이더 조는 창고에 100만 달러를 묶어 둘 수 있는 몇 안 되는 소매업체 중 하나였다. 다시 한번 말하지만, 현금을 충분히 보유하고 있다는 점은 우리가 유력한 소매업체로 성장하는 데 핵심적인 요소였다.

하지만 이런 거래는 매우 불안했다. 〈피어리스 플라이어〉를 발행했는데 제품이 제때 오지 않을 수도 있었고, 제품은 도착했는데 유통기한이 지나 우리 쪽에서 받아들이지 않을 수도 있었다. 아니면, 우리가 광고했던 모든 맛이 실제로는 존재하지 않을 수도 있었다.

이 제품들은 본질적으로 연속성 있는 제품의 일회성 수량이라는 점에서만 불연속적이었다. 우리는 명백한 MSG, 식용색소 등을 피한다는 점에서 트레이더 조의 건강한 식품 기준을 준수하려고 노력했다. 그러나 때때로 우리가 시행하는 '실사'는 유망한 기업공개를 좇는 투자은행가의 실사와 비슷하기도 했다.

어쨌든 '트레이더 조 샘플러'에서 약속한 대로, 우리가 명성을 얻기 위해 비틀거리며 나아가던 과정에서 저지른 몇 가지 경솔했던 사례를 소개한다.

1. **유명 브랜드의 볼로냐**: 1977년, 르로이는 한 대형 육류 회사와 밀봉 포장이 잘못된 볼로냐 소시지를 공급받기로 특별한 계약을 진행했다. 나는 〈피어리스 플라이어〉의 1면 기사에서 이 제품에 대해 설명했다. 제품의 출처도 그대로 밝혔다. 우리는 깜짝 놀랄 만큼 저렴한 가격을 붙였다. 이 제품으로 손해도 봤지만 굴하지 않고 다음에는 유명 브랜드의 포장이 불량한 핫도그와 다양한 런천미트를 판매했다.

2. **재고 정리 비타민**: 1982년, 면도기 회사 쉬크Schick가 비타민 사업을 접었다. 우리는 쉬크의 비타민 재고를 사들였고, 1984년에는 비타민 사업에 실패한 카네이션Carnation의 비타민도 사들였다. 절대 그렇게 해서는 안 되는 일이었다. 트레이더 다윈 비타민 판매에 타격을 입었기 때문이다.

3. **한 사람을 위한 만찬**: 때로는 변명의 여지가 없는 일을 하기도 했다. 1984년, 한 사람을 위한 만찬Feast for One 고메 앙트레의 재고 상품을 사들였다. 하지만 광고를 보고 온 고객을 모두 만족시키기에는 수량이 너무 적었다. 그렇다고 〈피어리스 플라이어〉에 광고를 내지 않으면 팔리지 않을까 봐 두려웠다. 결국 비겁함이 승리했다.

이런 사례를 끝없이 늘어놓을 수도 있지만, 우울해지기만 할 뿐이다.

브룩스 브라더스 전략

1987년에 나는 몇몇 브랜드 냉동식품의 판촉 작업을 진행하면서 특히 끔찍한 경험을 한 이후 브랜드 재고 정리 식품을 판매하는 일에 열정을 잃기 시작했다. 그러다가 매장에 있는 1500개 SKU를 조사해 보았더니, 와인을 제외하고 약 80퍼센트가 상시 판매되고 있었다. 이들은 빵과 알타데나 유제품을 포함해 대부분 자체 상표가 붙은 제품이었다.

이 제품들은 품질 면에서는 차별화되었지만 초코칩 쿠키부터 블랙타이거 새우까지 공급에 있어서는 어느 정도 지속적이었다. 경쟁 업체들은 우리 제품을 모방할 수 있었지만 대량 판매의 잠재력(메이플 시럽)을 인식하지 못했거나, 다른 경쟁에 너무 몰두해서 우리를 따라잡으려 하지 않았다. 얄스베르그Jarlsberg가 좋은 사례였다. 슈퍼마켓들은 가뭄에 콩 나듯 그것도 주말에만 가격을 낮췄지만, 우리가 내놓는 가격으로 가격을 낮춘다면 얄스베르그의 판매 잠재력이 높다는 사실을 아주 잘 알고 있었다. 그러나 그들은 우리를 따라잡기에는 자신의 매듭에 너무 단단히 묶여 있었다.

1987년 11월, 바이어들에게 우리가 나아가야 할 방향의 틀을 설명했다.

1. "우리는 지속적인 제품을 원한다. 정신이 온전한 사람이라면 누구나 그럴 것이다. 요령은 고가의 이미지를 만들지 않으면서 수익성 있는 제품을 지속적으로 확보하는 것이다."
2. 이런 제품을 만들려면 적어도 직접적인 가격 비교를 피할 수

있도록 제품을 차별화해야 했다. 물론, 아몬드버터는 우리의 독점 제품이었기 때문에 땅콩버터 외에는 가격을 비교할 제품이 없었다.
3. 우리가 절대적인 구매 우위를 점하고 있는 제품. 예컨대, 트레이더 조는 미국에서 저렴한 보르도 블랑을 가장 많이 판매하는 곳이었다.
4. 나는 브랜드 제품의 '재고 정리' 판매를 계속하고 싶었다. 다만, 전체 매출 규모가 훨씬 커진 상황에서 재고 정리 판매를 이어나가고 싶었다. 그리고 늘어난 매출은 지속적으로 공급되는 자체 상표 제품에서 주로 창출되기를 바랐다. 다시 말해, 브랜드 제품의 프로모션이 절대적인 금액은 크지만 전체 매출에서 차지하는 비중은 작아지기를 바랐다.

상기한 트레이더 조의 향후 계획은 1987년 10월 주식시장 폭락의 그늘 속에서 작성했다는 점을 기억하라. 나는 앞으로 매우 힘든 시기가 올 것으로 예상했고, 브랜드 제품의 재고 정리 판매는 격동의 1980년대를 헤쳐 나가는 데 도움이 되었다.

나는 좀 더 지속적인 자체 상표 제품을 개발하려고 하는 이 전략을 간단히 '브룩스 브라더스'라고 불렀다. 브룩스 브라더스는 자체 제품만 판매하는 체인을 만들었고, 그 제품들은 가격 대비 품질이 뛰어났다.

브룩스 브라더스는 1970년대에 내리막길을 걷기 시작했다. 그 이유 중 하나는 미국인들이 옷을 입는 방식에 큰 변화가 생겼기 때문이다.

캐주얼이 트렌드가 되었다. 트레이더 조의 맥락에서 보면, 고객들이 정크푸드로 대거 이동하는 상황과 같을 것이다.

하지만 내 생각에 브룩스 브라더스가 몰락하게 된 가장 큰 이유는 가격 대비 품질에 대한 비전을 잃어버렸기 때문인 것 같다. 그 비전을 고수하는 한 (원래의) 브룩스 브라더스는 트레이더 조의 자체 상표 전용 매장에 대한 좋은 예라고 생각한다. 그저 자체 상표를 갖기 위해 자체 상표를 만들지 않는다면 말이다. 그러니까 '브룩스 브라더스'가 매장에 반바지를 구비해 놓기 위해 다리가 꼭 끼는 자키Jockey 반바지를 따라 하지 않는 한 말이다.

트레이더 조에서 보물을 찾아보세요!

캔드 푸즈 그로서리 아웃렛의 공동 소유주인 스티븐 리드Steven Read의 말을 빌리면, 재고 정리 매장에는 '보물찾기'를 하는 매력이 있다. 우리는 1970년에 와인 특가 상품을 판매하기 시작하면서 재고 정리 판매점의 이미지와 함께 '보물을 찾을 수 있다'는 이미지도 얻게 되었다. 식품의 떨이 판매는 매장에 진정한 흥분을 더했고, 고객들은 이런 흥분을 좋아했다. 운영하기도 힘들고 전반적인 평판에 그림자를 드리우기도 했지만, 식품 떨이 판매는 분명히 수익성 있는 매출을 창출했다. 브룩스 브라더스 같은 매장은 정말이지 지루해질 수도 있다!

16장

단단한 매장의 조건

**오! 이 단단하고 단단한 육신이 녹고 녹아서
한 방울 이슬이 되었으면!**

— 윌리엄 셰익스피어 William Shakespeare, 《햄릿 The Tragedy of Hamlet, Prince of Denmark》

매장에서도 그런 일이 일어날 수 있다. 매장은 단단하고 단단한 육신이 강도의 총알을 맞을 수 있는 곳이다. 단단하고 단단한 육신이 허리가 나가거나 내장이 탈장되는 곳이다. 단단하고 단단한 육신이 코카인에 관심을 돌리고, 도둑질을 시작하는 곳이다. 임금이 아무리 높아도 연방 소득세와 주 소득세, 사회보장세로 50퍼센트에 가까운 세금을 내고 나면 코카인처럼 비싼 습관을 가질 여유가 없기 때문이다. 그저 단단하던 육신이 노골적으로 흥분했던 1998년 6월에는 대법원이 성희롱 판결을 내렸다. 이 판결을 보고 나는 고용주로서 매장 상수도에 질산칼륨(가연성 물질과 섞이면 폭발한다)을 넣어야겠다는 생각이 들 정도였다(물론 그저 지나가는 말에 불과하지만).

　소매업체에 있어 인터넷의 매력은 분명하다. 11장에 나오는 소매업의 의미론적 정의에는 반드시 오프라인 매장을 보유해야 한다는 말은 없다. 하지만 유나이티드 파셀 서비스United Parcel Service, UPS와 페덱스FedEx가 배송 기술의 비약적인 발전을 이루기 전까지는, 적어도 식품 사업을 하려면 네 가지 온도를 유지할 수 있는 오프라인 매장이 있어야 한다. 매장이 상품을 물리적으로 수령하고 판매하지 않는다면, 그 모든 집중 구매, 자체 상표, 신중한 구매와 부주의한 구매, 통합 물류는 전부 다 쓸모가 없다.

그렇다면 어떻게 문제를 관리할 수 있을까? 관리의 핵심은 좋은 사람들이 있는 좋은 입지다.

매장의 위치와 크기

◆ **가게가 몇 개 있는가?**

우리는 전기와 배관 등 임차 건물을 개선하는 데 많은 투자를 했기 때문에 보통 15년 정도의 장기 임대차계약을 체결해야 했다. 이런 임차 결정은 갑자기 나쁜 일이 발생하더라도 되돌릴 수가 없다. 거리의 패턴이나 상권의 인구통계, 매장을 임차할 때 적용되던 법이 바뀔 수 있다. 공정거래법 덕분에 존재했던 주류 판매점을 생각해 보라.

> **사람들은 흔히 "이러이러한 시기에는 가게가 몇 개나 있었나요?"라고 묻는다. 이것은 잘못된 질문이다. 중요한 것은 매출이다. 예를 들어 1980년부터 1988년까지 가게 수는 50퍼센트 증가했지만, 매출은 340퍼센트 증가했다.**

나는 충분히 많은 매장을 보유해야 화재나 지진, 홍수 통제 프로젝트(1962년 컬버시티에 있던 프론토 마켓의 실패)로 인해 완전히 나가떨어지지 않게 대비할 수 있다고 생각한다. 하지만 내가 선호하는 방식은 몇 개의 매장을 가능한 한 멀리 떨어뜨려 놓고, 되도록 크게 만드는 것이다.

맥 더 나이프 시절에는 40~80킬로미터 떨어진 곳에 사는 사람들까지 끌어당길 수 있었다. 1983년 벤투라에 매장을 열었을 때는 매출의 30퍼센트가 산타바바라에서 온 고객들에게서 나왔다.

매장당 매출, 1제곱미터당 매출이 내가 살펴보는 지표다. 트레이더 조의 매출은 전체 면적 1제곱미터당 약 1만 달러였다. 슈퍼마켓의 면적당 매출 평균은 5700달러이지만, 이것은 전체 면적이 아닌 '판매 면적'을 기준으로 계산한 값이다. 그래서 차이가 있다.

'1제곱미터당 매출'을 계산할 때는 주의를 기울여야 한다. '판매 면적'은 창고 면적을 제외하므로 분모가 작아져 '1제곱미터당 매출'을 크게 보이게 하는 효과가 있다. 나는 창고 면적을 셈에서 제외하는 이유를 이해할 수가 없다. 창고가 필요하지 않다면, 애초에 왜 임차했는가? 미국에서 규모가 가장 큰 슈퍼마켓인 코네티컷의 스튜 레너드Stew Leonard's를 살펴보자. 스튜 레너드는 다른 곳에 유통 시설이 없기 때문에 대량의 물품을 쌓아두는 거대한 창고가 없으면 '판매 구역'은 아무 의미가 없다. 게다가 '판매 구역'의 한편에서는 우유를 병에 담는 작업도 진행된다! 평범한 매장에서조차 판매 구역과 창고 구역을 명확하게 구분하기는 어렵다.

상점이 너무 많다. 철회 불가능한 임대차계약이 너무 많다. 지리적

포화 상태가 지나친 수준이다. 이것들은 20세기 미국 소매 체인이 실패하는 이유를 밝힐 때 늘 되풀이되는 주제였다. 내가 스리프티 드럭을 맡았을 때, 650개 매장 중 절반은 문을 닫아야 한다고 판단했다. 1991년 캘리포니아에 있는 백화점이 대부분 파산했을 때, 1974년 W. T. 그랜트W. T. Grant가 파산했을 때, 1930년 렉솔이 현명하지 못한 임대차계약의 결과로 파산했을 때도 마찬가지였다.

1970년대 중반 맥 더 나이프를 시작한 이후 28년 동안 미국의 1인당 매장 면적은 2배로 증가했다. 1998년, 인터넷의 도전이 아직 요람기에 있을 때 1인당 매장 면적은 계속해서 최고치를 경신했다. 좀더 그럴듯하게 표현하자면, 매장 과잉은 사회자원을 잘못 배분하는 것이다. 이것은 분명 홀 어스 해리를 화나게 했다. 매장 밀도에 대한 문제는 조금 뒤에 다시 살펴보겠다.

여기에서 자랑하고 싶은 것이 있다. 우리는 30년 동안 풀타임 직원을 해고한 적이 한 번도 없다는 것이다. 계절적인 사업 변동은 풀타임 직원에게 초과근무 수당을 지급하고, 파트타임 시간을 조정해서 해결했다. 트레이더 조의 풀타임 고용이 안정적일 수 있었던 이유 중 하나는 신규 매장 오픈에 신중을 기하고 대형 매장을 고집한 덕분이었다.

◆ **핵심: 올바른 임대차계약을 맺은 대형 매장**

에인션트 매리너 리테일러스Ancient Mariner Retailers는 "크기가 모든 것을 해결한다"고 주장한다. 수익성 있는 규모라면 이 말이 맞다. 상황은 늘 가장 작은 매장에서 가장 나빠진다. 마치 자전거를 타는 것과도 같아서 속도가 빠를수록 더 안정적인 것이다.

대개 체인의 '정상 분포'는 실패한 매장이 20퍼센트, 그럭저럭 괜찮은 매장이 60퍼센트, 우수한 매장이 20퍼센트 정도로 이루어져 있다(스리프티 드럭의 분포 곡선은 심하게 편향되어 있어서 상위 5퍼센트의 매장이 이익의 60퍼센트를 창출했다). 실패한 매장은 어떤 대가를 치르더라도 무자비하게 버려야 한다. 왜 그럴까? 실패한 매장의 실제 비용은 경영 에너지를 깎기 때문이다. 사람들은 괜찮은 매장을 우수한 매장으로 키우기보다 실패한 매장을 수용 가능하게 만들려고 노력하면서 더 많은 시간을 쏟는다. 게다가 인사 문제가 가장 많이 발생하는 곳은 늘 실패한 매장이다.

트레이더 조의 입지 기준

첫 번째로, 소매업에서 성공하기 위한 필수 조건은 인구통계학적 일관성이다. 옷을 팔든 와인을 팔든, 모든 매장은 인구통계학적 특성이 동일한 지역에 있어야 한다. 우리가 인구통계학적으로 원하는 지역을 찾아보았을 때 교육 수준은 높고 소득 수준이 낮은 사람들은 남부 캘리포니아에 많았다. 그래서 대부분의 트레이더 조 매장은 롱비치 주립대학교, 캘리포니아 대학교 샌디에이고 캠퍼스, UCLA 등 주요 교육기관, 패서디나의 헌팅턴이나 롱비치 재향군인병원 등 병원, 대부분의 대학보다 박사 소지자가 더 많이 있을 맨해튼 비치의 TRW 등 첨단 기술 기업 근처에 위치했다. 두 번째로 중요한 고객 그룹은 은퇴자들이었다(노인은 주류, 사탕, 고섬유질 식품, 비타민의 최대 소비층이다). 따라서 실버타운과 이동주택 주차장에 특히 관심을 기울였다.

특정 위치의 잠재력을 어떻게 측정했는지, 기술적 세부 사항은 설명하지 않겠다. 기존 매장에서의 경험을 토대로 핵심 고객층이 충분히 있는 곳을 찾았다는 정도만 말해도 괜찮을 것이다. 가장 이상적인 곳은 로스앤젤레스 서부에 있는 매장 주변 상권이었다.

가장 피하고 싶었던 지역은 40만 달러짜리 집들이 들어서는 새로운 주택 지역이었다. 인구조사 자료에 따르면, 여기에 사는 사람들은 소득이 높다고 해도 가난한 사람들 중에서도 가난한 사람들이었다. 물론 소득은 높았다. 그래서 괴물 같은 주택담보대출을 받을 수 있었다! 이들은 주택담보대출에 묶여 있는 데다 자녀의 대학 학자금을 저축해 둬야 하기 때문에 코스트코나 월마트에서만 쇼핑할 수밖에 없었다.

나는 인구조사에서 소득 통계는 낮지만 주택담보대출을 다 갚고 아이들은 독립해서 집을 떠난 오래된 동네를 좋아했다. 이런 지역은 주거비와 임대료가 더 낮아 교육 수준은 높지만 소득 수준이 낮은 사람들에게 더 잘 맞았기 때문이다.

이와 관련해서 같은 우편번호를 쓰는 인구수보다 특정 지역의 가구수에 더 관심을 가졌다. 트레이더 조는 아이들이나 대가족을 위한 매장이 아니다. 성인 한두 명이면 충분했다.

나는 가구 수를 고려하고 1954년부터 캘리포니아 부동산 시장을 지켜본 경험을 바탕으로 위치의 적합성을 판단했다. 그리고 자동차를 몰고 가 그 지역을 철저히 파악한 뒤 결정을 내렸다. 중개인의 판난은 믿지 않았다. 진입로에 캠핑카와 고속 모터보트가 많이 보인다면, 그 지역은 더는 고려 대상이 아니었다. 화석연료를 많이 소비하는 사람들은 트레이더 조가 겨냥하는 고객 프로필에 맞지 않았기 때문이다.

컴퓨터가 도입되며 이용 가능한 통계가 획기적으로 업그레이드되었기 때문에 지금은 더 체계적으로 적합성을 판단할 수 있을 것이다. 그러나 교통 문제를 파악하기 위해 그 지역을 직접 '운전'해서 가보는 것만큼 좋은 방법은 없다. 밤에도 운전해서 가봐야 한다. 그리고 우리는 실제로 임대차계약을 체결하기 직전에 나나 동료 중 한 사람이 해당 장소를 다시 한번 운전해서 가보았다.

일반적으로 4만 가구 이하의 상권은 '핵심' 고객이 있을 것 같아도 고려하지 않았다. 따라서 6만 가구가 거주하고 있지만 66퍼센트만 '핵심' 고객이라고 판단된다면, 4만 가구의 임계치에 있다고 평가했다. 나는 로스앤젤레스 서부에 약 9만 개의 '핵심' 가구가 있다고 판단했다.

상권이 반경 거리로 결정되는 경우는 거의 없다. 이것은 말할 필요도 없는 사실이다. 상권은 지리적 장벽, 대로 접근성, 인구통계학적으로 타깃 고객이 있는 곳이 결정한다.

프론토 마켓 초창기에 내가 저지른 죄를 여기서 고백한다. 나는 풀러턴과 플라센티아 사이, 풀러턴 시에 속하지만 '플라센티아 대로'라고 이름 붙은 곳에 매장을 열었다. 그 위치를 라디오에서 어떻게 설명할 수 있을까?

두 번째로, 다수의 '우리' 고객들이 찾아올 수 있도록 대로 접근성이 탁월한 곳을 원했다. 쉽게 고속도로를 탈 수 있는 곳을 원하는가? 물론이다. 하지만 한 가지 걱정되는 점이 있다. 강도 사건은 고속도로 진입로에서 가까운 매장에서 가장 흔하게 발생한다. 도주하기가 쉽기 때문이다.

세 번째로, 되도록 독립적인 곳이 좋다. 공동 임차인은 트레이더 조 같은 최강의 팀에는 방해가 된다.

네 번째로, 우리는 로딩 독loading dock에 추가 비용을 지급할 의향이 있었다. 로딩 독은 트럭에서 짐을 싣고 내리기 편하도록 건물에 설치하는 구역이다. 로딩 독이 있으면 인건비와 산재보험료가 감소해 추가 비용을 회수할 수 있다. 하지만 독을 확보할 수 있는 곳은 많지 않다.

"이게 다인가요? 그렇다면 경쟁은 어떻게 하나요?"
"여러분, 경쟁자는 없습니다. 그래서 맥 더 나이프라고 부르는 것이지요!"

나는 프론토 마켓에서 일했던 경험 덕분에 오늘 경쟁이 없는 곳에는 내일 경쟁이 생길 것이라는 확신을 갖고 있었다. 드물게 지리적으로 경쟁자가 진입하기 어려운 위치이거나, 이보다 훨씬 더 드물지만 시 의회가 올곧게 상권을 보호해 주는 경우를 제외하고는 주변에 반드시 경쟁 업체가 생긴다고 가정해야만 한다.

해답은 경쟁자가 없는 매장을 설계하는 것이다. 그래서 맥 더 나이프는 뛰어나지 않은 SKU는 어떤 것도 취급해서는 안 되었다. 경영진은 〈서 푼짜리 오페라〉 속 맥히스 선장이 몰락한 이유가 경쟁 때문이 아니라 한 여자를 너무 많이 배신했기 때문이었음을 명심해야 한다. 즉 이 이야기를 우리 일에 대입해 보면, 한 고객을 너무 많이 실망시키면 매장의 모든 SKU를 다시 검토해야 할 거라는 뜻이다.

나는 1978년 이후로는 근처 슈퍼마켓, 주류 판매점, 친환경 식품 매장 등 그 어떤 곳도 신경 쓰지 않았다.

고객은 얻을 때는 한 명씩 얻지만, 잃을 때는 한꺼번에 잃는다.

그렇다면 매장 수에 대한 질문으로 다시 돌아가 보자. 매장을 얼마나 거리를 두고 배치할 것인가? 다음은 몇 가지 참고할 조건이다.

1. 상권 내에 라디오 광고비를 경제적으로 상쇄할 수 있을 만큼 매장을 열어야 한다. 신문 광고를 내지 않으므로 이에 대해서는 걱정할 필요가 없다. 인쇄 광고인 〈피어리스 플라이어〉는 우편으로 발송된다. 라디오는 송출되는 반경이 넓으므로 매장을 빽빽이 붙여 놓을 필요가 없다.
2. 한 지역에 충분히 넓은 직원 풀을 확보할 수 있을 만큼 매장을 연다. 이것은 캘리포니아 북부에 처음 매장을 열 때만 해도 정말 큰 문제였다. 이 문제 때문에 콩코드에 매장을 임차할 때는 위치 선정 규칙을 살짝 수정해야 했다(4만 가구 기준에는 약간 못 미치는 곳이었지만, 다행히 괜찮았다).
3. 매장 간 거리는 킬로미터가 아니라 운전 시간으로 측정해야 한

다는 것이 나의 원칙이었다. 매장 간 이동 시간은 20분 이상이어야 했다. 그렇게 해서 자기 잠식cannibalization 효과라는 끔찍한 일을 상당히 피할 수 있었다.

어떤 특정 상권에서 트레이더 조 매장을 더 낼 수 있었을까? 물론 더 낼 수 있었다! 우리의 손익분기점은 핵심 고객 1만 가구였기 때문이다. 다만 나는 초대형 매장을 원했다. 초대형 매장이 경영상의 문제가 가장 적다는 신조가 타당하다면, 초대형 매장을 운영하면 장기적으로 체인의 전반적인 건전성이 극대화된다(물론 신조가 타당하지 않다면 얘기가 달라지겠지만……). 먼저, 초대형 매장에서는 빵, 치즈, 유제품이 변질되는 일이 없다. 그다음으로는 한 주에 제품을 더 많이 납품받을 수 있으므로 품절이 줄어든다. 마지막으로, 제품을 박스 단위로만 배송받는 우리 정책을 고려하면, 대형 매장만 있음으로써 재고 회전율이 개선된다.

그래, 그렇다면 좋다. 얼마나 많은 상권에 진출해야 하는가? 회사의 문화를 보존할 수 있고, 물류에 문제가 없는 한 진출하라. 트레이더 조의 경우는 7장에서 설명했듯이, 주 경계를 넘으면 와인 프로그램을 진행하는 데 큰 문제가 있었다.

임대차계약 조건

'계속 운영' 조항이 있는 임대차계약은 절대, 절대, 절대로 체결하지 말라. 이 조항은 반드시 영업을 유지해야 한다는 뜻으로, 영업을 종료하지 못하고 계속 임대료를 지급해야 한다. 1992년 스리프티 드럭의 임대차계약을 체결하면서 나는 임대차계약의 절반 정도에 '계속 운영' 조항이 붙어 있는 것을 보고 경악을 금치 못했다. 1994년에 인계받은 악몽 같은 코스트 레스 마켓Cost Less Markets의 임대차계약에도 이런 자살 조항이 포함되어 있었다. 콜버그스Kohlbergs는 코스트 레스 마켓을 인수해 간 뒤 간단하게 그 블랙홀을 닫고 건물주에게 소송을 제기했다! 일부는 그렇게 하기도 했다.

40쪽 분량의 임대차계약서 양식은 1954년부터 1961년까지 렉솔의 법무팀에서 받은 임대차 관련 교육과 함께 렉솔에서 얻은 가장 소중한 자산 중 하나였다. 그 임대차계약서 양식은 렉솔의 말처럼, '임차인 중심'으로 작성되어 있었다. 이 계약서 양식이 없었다면 나는 절대로 렉솔이 당연히 여겼던 것들을 감히 요구하지 못했을 것이다. 물론 그중 많은 것을 포기해야 하긴 했다. 그러나 그 양식 없이 시작했을 때 얻었을 것보다는 더 많은 것을 얻었다.

다만, 실제 임대차계약 협상 업무는 트레이더 조를 시작하기 전인 1963년부터 레오 오르스텐Leo Orsten에게 '아웃소싱'했다. 제2차 세계대전 전후 체코슬로바키아에서 변호사로 일했던 레오는 임대차계약에 대해 유일무이하고 날카로운 시각을 가지고 있었다. 그의 협상 기술은 트레이더 조의 성공에 매우 중요한 요소였다. 나는 한 번도 임대인을 만난 적이 없었다. 이것이 우리 협상 전략의 일부였다.

우리 임대차계약의 중요한 조건을 모두 설명하기는 어렵다. 다만 우리는 현금이 풍부해서 임차 건물을 개선하는 데 필요한 비용을 아낌없이 지출할 수 있었다. 이것은 다른 경우였다면 목돈을 마련하고 지출까지 주의 깊게 감시해야 했을 임대인의 큰 부담을 덜어 주었다. 계약한 거의 모든 매장이 기존에 세워진 건물이었기 때문에 이 부분은 중요한 협상 포인트였다. 우리가 임차한 매장의 80퍼센트는 기존 건물이었다 (나무를 덜 벨 수 있어서 홀 어스 해리는 미소 지었다).

모든 매장은 최소한 약간이라도 수익을 보았다. 단 두 곳, 몬터레이 파크의 '지오데식 돔'(8장에서 힘들게 설명했듯이, 1971년 내가 지적 궤도에서 벗어난 선택을 했던 곳이다)과 15년 후 인구통계학적 특성이 급격히 바뀌어 역풍을 맞은 알함브라 매장은 팔아 버렸다.

매장 직원들에게는 충분한 보상을

내가 내린 가장 중요한 사업적 결정을 한 가지 꼽으라면, 그것은 직원들에게 충분한 보수를 지급하기로 한 것이었다. 채용되어 계속 고용을 유지하는 직원의 자질은 매장 운영 방식에 지배적인 영향을 미치므로 다른 문제는 더 이상 논의하지 않아도 될 정도다. 하지만 앞서 언급한 내용을 조금만 더 자세히 이야기해 보자.

다음의 세부 내용은 지나간 이야기이지만, 여전히 꽤나 인상적이다.

1. 1988년 캘리포니아의 가구 소득 중간값은 3만 2000달러였다. 트레이더 조의 풀타임 직원 평균 연봉은 성과급, 초과근무 수당, 추수감사절 3배 수당을 제외하고 3만 4000달러였다. 연봉

범위는 신입(90일 이내에 승진 자격을 얻어야 하고, 승진하지 못하면 퇴사해야 한다) 1만 8000달러부터 캡틴 4만 4000달러까지였다.

2. 캡틴은 정해진 급여에 이론적으로 한계가 없는 성과급을 추가로 받았다. 성과급은 트레이더 조의 전체 수익을 바탕으로 각 매장의 기여도에 따라 배분되었다. 물론 불공평하다고 인식되지 않도록 숫자를 조정하긴 했지만, 기본적으로 그런 시스템이었다. 1988년에 몇몇 캡틴은 기본급의 70퍼센트가 넘는 성과급을 받기도 했다. 15.4퍼센트의 퇴직 적립금은 기본급뿐 아니라 성과급에도 적용되었다! 나는 저민 볼로냐 소시지처럼 작게 조각난 성과급은 좋지 않다고 생각한다. 성과급 제도가 큰 보상을 약속하고 전달하는 것이 아니라면, 그것은 폐기되어야 한다. 급여는 절대적으로 높지만 성과급이 없는 마스 캔디Mars Candy Co.가 떠오른다. 성과를 내라. 그렇지 않으면 퇴사하라! 이런 제도가 성과급을 기본급의 5퍼센트 수준으로 지급하는 볼로냐 소시지 같은 성과급 제도보다는 훨씬 낫다.

3. 모두에게 자주 이야기하는 나의 이상은 캡틴이 사무실에 있는 경영진보다 더 많은 돈을 벌 수 있어야 한다는 것이다. 전통적인 체인점에서 점장들은 사무실에 앉아서 높은 연봉을 받으며 편하게 일하는 관료가 되기를 열망한다. 나는 처음부터 그런 열망을 없애고 싶었다.

4. 파트타이머. 단순히 근무시간을 기준으로 나누는 것 외에 이런 카테고리는 없다. 트레이더 조에는 대학원생인 파트타임

직원이 많았는데, 아마 이들이 몇몇 풀타임 직원보다 더 똑똑했을 것이다. 이들은 확실히 매킨토시 시스템을 설치하는 데 더 능숙했다. 최저임금이 4.35달러였던 당시에 우리는 종종 시간당 13달러를 지급했는데, 이것은 그들이 그만한 가치가 있는 사람들이었기 때문이다. 생산성 측면에서 풀타임과 파트타임을 구분하는 것은 잘못된 이분법이다.

1967년, 나는 경리부장이었던 데이브 요다와 함께 지금은 '휴가 은행The Leave Bank'이라는 이름으로 업계에 상당히 보편화된 제도를 처음 시작했다. 이 제도는 병가와 휴가를 구분하지 않는다. 또한 휴가를 사용하지 못했다고 해서 휴가 은행 계좌가 만료되지도 않는다. 나는 내가 만든 혁신 중 휴가 은행이 트레이더 조만큼이나 훌륭한 작품이라고 생각한다. 직원들은 병가를 적게 낼수록 휴가를 길게 쓸 수 있기 때문에 섭씨 39도나 되는 더운 날씨에도 억지로 몸을 끌고 출근한다! 휴가 은행이 있으면 결근이 없다! 그리고 시간이 아닌 달러로 표시되므로 훨씬 더 컴퓨터 친화적이다.

우리는 의료 및 치과 보험이 저렴했던 1960년대에 직원들에게 전액 건강보험을 제공하기 시작했다. 내가 트레이더 조를 떠날 무렵에는 직원 1인당 연간 약 6000달러를 지급하고 있었다! 왜 그랬을까? 직원들이 의료비 때문에 스트레스를 받으면 도둑질을 할 수 있기 때문이다. 이것이 트레이더 조가 의료 및 치과 보험을 관대하게 제공하는 이유 중 하나다. 반면에 생명보험은 아주, 아주, 아주 낮게 가입했다. 생명보험이 불충분하다고 도둑질을 하는 사람은 아무도 없다. 우리 보험 중개인들은 트레이더 조의 특별한 요구 사항을 훌륭하게 만족시켰다.

1963년에 도입한 가장 중요한 직원 복지 중 하나는 소득 보장 보험이었다. 내가 한 가장 똑똑한 일 중 하나였다. 이 제도는 직원이 장기간 병에 걸렸을 때 큰 걱정을 덜어 주었다.

마침내 트레이더 조가 유명해지자 직원들은 명성이라는 또 다른 보상을 얻기 시작했다. 트레이더 조의 일원이 되면 친구와 가족들로부터 즉각 인정받게 되었던 것이다.

좋은 직원이 곧 단단한 매장이다

굿 타임 찰리를 시작했을 때 나는 캡틴을 슈퍼 세일즈맨으로 구상했다. 매장 밖에서는 와인 시음 행사를 진행하고, 매장 안에서는 판매 업무를 하며 오랜 시간 일할 수 있다고 생각했던 것이다. 그것은 나쁜 생각이었다. 그래서 홀 어스 해리로 나아가며 이 구상을 폐기했다.

맥 더 나이프 시기에 들어와서는 직원들이 판매 행위는 전혀 하지 않기를 바랐다. 그저 매장을 계속 굴러가게만 하길 원했다. 이렇게 느긋한 태도는 강매하지 않는다는 라디오 광고처럼 트레이더 조를 이루는 '문화'의 일부였다. 고객이 알고 싶어 하는 것이 있다면 우리는 알려주려고 노력한다. 자기가 무엇을 원하는지는 누구보다도 본인이 가장 잘 판단할 수 있다.

우리는 제품 지식에 관해 깊이 있게 아는 풍토를 조성하고자 했다.

이를 위해 모든 캡틴과 배우자를 유럽으로 보내 3주 동안 독일, 스위스, 프랑스의 와인 및 치즈 산지를 둘러보는 그랜드 투어를 진행했다. 비용은 무척 많이 들었지만, 매우 생산적이었다. 추가 비용을 내면 자녀도 데리고 갈 수 있었다.

물론 일부 식사는 공급업체에서 제공하기도 했다. 하지만 그것이 전부였다. 밥 버닝, 르로이 왓슨과 내가 구매를 목적으로 유럽 출장을 갔을 때도 마찬가지였다. 아주 특별한 경우를 제외하고는 숙박비와 대부분의 식사 비용을 우리가 직접 부담했다. 우리는 공급업체가 쓰는 모든 비용이 우리의 즐거움이 아닌 제품의 질로 반영되기를 원했다. 물론 근사한 점심을 먹기도 했다. 하지만 그것은 어디까지나 프랑스의 기업 문화를 따른 것이었다. 점심을 아주, 아주 잘 먹는 것이 프랑스 영업사원들이 회사로부터 받는 보상 중 하나였다. 당신이 계속해서 피자를 고집한다면, 그들이 받을 보상을 빼앗는 것이다. (내가 그랬다. 아직 풋내기일 때였다!)

캡틴은 어떻게 평가하는가? 간단하다. 좋은 캡틴은 재고관리 상태가 좋다. 재고관리 상태가 나쁘다는 것은 보통 직원 절도를 의미한다. 빈틈없이 훌륭한 재고관리 상태는 늘 매장 운영, 특히 파트타임 직원의 교육과 훈련에 세심한 주의를 기울인 결과로서 얻어진다.

풀타임 직원 각자는 계산, 장부 정리, 코너에 주문 넣기, 재고 정리, 개점, 폐점, 은행 업무 등 매장의 모든 업무를 수행할 수 있어야 했다. 캡틴을 포함한 모든 직원이 하루 중 일부 시간을 계산대에서 일했다. 21장에서 설명하는 '인간의 인간적 사용'의 일환으로, 하루 종일 계산대에 갇혀 있는 사람은 아무도 없었다.

매장 직원들은 근속 기간이 길었다. 대부분이 파트타임을 거쳐 풀타임으로 승진했기 때문이기도 했고, 매장이 증가하는 속도가 느려 승진 기회가 많지 않았기 때문이기도 했다. 그런 점이 분위기를 망쳤을까?

뭐랄까, 어느 시점에서는 단지 새로운 직책을 만들기 위한 확장을 멈춰야 한다. 이 얼마나 말도 안 되는 확장 목표인가! 우리는 모든 풀타임 직원들의 급여가 높고 근무 조건이 좋았기 때문에, 오직 점장만 돈을 버는 일반적인 체인점만큼 승진의 매력이 크지 않았다. 게다가 트레이더 조의 비관리직 직원들은 적어도 대부분의 식품 외 일반 소매점의 매니저만큼 돈을 벌었다!

사무실에 있는 '스컹크'에 관해서는 이제부터 이야기해 보겠다.

사무실의 스컹크

우리는 구매와 판매를 제외한 모든 기능을 제거했다.
소매상의 본업인 상품을 사고파는 일 외의
모든 기능을 하지 않으려고 했다.

사무실은 이렇게 조직했다. 톰 피터스의《록히드의 스컹크웍스Lockheed's Skunkworks》에서 영감을 얻었다. 스컹크웍스는 하나의 프로젝트를 진행하기 위해 모인 그룹이다. 프로젝트가 완료되면 그룹을 해체하고 그룹원들을 다른 프로젝트로 이동시킨다. 나는 이렇게 임시적인 느낌을 갖게 해 조직을 느슨하게 유지하고 싶었다. 우리는 프론토에서 맥더 나이프까지 여러 단계를 거치면서 사람들을 계속 뒤섞었다.

본사 경영진은 세 부분으로 이루어졌다. 구매Buying(왜 'purchasing'을 사용하나, 음절만 많을 뿐인데)를 담당하는 스컹크웍스 I, 매장과 인사 업무를 포함한 영업을 담당하는 스컹크웍스 II, 회계를 담당하는 스컹크웍스 III이었다. 각 부서에는 이 이름을 적은 팻말을 걸었다. 내 사무실 문에는 '대장 스컹크'라고 쓰인 팻말을 걸었다.

임시적 사고방식을 더욱 촉진하기 위해 모든 직함은 프로젝트를 기반으로 했다. 밥 버닝 같은 구매 담당 책임자도 시니어 프로젝트 디렉터라는 직함을 가졌고, 지역 책임자 역시 시니어 프로젝트 디렉터라는 직함을 가졌다. 시니어 프로젝트 디렉터 다음 직급은 프로젝트 디렉터 등이었다. 결국 직원들은 직무 사이를, 심지어는 스컹크웍스 사이를 수시로 옮겨 다녔다. 직함은 곧 급여의 범위를 나타냈는데, 그 범위는 다소 좁았다. 진 펨버턴과 밥 버닝의 급여는 큰 차이가 없었다.

상위 13명이 본사 경영진의 성과급 풀에 속했다. 그들은 매년 성과급 풀을 어떻게 나눌지 투표했고, 보통은 고르게 나누기로 투표했다. 따라서 르로이는 더그 로치나 경리부장인 메리 제네스트와 같은 성과급을 받았다. 캡틴의 성과급 풀과 마찬가지로 경영진의 성과급 풀은 세전 이익을 바탕으로 산정되었으며, 캡틴의 성과급이 지급된 후 결정되었다. 성과급은 일반적으로 시니어 프로젝트 디렉터 연봉의 40퍼센트 정도로 두둑했다. 1988년에는 기본급과 성과급을 더해 12만 달러에 달했던 것으로 기억한다.

스컹크웍스 I: 구매

스컹크웍스 I, 구매에 대해서는 이미 충분히 설명했다. 구매야말로 맥 더 나이프가 정상에 오를 수 있었던 이유이므로 이 책에서 많은 분량을 할애했다. 지난 몇 년간 시니어 프로젝트 디렉터로 일했던 핵심 인물 3인은 밥 버닝, 더그 로치, 밥 존슨이었다. 이들은 르로이에게 보고서를 제출했다. 하지만 나는 매시간 직접 구매 업무에 간섭했다. 1977년 트레이더 조에 합류한 존 실즈는 사실상 트레이더 조의 총괄 상품 관리자는 조 쿨롬이라고 말할 정도였다. 르로이는 통합 물류 시스템도 담당했다.

스컹크웍스 II : 영업

많은 급여를 받는 데다 근무 기간도 길었기 때문에 트레이더 조에는 매장 운영에 관한 한 매우 유능한 캡틴들이 있었다. 물론 관리자들은 새 컴퓨터를 설치할 필요도 있었겠지만, 매장에서 가장 중요한 것은 사람, 즉 단단하고도 단단한 육체에 관한 문제였다.

우리가 지역 책임자라고 부르는 현장 관리자의 주요 업무는 야전병원 의사와 비슷하게 현장의 정신과 의사가 되는 것이었다. 그 수술실은 꽤나 유혈이 낭자했다. 10개가 넘는 매장의 인사 문제를 처리하면서 제정신을 유지할 수 있는 사람은 아무도 없다. 이것이 바로 '통제 범위span of control'의 문제다.

현장 정신의학의 일환으로 지역 프로젝트 디렉터들은 3장에서 말했듯이 6개월마다 직원들과 면담을 진행했다. 그들은 이 일을 싫어했지만 중요성은 잘 알고 있었다.

진 펨버턴은 여러 매장의 《M.A.S.H.》* 정신과 의사로서 오랜 세월을 근무했다. 그는 1958년 로열 크라운 콜라Royal Crown Cola를 그만두고, 프론토 마켓으로 오고 싶다며 나를 찾아왔다. 당시 그는 열여덟 살이었

---

* 한국전쟁에 종군한 의료인들의 이야기를 코믹하게 그려낸 소설이다. - 역자주

고, 이제 막 결혼한 새신랑이었다. 진은 처음 몇 해는 프로 소프트볼 투수로 커리어를 쌓기 위해 회사를 그만둬야 할지, 아니면 회사를 계속 다녀야 할지 고민했다. 진이 캡틴으로 몇 년을 보낸 뒤 나는 르로이에게 맡겼던 매장 감독 업무를 진과 지금은 고인이 된 프랭크 코노에게 넘겼다. 두 사람 모두 내게 직접 보고했다. 결국 나와 캡틴들 사이에는 조직적 '계층'이 단 한 겹이었던 것이다.

프랭크와 진에게는 프랭크 코노 경영대학원Frank Kono School of Management을 졸업한 존 엡John Epp, 러스 펜폴드Russ Penfold, 스티브 하로Steve Haro처럼 전투 경험으로 다져진 보좌관들이 있었다. 그리고 사무실에서 잠깐 근무한 뒤 캘리포니아 북부를 조직하기 위해 파견된 로빈 겐터도 있었다.

이 모든 일이 제대로 굴러가게 한 사람은 모든 지역 프로젝트 디렉터들과 함께 일한 로셀라 무어Rosella Moore였다. 그녀는 현장 관리의 진정한 핵심이자 비밀의 수호자였다.

설비 및 보수 관리, 시설을 담당했던 데이브 헤첼Dave Hetzel도 프랭크, 진과 함께 일했다. 엄청난 물류량과 무게 탓에 장비가 마모되고, 컴프레서가 터지고, 전원이 나가고, 바닥 배수관이 역류하고, 지붕이 새는 등 온갖 문제가 발생했다.

매장 관리의 일환으로 프론토 마켓 때부터 1년에 두 번, 여름과 크리스마스에 직원 파티를 열었다. 매장이 항상 운영 중이었기 때문에 파티는 이틀 밤 동안 열렸다. 그래서 모든 직원이 참석할 수 있었다. 파티는 언제나 우리 집에서 열렸다. 그러나 범죄가 기승을 부리고(20장 참고)

우리 집에서 파티를 열기에는 회사가 너무 커져서 할리우드 볼Hollywood Bowl, 1984년 월드컵 축구 경기장, 레스토랑 등 다양한 장소로 파티장을 옮겼다.

이 파티는 매장 직원들로부터 정보를 얻기에 훌륭한 기회였고, 모두를 응집하는 탁월한 방법이었다. 함께 일했지만 지금은 다른 매장에 있는 사람들, 지금은 사무실에 있는 사람들이 모두 모였다. 직원 파티는 때때로 터진 소매를 다시 고쳐 뜨는 데 도움이 되었다. 사교 모임을 장려하는 것은 직원들의 사기를 유지하는 데 보통 필수적인 요소다.

스컹크웍스 Ⅲ: 회계

이들은 두 가지 끔찍한 업무를 맡았다. 앞서 설명한 집중 구매 및 통합 물류 시스템의 회계 시스템을 운영하는 일과 매장에서 가져온 재고를 조정하는 일이었다. 특히 데이브 요다를 재무부장으로 임명한 뒤로는 그가 점점 늘어나는 막대한 퇴직금 계좌와 보험 정책, 임대 관리 업무에 집중하면서 회계 시스템 운영과 재고 조정 업무 대부분이 메리 제네스트에게 돌아갔다.

집중 구매를 점점 더 열심히 하게 되면서 트레이더 조의 원가 회계 시스템을 만든 사람들에게 특별한 공로를 돌리고 싶다. 우리는 회계 시스템에 대해서는 깊이 생각하지 않고 수직적 통합이라는 미지의 세계로 뛰어들었다.

예를 들어 홀 어스 해리 시기에는 견과류 부대를 구매해서 소비자들에게 판매할 작은 크기로 재포장하는 계약을 체결했다. 이를 위해서는 재포장하기 위한 봉지, 라벨, 상자가 필요하다. 나중에는 냉동 새우를 대량으로 구매해서 재포장했다. 전환율을 잘못 계산하면 회계장부가 엉망이 될 수 있다. 치즈 덩어리도 구매했다. 명목상으로는 한 덩어리당 18킬로그램이었지만, 실제로는 무게가 꽤 다양했다.

다이앤 테니스는 이런 복잡한 문제에 가장 처음으로 직면했다. 하지만 원가 회계 시스템을 제대로 기능하게 만든 것은 메리 제네스트였다. 메리는 회계 책임자로, 1987년에 경리부장으로 승진했다. 메리는 회계법인 피트 마윅Peat Marwick에서 우리를 담당하는 회계감사관 샌드라 베인Sandra Bane의 강력한 지지를 받았다. 샌디는 1980년대 초부터 회계 일을 그만둔 1998년까지 트레이더 조의 감사를 맡았던 똑똑한 여성이다. 샌디가 트레이더 조의 감사를 그만둬야 했던 이유는 서티파이드 그로서스의 CFO였던 남편 댄 베인Dan Bane이 트레이더 조 웨스트의 사장으로 채용되었기 때문이다(그 후 댄 베인은 트레이더 조의 사장이 되었다). 이들이 운용 가능한 회계 시스템을 만들지 않았다면 비용을 통제할 수 없었을 테고, 그러면 공급 측면의 문제가 저렴한 가격이라는 수요 측면의 매력을 심각하게 훼손했을 것이다.

하지만 매장 재고는 회사에서 관리가 가장 아슬아슬한 부분이었다. 우리는 소매 회계 시스템(스리프티가 통제되지 않았던 이유 중 하나는 이런 시스템이 없었다는 것이다)을 도입해 3개월마다 매장에서 도난이 발생했는지를 파악했다. 매장 재고는 가능한 한 빨리 조정해야 했다. 코로나에 이어 매킨토시를 들인 것은 재고관리에 비약적인 발전을 가져왔다.

매장 직배송을 전부 없앴을 때의 가장 큰 장점은 모든 제품이 소매가로 매장에 배송된다는 점이었다. 수령 문서에 비용이 표시되지 않았다. 이를 통해 기업에 대한 통제력이 크게 향상되었고, 절도 외의 서류 작업으로 생기는 '유령' 손실이 감소했다.

체인을 운영하면서 가장 많이 반복되는 드라마는 재고 조사 결과를 확인한 다음 문제를 직시하고 재고자산 감모를 '조정'할지 말지 결정하는 것이었다. 어쨌든 우리는 매출의 0.6퍼센트 정도로 재고자산 감모율을 낮췄고, 그 수준을 유지했다.

사고파는 일에만 집중하라

내가 트레이더 조를 떠나고 6개월이 지났을 때, 피터 드러커는 1989년 7월 25일자 〈월 스트리트 저널〉에 '우편물실을 매각하라Sell the Mail Room'라는 인상적인 글을 기고했다. 모든 경영자는 이 글을 마음에 새겨야 한다. 이 글은 1977년 맥 더 나이프 버전으로 전환한 이후 우리가 해왔던 일들을 설명한다. 우리는 구매와 판매를 제외한 모든 기능을 제거했다. 자체 유지·보수 인력을 없애고, 1970년대에 취득한 부동산을 거의 모두 매각했으며, 사내에 메인프레임 컴퓨터를 두지 않았다. 소매상의 사회적 본업, 즉 상품을 사고파는 일 외의 모든 기능을 하지 않으려고 했다.

드러커 박사의 말을 살펴보자.

사내 지원 업무는 생산성을 향상할 인센티브가 거의 없다. (…) 일을 잘해서 승진할 수 있는 것이 아닌 한 생산성은 높아지지 않을 것이다. 그리고 지원 업무의 생산성 향상은 지원 업무가 별도의 독립된 기업에서 행해졌을 때에만 가능하다.

이렇게 한 결과 트레이더 조의 본사 운영 규모가 줄어들어 기업을 더 쉽게 경영할 수 있게 되었다.

복식부기 소매업

호랑이여, 호랑이여 밤의 숲속에서
밝게 불타는 이여
어떤 불멸의 손 또는 눈이
감히 그대의 무시무시한 균형을 만든 것인가!

― 윌리엄 블레이크 William Blake

게임은 오직 당신의 돈이 떨어졌을 때만 끝난다.

― 로버트 애먼 Robert Amman

콜럼버스가 신대륙으로 항해를 떠나기 직전, 또 한 명의 이탈리아인 프라 루카 파촐리Fra Luca Pacioli는 자국에서 복식부기 회계 시스템을 만들어 사업을 하는 데 있어 혁명을 일으켰다. 이 시스템은 그 후 전성기에 서유럽 최대 은행이었던 메디치 은행Medici Bank에서 채택하여 완성되었다.

복식부기의 원칙은 원장의 왼쪽에는 현금·미수금·재고·기계·부동산 등 기업의 자산을 기재하고, 오른쪽에는 이러한 자산에 대한 재정적 청구권을 기재하는 것이다. 즉 공급업체의 청구권(미지급금), 정부의 청구권(납부할 세금), 은행의 청구권, 채권 보유자의 청구권, 마지막으로 소유주인 주주의 청구권을 표시한다. 복식부기 회계는 인류가 이룬 위대한 지적 진보 중 하나였다(그리고 500년 동안 저속한 농담의 재료가 됐다).

1966년, 아직 굿 타임 찰리 버전의 트레이더 조를 개념화하려고 노력 중일 때 스탠퍼드 경영대학원에서 강연 부탁이 들어와 그 내용을 준비해야 했다. 학생들에게 내가 씨름하고 있던 문제를 어떻게 설명할지 고민하던 중에 복식부기 회계에 빗대 보자는 생각이 들었다. 그리고 이것을 '복식부기 소매업Double Entry Retailing'이라고 부르기로 했다.

원장의 왼편에는 고객이 보는 관점에서의 사업을 적는다. 이것을 수요 측면이라고 한다. 원장의 오른편에는 이런 수요를 충족시킬 소매업체의 능력을 제한하거나 결정하는 요인, 즉 공급 측면을 적는다. 나는 1972년과 1975년에 호주 식료잡화 컨벤션에서 강연을 맡게 되었을 때 이 분석 방법을 더욱 발전시켰다. 이 분석 방법은 트레이더 조의 모든 변화를 헤쳐 나가는 데 헤아릴 수 없을 만큼 큰 도움이 되었다.

제조업이든 도매업이든 서비스업이든, 모든 사업에는 윌리엄 블레이크가 말한 수요와 공급 측면의 무시무시한 균형이 존재한다. 또한 모든 사업은 로버트 애먼이 말한 현금이라는 궁극적인 공급 측면의 제약을 받는다. 현금이 동나지 않는 한은 무시무시한 균형 안에서 무슨 일이든 할 수 있다. 설사 아무리 바보 같은 짓이라도 말이다.

소매업의 수요 측면은 다섯 가지 변수로 분석할 수 있다.

1. 판매하는 상품의 종류
2. 가격: 안정성(주말 광고?), 경쟁사 대비 가격
3. 편의성: 지리적 접근성, 매장 내부, 시간
4. 신용거래: 허용되는 결제 수단
5. 쇼맨십: 광고부터 매장 구조, 직원 청결에 이르기까지 고객과의 접촉으로 이어지는 모든 활동의 총합

다음은 공급 측면의 요인이다.

1. 제품 공급업체
2. 직원
3. 일하는 방식: '습관'과 '문화'
4. 시스템
5. 제품 외 공급업체
6. 임대인
7. 정부
8. 은행가와 투자은행가
9. 주주
10. 범죄

복식부기 회계와 마찬가지로, 한 요소가 변화하면 상응하는 다른 요소도 변화해야 한다.

예를 들어 지리적 편의성을 높이겠다는 결정(수요 측면)은 지급하고자 하는 임대료를 포함해 임대인(공급 측면)과의 정책 변경을 당연하게 수반한다. 바니스Barney's가 베벌리힐스에서 지리적 편의성을 제공해야 한다는 생각 때문에 얼마나 터무니없이 비싼 값을 치렀는지 생각해보라. 그후 이 결정은 바니스의 파산에 얼마나 큰 영향을 미쳤을까? 이것은 공급 측면의 실패를 대가로 수요 측면의 성공을 거둔 것인가?

공급 측면의 요인인 정부를 살펴보면, 캘리포니아에서는 오전 2시부터 오전 6시까지 주류를 판매하지 못한다. 따라서 수요 측면(시간, 편의성)에서는 타당한 24시간 주류 판매점은 공급 측면 때문에 타당하지 않다. 24시간 주류를 판매한다면, 정부가 당신을 교도소에 넣을 것이기 때문이다.

위의 목록은 다른 업종에서도 크게 다르지 않다. 유통업을 다른 업종과 구별 짓는 특징은 고객(수요자 측면)은 엄청나게 많은 데 비해 공급자는 몇 명뿐이라는 무시무시한 균형의 비대칭성이다. 정부 방위산업체와는 정반대다.

이렇게 한쪽으로 기울어진 상황 때문에 소매업자는 '설득'해야 하는 대상이 고객만 있는 것처럼 행동하게 될 수 있다. 이것은 큰 실수다. 소매업자는 공급 측면에 있는 사람들도 설득해야 한다.

이어서 19~20장에서는 복식부기 접근 방식을 확장해 보겠다. 테니스 경기를 보는 것과 비슷하지만, 고개를 좌우뿐만 아니라 위아래로도 움직여야 한다. 가장 중요한 결정 중 몇 가지는 수요 측면 내에서 또는 공급 측면 내에서 이루어지기 때문이다. 맥 더 나이프 시절에 했던 가장 중요한 결정은 저렴한 가격을 확보하기 위해 제품 종류의 폭을 줄이기로 했던 수요 측면 안에서의 결정이었다.

다음 두 장을 읽다 보면 목이 뻐근해질 수도 있겠지만, 30년 동안 내가 그랬듯이 하루도 빠짐없이 사업체를 운영하는 것이 어떤 것인지 느껴 볼 수 있을 것이다.

19장

소매업의 수요 측면

미터법이 참이고 애버더포이스법이 거짓인지 묻는 것, 혹은 데카르트 좌표가 참이고 극좌표가 거짓인지 묻는 것도 마찬가지다. 어느 하나의 기하학이 다른 기하학보다 더 옳은 것일 수는 없으며, 단지 더 편리할 뿐이다. 기하학은 옳은 것이 아니라 편리한 것이다.

— 로버트 피어시그 Robert Pirsig, 《선과 모터사이클 관리술 Zen and the Art of Motorcycle Maintenance》

여러분도 소매업의 수요 측면이라는 '기하학'을 편리한 것이지만 언제나 반드시 참은 아니라는 관점으로 이해하길 바란다.

갖춰 놓는 제품 종류

소매업자가 갖춰 놓는 제품 종류에 대해 고객에게 하는 몇 가지 분명한 약속은 다음과 같다.

◆ **가장 다양하고 완벽한 제품 구색**

굿 타임 찰리 시절 우리가 '주류'에서 추구하던 전략이었다(무려 70종의 버번 브랜드를 갖춰 놓았다). 하지만 맥 더 나이프가 추구하는 전략은 이런 것이 아니다.

실제로 트레이더 조처럼 SKU를 제한적으로 가져가는 소매업체가 마주하는 가장 큰 경영상의 문제는 '새로운 제품을 진열할 공간을 마련하려면 어떤 SKU를 버릴 것인가?'다. 우리는 대개 매출 규모를 기준으로 결정했다. 완전한 구색을 갖추기 위해 노력하지 않았다. 직원들에게 이해시키기 가장 어려운 개념 중 하나였다. 우리가 현저한 경쟁력을 가질 수 있고 충분한 수익을 올릴 수 있는 제품이 아니라면 설탕, 소금, 밀가루, 미세스 페니스 화이트 소스 Mrs. Penny's White Sauce 등을 판매하지 않았다. 예를 들어 훌륭한 통밀가루를 좋은 가격에 판매하려고 했지만, 이 제품은 면적당 창출하는 가치가 너무 낮아서 매장 공간을 차지할 당위성을 갖지 못했다.

취급할 수 있는 제품 범위를 정하는 실질적인 한계는 우리의 제품 지식이었다. SKU를 제한적으로 가져가는 소매업체의 가장 큰 장점은 판매하는 제품에 관해 모든 직급의 직원들이 깊은 지식을 갖출 수 있다는 것이다. 즉 공급 측면의 요소에서 장점이 생긴다.

하지만 뛰어난 경쟁력을 가지는 것(맥 더 나이프의 기본적인 목표)이 불가능했던 제품 카테고리가 있다. 바로 청량음료, 맥주, 담배다. 이 제품들은 모두 무한한 공급이 가능하다.

소매업의 공급 측면에서 설명하겠지만 코카콜라, 버드와이저 등은 제품을 우리 물류창고로 배송하지 않겠다고 주장했다. 그것은 매장 직배송을 금지하는 우리 정책에 반하는 것이었다. 설사 코카콜라와 버드와이저가 창고 배송을 받아들였다 하더라도, 이 제품들에서 우리가 경쟁력을 가지려고 한다면 판매 수익을 얻을 방법이 없었다. 이것도 우리 정책에 어긋나는 점이었다. 나는 직원들이 더 이상 이런 제품이 필요하지 않다는 사실을 스스로 납득할 수 있을 때까지 캡틴의 주장에 따라 코카콜라와 버드와이저를 일반 가격으로 매장에 진열해 두었다. 설상가상으로 이 제품들은 매장에 남아 있으면서 우리의 전반적인 가격 이미지를 손상시켰다. 트레이더 조는 1985년부터 더 이상 이 제품들을 취급하지 않게 되었다.

내 인생에서 가장 만족스러운 날 중 하나였던 바로 그날, 담배도 판매 중단했다. 나는 담배에서 경쟁력을 갖고 싶지 않았다. 담배에서 경쟁력을 갖출 수 있는 유일한 방법은 가격을 대폭 내리는 것뿐이다. 공급 측이 무한한 제품에서 가격을 폭락시키면, 그 게임에는 바닥이 없다. 이것은 각각의 SKU는 수익성이 있어야 한다는 내 원칙에 위배된다. 한편으로는, 퇴근하고 밤에 집에 돌아가서 그날 담배 1000갑을 팔았다고 자랑하고 싶지 않았다. 홀 어스 해리는 담배 판매 중단에 미소를 지었다.

담배 판매 중단은 열광적인 반응을 불러일으켰다. TV 뉴스 채널 등에서 인터뷰를 하기도 했다. 대중의 반응은 매우 긍정적이었는데, 심지어 흡연자들까지 긍정적인 반응을 보냈다.

담배를 취급하지 않음으로써 덤으로 얻는 효과도 있었다. 절도범들의 발길이 뚝 끊긴 것이다. 대부분의 절도범은 지붕을 통해 침입해서 훔친 물건을 들고 왔던 길로 나간다. 그래서 무게당 가치가 가장 큰 담배가 절도의 대상이 되기 쉽다.

때로는 판매하지 않음으로써 차별화될 수도 있다. 우리는 지그재그 페이퍼가 이제는 담배를 마는 용도로 팔리지 않는다는 사실이 분명해지자 이를 가장 먼저 판매 중단한 소매업체 중 한 곳이 되었다. 또한 여자의 나체 사진이 많이 나오는 잡지를 판매하지 않게 된 일도 기뻤다. 사실 잡지 판매는 굿 타임 찰리가 궤도에 오르는 데 큰 버팀목 역할을 했다. 그러나 나는 우리가 판매하는 잡지 종류를 검열하라고 요구하는 학부모회와 여러 차례 논쟁을 벌여야 했다. 검열을 좋아하지도 않지만, 〈플레이보이〉와 헬렌 걸리 브라운 Helen Gurley Brown의 〈코스모폴리탄 Cosmopolitan〉의 차이를 밝혀낼 방법도 없었다.

그러다가 한 신부님으로부터 정중한 편지를 받았다. 그는 언제나 트레이더 조에서 와인을 구입했지만, 줄을 서는 동안 잡지 표지(〈코스모폴리탄〉?)를 봐야 하는 것이 싫다고 편지를 보내왔다. 그래서 우리는 여기서는 설명하지 않겠지만, 공급 측면에서 안 좋은 기능을 하던 잡지를 전부 다 없애 버렸다.

가장 버리기 어려웠던 품목 중 하나는 다양한 캘리포니아 부티크 와인이었다. 내가 트레이더 조에서 보낸 마지막 해였던 1988년까지 우리는 약 250여 종의 와인을 보유하고 있었다. 문제는 고객보다도 대부분이 와인의 으뜸가는 판매업자로서 20년간 근무해 온 직원들이었다. 직원들은 오래된 와이너리와의 오랜 관계를 잃는다는 상실감을 느꼈고, 편안한 지식 기반을 갖고 있던 제품군이 사라진다고 느꼈다. 따라서 이 문제는 원래부터 직원 사기라는 공급 측면의 문제였으며, 그렇게 다뤄졌다.

◆ **독점 판매**

굿 타임 찰리 시절 우리는 (공정거래법이 적용된) 특정 캘리포니아 부티크 품목의 독점 판매처가 되기 위해 노력했다. 그러나 독점 판매는 이내 깨졌기 때문에 우리의 노력은 어리석은 일로 판명되었다. 나는 공정거래법이 종료되자 이 치열하고 무의미한 경쟁에서 벗어날 수 있게 되어 기뻤다.

◆ **최초 또는 최신**

우리는 시즌 첫 피스타치오, 말린 과일 등을 반복적으로 판촉했다. 하지만 실제로 이런 제품들의 판매를 견인한 것은 바로 가격이었다. 예를 들어, 11월에 보졸레 누보 Beaujolais Nouveau*를 사는 사람이라면 누구나 다 아는 사실이 있다. 이 와인이 엄청난 비용을 들여 수입된다는 점이다. 트레이더 조는 늘 1월에 해상 컨테이너가 도착할 때까지 기다렸다가 11월 도착 가격의 3분의 1 수준으로 누보를 판매했다.

적어도 의류 업계에서 유행은 '최초 또는 최신'에 속하는 매력이 될 수 있지만, 이것은 제품을 선택하는 트레이더 조의 기준을 너무 피상적으로 파악한 것이다. 유행fashion은 '만들다'라는 뜻의 라틴어 'facere'에서 나온 단어로, 실제 기초는 없이 외형만 있는 것을 의미한다(아마도 형태를 잡는 여성용 속옷은 제외해야겠지만). 물론 와인, 특히 고급 와인은 유행 중이다. 건강한 식품도 마찬가지다. 그러나 우리는 이러한 파도가

---

* 그해의 첫 보졸레 와인으로, 11월 셋째 주 목요일에 발매된다. - 역자주

정점에 도달하기 훨씬 전부터 그 위에 올라타 있었고, 부침이 계속되는 동안에도 포기하지 않았다. 우리의 와인과 건강한 식품 판매는 이 제품들에 대한 진정한 믿음에서부터 시작된 것이었다.

와인의 경우 그 효능을 밝히는 의학적 증거가 점점 더 늘어나면서, 와인에 대한 우리의 믿음은 정당성을 확보하게 되었다. 하지만 그것만으로 우리의 믿음을 다 설명하지는 못했다. 우리는 와인을 약으로 판매한 것이 아니라 삶의 질을 높이는 요소로서 판매했다. 1991년 CBS 프로그램 〈60분60 Minutes〉에서 프랑스인의 역설에 대해 방영한 뒤 미국인들의 와인 소비는 화이트와인에서 레드와인으로 크게 전환했다. 프랑스인의 심장 질환 사망률이 낮은 이유로 레드와인을 언급한 이 프로그램 이후 레드와인 판매량은 150퍼센트 증가했다. 미국인들의 소비 행태가 바뀌게 된 것은 생선과 닭고기를 포함한 대부분의 음식을 더 맛있게 만드는 레드와인의 미식적 능력을 깨달아서라기보다는 다소 엉뚱한 의학적 이유에서 비롯된 것 같다.

많은 자칭 경쟁 업체들이 이해하지 못하는 사실 하나는 트레이더 조는 '미식가들을 위한' 어려운 식품을 판매하는 매장이 아니라 오일, 빵, 치즈, 커피, 생선 통조림, 견과류, 잼, 초콜릿 등 기본적인 식품을 판매하는 매장이라는 점이다. 물론 이렇게 기본적인 카테고리 내에서도 트렌드가 나타났다 사라진다. 예를 들어 홍화유와 해바라기유는 고밀도 지질단백질HDL을 낮춘다는 이유로 더 이상 선호되지 않는다. 올리브유, 카놀라유, 포도씨유가 트렌드다. 하지만 이러한 변화는 근거 없는 '유행'이 아니라 의학적 연구 결과에 입각한 것이다.

오히려 나는 바이어들에게 너무 잘 팔려서 다른 제품을 취급 중단해야 할 정도의 기본 제품을 매년 일정 수 이상 찾으라고 요청했다. 예컨대, 1500개의 SKU 중 400개는 와인, 100개는 베이커리, 75개는 치즈여야 한다는 필요조건이 없었다. 카테고리별로 정해진 SKU 개수도 없었다. 다양한 종류의 사과주스가 매장의 모든 공간을 차지한다고 해도 괜찮았다. 특히 각각의 사과주스 SKU가 그 자리에 원래 있던 제품보다 더 많이 팔린다면, 그것은 더더욱 괜찮았다. 적어도 이것이 내가 직원들에게 강력히 주장하는 것이었다. 아무리 이렇게 말해도 재고가 사과주스로만 채워지는 일은 없을 것이다. 유일한 할당량은 냉장 보관해야 하므로 어쩔 수 없이 배정된 물량뿐이었다. 냉장 및 냉동 보관할 수 있는 공간은 정해져 있었고, 우리는 여기를 계속 채워야 했기 때문이다.

1989년 내가 트레이더 조를 떠난 뒤 치즈는 높은 지방 함량 때문에 대중에게 인기를 잃었다. 매출이 감소했기 때문에 트레이더 조는 치즈 종류를 적절히 줄였다. 치즈가 있던 냉장 공간은 이제 여러 가지 다른 냉장 제품으로 채워졌고, 이 제품들도 결국에는 그 자리에 계속 존재해야 할 정당성을 확보해야 했다.

내가 트레이더 조를 떠난 이후 바이어들은 (소팔메토 saw palmetto, 징코 빌로바 gingko biloba 등의) 비타민과 미유米乳, 두유, 코코넛밀크 등의 대체 우유와 같은 주요한 흐름을 아주 잘 따라갔다. 대체 우유는 미국 문화에서 아시아 문화의 영향력이 커지는 것을 반영한 것이지 '유행'은 아니었지만 말이다.

◆ 제품의 물리적 상태

'동네에서 가장 차가운 맥주', '레일에 매달아 드라이에이징 한 소고기', '사진 필름—냉장 보관'이라고 홍보하는 일부 소매업체들이 있다. 그러나 우리는 치즈, 비타민, 견과류, 건과일의 판매 속도가 너무 빨라 재고 회전율이 낮은 경쟁 업체의 물건에 비해 당연히 더 신선하다는 점 외에는 달리 무엇을 주장하지 않았다.

트레이더 조를 향한 비판 중 가장 자주 제기되는 문제는 온도가 통제되지 않는 곳에 와인을 진열한다는 점이었다. 우리도 이 부분을 인정한다. 이것은 선택의 문제다. 사람들은 대부분 통제된 온도에서 파는 비싼 와인보다 온도는 통제되지 않더라도 더 저렴한 와인을 선호했다. (공급 측면의 제약으로는 특수한 에어컨 시설을 설치·유지하는 데 비용이 든다는 점 외에도 와인 코너를 물리적으로 분리했을 때 도난 등의 위험이 있다는 문제가 있었다.)

신선하다는 것은 소비자에게 엄청난 호소력이 있다. 홀 어스 해리가 매장에서 착즙한 오렌지주스를 출시했을 때 수요 측면에서는 큰 성공을 거뒀다. 하지만 이것을 관리하는 일은 정말이지 악몽 같았다. 신선한 오렌지주스를 판매할 때 공급 측면에서 다음과 같은 문제가 있었기 때문이다. 먼저 오렌지는 1년 동안 단맛의 변화가 컸다(예컨대 발렌시아 오렌지는 맛있지만 4개월만 먹을 수 있고, 네이블 오렌지주스는 24시간이 지나면 쓴맛이 난다). 껍질에서 나오는 쓴 즙이 주스에 들어가지 않도록 직원들이 기계의 압착 정도를 너무 세게 설정하지 않게 해야 했다(압착을 강하게 할수록 오렌지 한 상자당 '생산량'은 높아진다). 게다가 남은 껍질은 도

대체 어떻게 처리할 것인가? 그래도 우리는 무려 12년이나 이 문제를 품은 채 판매를 계속하다가 중단했다. 그저 그것이 우유를 유통하는 데 도움이 되었기 때문이다. 더 이상 착즙 오렌지주스를 팔지 않겠다고 발표하던 날, 캡틴들은 환호성을 질렀다.

우리가 여러 해 동안 고생했던 또 다른 '신선' 프로젝트는 만들어 파는 샌드위치였다. 매장에 치즈 코너를 마련한 뒤 샌드위치를 만드는 데 필요한 모든 장비를 갖추고 보건부 허가를 받았다. 그러나 제조 기술을 완벽하게 습득하지는 못했다. 기본적인 문제는 우리가 이 분야에서 경쟁력을 가질 수 없다는 것이었다. 결국, 샌드위치 제조 판매를 포기해야 했다.

트레이더 조에서 계속 유지한 '즉석 제조'로는 매장에서 치즈를 자르는 것과, 장비가 고장 났을 때 견과류와 건과일을 포장하는 것뿐이었다. 이것은 오렌지주스처럼 수요 측면을 끄는 힘이 굉장했다. 특히 도마에서 갓 자른 치즈를 시식하게 했을 때는 효과가 더욱 두드러졌다. 이러한 현장 활동이 만들어 내는 '극적 효과'도 마음에 들었다.

내가 트레이더 조를 떠난 지 약 3년 뒤 후임자들은 즉석에서 치즈를 잘라 주는 서비스를 접었다. 그들의 결정이 유감스럽지만, 이유는 이해한다. 치즈 코너는 인력이라는 공급 측면의 요인이 큰 문제였다. 아무도 치즈 코너에서 일하고 싶어 하지 않았다. 정말 최고의 캡틴을 제외하고는 캡틴들은 남녀를 불문하고 치즈 코너에서 일하는 것을 시간 낭비라고 여겼다. 그래서 이 일은 '치즈 걸스'가 맡게 되었다. 치즈 코너는 매장 내의 카스트 제도를 만들고 있었다! 내가 트레이더 조를 떠날 때

이 문제는 점점 커지고 있었다. 따라서 왜 더 이상 매장에서 치즈를 자르지 않는지 이해가 간다.

◆ 소매업체의 제품 심사

"……에 대한 실험실 테스트 결과." 우리는 식품과 와인에 대한 블라인드 테스트를 진행하고 그 결과를 〈피어리스 플라이어〉에 상세히 보고했다. 그리고 이것을 기반으로 사업을 구축했다. 내 생각에 고객들도 우리의 테스트 결과를 인정했던 것 같다. 사실 제조업체의 주장을 검증하기 위해 독립적인 연구기관에 제품 샘플을 제출한 적도 있었지만, 그 결과를 공개한 적은 거의 없다.

◆ 긍정적 부정

"우리는 MSG가 함유된 제품이나 동물 실험을 거친 제품은 판매하지 않습니다." 이것은 건강한 식품 사업에서 매우 중요한 요소이며, 우리는 이 점을 날마다 강조했다.

◆ '항상 재고 있음' 또는 레인 체크*

하! 우리는 "물건이 있을 때 구매하라"고 고객들을 부추기기 위해 재고가 부족하다는 점을 강조했다. 와인을 구매하러 한 무리의 고객이 밴

---

* 사려고 하는 물건의 재고가 없는 경우, 나중에 물건이 들어오면 우선해서 물건을 살 수 있는 권리를 뜻한다. – 역자주

을 타고 나타나곤 했는데, 그들은 구미가 당기는 와인을 한 병씩 사서 밴에서 시음한 후 매장으로 다시 돌아와 마음에 드는 와인을 박스째 사 갔다. 이런 일이 항상 일어났다.

다양한 제품 종류가 정답은 아니다

소매업자는 SKU를 보유하는 기준에 따라 두 유형으로 나뉜다. SKU가 4000~5000개 미만인 유형과 2만 5000개 이상인 유형이다.

SKU를 적게 가져가는 유형에는 코스트코가 있다. 미국에서 규모가 가장 큰 슈퍼마켓인 코네티컷의 스튜 레너드Stew Leonard's는 SKU를 850가지만 취급한다. SKU를 많이 가져가는 유형으로는 모든 슈퍼마켓과 체인 드럭스토어, 월마트 등을 들 수 있다. 흥미롭게도 SKU를 '2만 5000개 이상' 취급하는 소매업체들은 어떤 부문에서도 자신들이 구비해 놓은 제품 종류가 더 우수하다는 주장을 거의 하지 않는다.

SKU에 따라 소매업체를 다음과 같이 둘로 나눌 수도 있다. 특정 브랜드와 유형의 제품을 반드시 취급해야 한다고 생각하는 유형(대부분의 체인점)과 고객에게 가치를 제공하고 소매업체에 수익을 가져오는 것이 아닌 한 반드시 특정 브랜드나 유형의 제품을 취급할 필요는 없다고 생각하는 유형(코스트코, 스튜 레너드, 트레이더 조)이다.

일반적으로 트레이더 조는 맥 더 나이프가 추구하는 방향에 맞는 식품류를 판매해 왔지만, 신선한 과일과 채소로 판매 범위를 확대하고자 했다. 나는 프론토와 트레이더 조에서 일했던 30년 동안 농산물을 판매하려고 고심했지만 성공하지 못했다. 그러다가 1990년대에 새로운 플라스틱 필름과 진공 포장법이 개발되면서 트레이더 조는 처음으로 농산물을 판매할 수 있게 되었다. 오늘날에는 캘리포니아의 슈퍼마켓에서 판매되는 양상추 가운데 절반 이상이 미리 잘라서 비닐봉지에 밀봉한 형태의 제품이다. 아내는 이것을 '주부의 복수'라고 부른다.

가격 책정의 네 가지 기준

가격 책정에 있어서는 네 가지를 고려했다.

첫째, 매장 내 가격 안정성. 제한된 기간(보통 주말)에 가격을 인하하고 이를 광고하는 전통적인 소매업체가 있고, 코스트코나 트레이더 조처럼 단일가 정책을 시행하는 소매업체가 있다. 백화점, 슈퍼마켓, 체인 드럭스토어는 전적으로 첫 번째 방식을 따른다. '우리는 절대 가격을 바꾸지 않는다'는 원칙은 트레이더 조 성공의 핵심 기반 중 하나였다. 우리는 야바위 놀음을 하지 않는다.

둘째, 가격 수준과 경쟁 업체. '가격 비교 광고'가 역대 최고 수준이다. 소매업체, 특히 전자제품 분야의 판매점들은 가격을 경쟁 업체 수준까지 낮추거나 그보다 더 낮게 제시하는 곳이 많다. 그러나 내가 보기에 이러한 정책은 좀 어리석다. 시장 측면에서 적정하다고 생각하는 제품 가격을 책정하고, 이를 고수해야 한다. 우리는 경쟁 업체를 따라잡기 위해 가격을 낮춘 적이 한 번도 없다. 제대로 집중 구매를 했는데 경쟁 업체가 우리보다 가격을 낮췄다면, 그것은 그들의 결정이다.

우리는 '재고 정리' 세일을 한 적이 없다. 얼마나 끔찍한 관행인지! 이것은 고객이 '세일'을 기다리도록 길들인다. 우리는 판매하지 못한 제품은 모두 자선단체에 기부했다. 늘 새로운 제품을 개발했으나, 그것이 항상 성공한 건 아니었다. 그래서 잘 팔리지 않은 제품은 기부했다.

나는 신제품의 '시장성 테스트'를 믿지 않는다. 매년 2만 2000개의 신제품이 식료잡화 업계에 쏟아져 나온다. 대부분이 프록터 & 갬블이나 콜게이트 등 대기업에서 나온 제품으로, 전국으로 출시되기 전 정교한 시장성 테스트를 거친 것들이다. 그런데 이러한 신제품의 90퍼센트가 실패한다. 우리는 실험적으로 한번 팔아 보는 접근 방식을 취했다. 잘 팔리면 더 주문하고, 팔리지 않으면 자선단체에 기부했다.

'하루 지난 빵'도 팔지 않았다. 베이커리 제품은 하루가 지나면 모두 자선단체에 기부했다. 각 캡틴은 매일 판매하지 못한 제품을 받아 갈 교회나 구세군, 푸드뱅크를 정리했다.

셋째, 쿠폰. 제조업체가 제공하는 쿠폰 가치의 2배로 할인해 주는 정책은 슈퍼마켓, 드럭 체인 등에서 중요하게 쓰이는 가격 경쟁의 형태다. 우리가 브랜드 제품에서 멀어지면서 쿠폰은 트레이더 조와 관련이 없어졌다.

넷째, 노인 할인. 60세 이상 노인에게 할인을 제공하는 것은 찰리 멍거Charlie Munger의 말을 빌리면, "등급조차 나눌 수 없는 치매의 일종"이다. 가장 빠르게 늘고 있으며, 가장 부유한 인구 계층에게 할인을 제공한다? 할인을 받아야 할 사람이 있다면 숫자는 점점 줄어드는데 소득세와 사회보장세를 내면서 노령 인구에게 보조금을 지급해야 하는 노동 인구다.

트레이더 조의 가격 책정 방식에 대해서는 '집중 구매'에 관한 12장을 참고하라.

편의성에 대한 고민

◆ **지리적 편의성**

전반적으로 미국 전역에는 온갖 종류의 상점이 과포화 상태다. 캘리포니아 남부의 슈퍼마켓당 인구수는 1980년대 후반에 이르러 안정되었다(매장당 약 1만 명). 백화점당 인구수는 2000년대 초반에 안정되었다. 따라서 대부분의 체인에는 대중이 매장에 얼마나 쉽게 접근할 수 있느냐 하는 지리적 편의성은 심각한 문제가 아니다. 코스트코나 애완동물 용품 창고처럼 새롭고 분명한 성공 공식을 가진 신생 체인만이 이 문제에 직면할 뿐이다.

트레이더 조는 아직 이 장벽에 부딪히지 않았다. 나는 최소 일주일에 한 번은 다양한 지역사회로부터 트레이더 조의 입점을 요구하는 전화를 받곤 했다.

당연히 택배 서비스는 지리적 편의성을 극대화한 궁극적인 형태다. 인터넷은 이 기회를 철저히 이용하고 있다. 깊숙이 파고들면 인터넷 판매는 통신판매업에 불과하다. 나는 인터넷 식료품점이 식품 소매업에 성공적으로 침투할 것으로 생각하지 않는다. 식품은 택배로 배송할 때 건조식품, 냉장식품, 냉동식품, 아이스크림의 네 가지 온도를 각각 유지해야 하기 때문이다. 이 문제를 해결하려면 상당한 발전이 이루어져야 한다. 그러나 슈퍼마켓에서 취급하는 식품 외 제품에는 영향을 미칠 것이다. 소비자가 인터넷으로 카드를 디자인하고 보낼 수 있게 되면서 카드 업계가 어떤 영향을 받았는지 생각해 보라. 신발과 의류는 모두 쉽게 반품할 수 있다. 하지만 음식은 그렇지 않다.

'오프라인' 판매점과 온라인 판매점 사이의 경쟁이 본격화하고 있다. 그 첫 번째 법적 대결은 주 경계를 넘어 인터넷으로 와인을 판매하는 것을 금지하는 주법에 대한 것이다. 조만간 이 법은 폐지될 것 같다. 공정거래법이 주 간 상거래 조항을 침해했다면, 와인 장벽도 마찬가지이기 때문이다.

우편으로 주문하거나 인터넷으로 구매했을 때, 주 정부에 내는 판매세 문제도 해결되는 과정에 있지만, 판매세의 세수 손실을 메꾸기 위해 주 정부는 소득세를 더 많이 부과할 수 있다. 아마존닷컴은 판매세가 없는 워싱턴 주에 있다. 판매세를 피하면 최소한 배송비는 보전할 수 있다. 인터넷은 '지리적 제한'에 대한 직접적인 공격이다.

체인점이 거의 없는 이너시티(도심 빈곤 지역)에 위치한 매장을 제외하고는, 일반적으로 지리적 편의성은 더 이상 경쟁 업체로부터 자신을 차별화할 수 있는 방법이 아니다.

◆ 매장 내 편의성

1700평 규모로 슈퍼마켓을 크게 만드는 유행 때문에 들고 나가는 속도 측면에서 매장의 편의성이 줄어들고 있다. 많은 체인점이 빠른 계산대를 열어 놓겠다고 약속하며 대응했지만, 이 약속은 대부분 지켜지지 않았다. 또 모든 체인점이 바코드 스캐닝 방식을 도입했다. 스캐닝 방식은 전자 시스템에 SKU의 가격이 등록되어 있지 않은 경우를 제외하고는 계산대의 처리 속도를 높인다. 다만, 가격이 전자 시스템에 올라가 있지 않은 경우에는 모든 진행 과정이 정지된다.

이러한 '슈퍼' 슈퍼마켓은 특히 매장 안에 약국을 입점시키고, 앞서 논의했던 다양한 제품 '종류'를 갖춰 놓음으로써 고객들이 다른 상점을 더 적게 방문할 수 있게 하고, 그리하여 고객들의 전반적인 편의성을 높인다. 그러나 미국에서 시간이 많은 은퇴 인구가 증가함에 따라 이 개념에도 의문이 든다. 이것은 미국에서 일어나고 있는 가장 근본적인 두 가지 인구통계학적 추세 중 하나인 은퇴 인구의 증가에 반하는 개념이다. 나머지 다른 인구통계학적 추세는 히스패닉계 인구가 늘어나고, 그들의 영향력이 높아지고 있다는 것이다.

트레이더 조는 매장 내 편의성에 대해 고민한 적이 없다. 계산대에서는 여전히 줄을 서서 기다려야 한다. 그러나 가치를 전달하고 있다면, 매장 내 편의성은 걱정할 필요가 없다.

◆ 시간 편의성

프론토를 시작했던 1958년에 우리는 1년 365일, 일주일에 7일, 오전 7시부터 오후 11시까지 매장을 운영했다. 당시 대부분의 슈퍼마켓은 평일에는 오후 9시, 일요일에는 오후 7시면 문을 닫았다. 그리고 추수감사절과 크리스마스를 포함해 근무 수당이 3배로 붙는 일곱 번의 공휴일에도 문을 닫았다. 이것이 내가 렉솔에 제시했던 '밴텀bantam' 시장, 즉 더 작고 경쟁이 치열하지 않은 틈새 시장의 핵심 기회 중 하나였다. 하지만 1962년 렉솔에서 프론토를 인수할 무렵에는 1960년부터 시작된 소매업 불황으로 수많은 체인점이 파산했고, 남은 슈퍼마켓들도 노조에서 근무 수당을 3배로 높여 정한 공휴일을 제외하고는 우리와 영업시간을 동일하게 맞춰 버렸다. 게다가 1975년에는 다른 슈퍼마켓들도 근무 수당이 3배 높은 공휴일까지 영업하기 시작했다. 이제 대부분의 슈퍼마켓은 연중무휴 24시간 영업한다.

우리는 1980년까지 매년 크리스마스에도 문을 열었다. 직원들에게 근무 수당을 3배나 더 지급해야 하는데도 재고를 팔아 현금을 벌어들이기 위해 문을 열었던 것이다. 하지만 크리스마스에는 와인 판매의 수지가 맞지 않았고, 그래서 결국 그만두었다.

추수감사절은 크리스마스보다 와인이 훨씬 더 잘 팔렸기 때문에 제한된 시간이었지만 계속해서 문을 열었다(놀랍게도 크리스마스에는 증류주가 아주 잘 팔린다). 공휴일에는 나를 포함한 본사 경영진 모두가 직원들의 사기를 높이기 위해 매장에서 일했다.

이 책에서 친구 짐 카일루엣을 자주 언급했다. 우리는 모임에서 만났는데, 식료품점을 운영하는 사람과 산부인과 의사로서 추수감사절과 크리스마스에 일하는 유일한 사람들이었기 때문에 친구가 되었다. 그래서 우리 두 가족은 1966년부터 시작된 전통에 따라 추수감사절과 크리스마스 밤에 명절 식사를 함께 한다.

오늘날 소매업체가 긴 영업시간으로 자신을 차별화하는 것은 불가능하다. 다시 말하지만, 우리는 현재 극단적으로 긴 시간을 운영하는 기존 소매업체와 매우 제한된 시간 동안 영업하는 코스트코나 트레이더 조 같은 두 종류의 소매업체를 비교하고 있다. 제공하는 가치에 방점을 두는 소매업체는 영업시간이 길지 않아도 된다! 내가 떠난 뒤 트레이더 조는 추수감사절에도 문을 닫았다. 이미 오래전부터 시행했어야 했던 올바른 결정이었다.

신용카드 또는 가능한 결제 방법

앞서 설명했듯이, 트레이더 조는 비자 카드와 마스터 차지 카드 결제를 허용한 최초의 식료품점 중 하나였다. 이제 카드 결제는 흔해졌다. 1930년대처럼 백화점 체인들이 자체 신용카드를 추진하는 모습을 보면 흥미롭다. 1998년에는 시어스가 이런 식의 신용거래를 하다가 큰 규모로 대손상각 처리한 사건도 있었다.

정부가 저소득자들에게 발행하는 '식료품 할인 구매권food stamp'은 시장의 중요한 대체 결제 수단이었다. 맥 더 나이프에서는 일찍이 식료품 할인 구매권을 받지 않았다. 많은 고객이 트레이더 조에서 '고급' 제품을 구매할 때 할인 구매권을 사용하는 것에 대해 반감을 가졌기 때문이다. 식료품 할인 구매권을 받지 않는다고 불평하는 말은 단 한 번도 듣지 못했다(이것은 저소득층 식비 지원 프로그램SNAP이 식료품 할인 구매권을 나눠 주던 형식에서 직불카드로 바뀌기 20년 전의 일이며, 이제 트레이더 조에서는 SNAP로 결제가 가능하다).

나는 4년 동안 캔드 푸즈 그로서리 아웃렛의 자문위원으로 활동한 것을 매우 자랑스럽게 생각한다. 캔드 푸즈 그로서리 아웃렛은 식료품 할인 구매권을 이용하는 사람들에게 영양가 높은 식품을 제공하는 재고할인점으로, 100개의 매장이 있다. 스리프티 드럭스토어에 자문을 하는 동안에는 저소득층 지역에 있는 200개 매장에서 식료품 할인 구매권을 결제 수단으로 사용할 수 있도록 설득하기 위해 노력했다. 스리프티 드럭스토어가 왜 할인 구매권을 받지 않았는지 아는가? 매장 관리자들이 '식료품 할인 구매권 사용처'라고 하면 연상되는 사회적 낙인을 원하지 않았기 때문이다. 비극적인 일이다! '치즈 걸스'와 비슷한 공급 측면의 급소다.

나는 스리프티의 매니저들이 그 딱한 넥타이를 더 이상 착용하지 않게 하려고도 애썼다. 우선, 넥타이는 일터에서 위험하다. 포장기와 같은 매장 설비에 걸릴 수 있기 때문이다. 하지만 매니저들은 넥타이를 차별화의 상징으로 계속 유지하고 싶어 했다. 안타까운 일이었다.

쇼맨십

고객과 접촉하기 위한 모든 노력의 총합이다. 수요 측면의 활동 중 가장 일시적이고, 가장 어려우며, 가장 중요하다.

◆ **직원**

아마도 쇼맨십의 가장 중요한 요소인 (고객에 대한) 직원의 효능은 앞서 언급한 24시간 운영으로 크게 훼손될 것이다. 24시간 운영하는 어느 슈퍼마켓 체인의 관리자는 내게 "자정 이후에는 매장에서 무슨 일이 일어나는지 알고 싶지 않아요!"라고 말했다.

'효능'은 다양한 방식으로 정의할 수 있다. 심야 근무를 좋아하는 직원은 거의 없으니 유능한 직원은 주간 근무로, '쭉정이'들은 심야 근무로 이동하는 것이 불가피하다. 우리가 한 가장 현명한 일 중 하나는 트레이더 조의 영업시간을 단축한 것이었다. 이것은 보통 공급 측면의 문제이지만, 고객을 응대하는 직원의 자질과 태도는 수요 측면의 요소다.

'효능'은 제품 지식으로도 정의할 수 있다. 백화점이 쇠퇴하기 시작한 것은 일요일과 늦은 밤까지 문을 열기 시작한 1960년대 후반부터라고 생각한다. 그전에는 가전제품이든 혼수품이든 매장에 제품 지식이 풍부한 직원이 많았다.

한 명의 직원이 고객 한 사람을 담당해 매장 내 모든 코너의 제품을 판매하게 하는 노드스트롬의 관행은 백화점의 판매 방식에서 혁신이었다. 수요 측면에서는 분명 매력적인 방식이지만, 트레이더 조처럼 높은 자질을 지닌 직원들이 필요하다. 경쟁 업체들은 비용을 너무 아끼려고 해서 이런 고급 인력을 고용하지 못한다. 이것은 수요 측면인가, 공급 측면인가? 아마 둘 다일 것이다.

깨끗한 손톱, 단정한 머리 등 직원의 외모는 매우 중요하다. 여기서 최악의 가해자는 보통 고용주다. 고용주는 모든 직원에게 같은 색깔의 유니폼을 입힌다. 발 사이즈가 다 다른 직원들에게 한 사이즈의 신발을 우겨 신기는 것이나 마찬가지다.

◆ 유니폼

트레이더 조는 직원들에게 하와이안 셔츠를 제공하기 때문에 네 가지 사이즈의 셔츠를 준비해야 했을 뿐만 아니라 계절에 맞춰 네 가지 색상의 셔츠를 구매해야 했다. 이것은 수고스럽지만 트레이더 조를 트레이더 조답게 만드는 미묘한 요소 중 하나였다.

◆ 광고

트레이더 조의 광고에 대해서는 이미 9장 전체를 할애해서 설명했다. 광고는 쇼맨십의 중요한 구성 요소다.

◆ 머천다이징

1930년 〈아모스 엔 앤디〉 쇼에 라디오 광고를 붙여 펩소덴트를 구했던 찰스 러크먼은 내가 많은 관심을 가졌던 상품 진열 머천다이징 전략의 귀재였다. 심지어 그는 적어도 50년 동안은 장사꾼보다는 건축가로 더 많이 알려진 사람이었다.

> **광고는 사람들을 제품 쪽으로 움직이는 것이고, 머천다이징은 제품을 사람들에게 이동시키는 것이다.**
>
> — 찰스 러크먼

트레이더 조는 1971년 굿 타임 찰리 시기가 끝난 후 머천다이징에는 전혀 신경을 쓰지 않았다. 매장 레이아웃은 주로 도난에 대한 우려와 재고관리에 대한 고려에 따라 결정되었다. 가치 제공을 중시하는 소매업자에게는 사람들이 방향을 왼쪽으로 도는지 오른쪽으로 도는지 또는 고객들을 매장 뒤쪽으로 '보낼 수' 있는지에 대한 모든 연구가 무의미하다.

당연히 진열 전략fixturization은 머천다이징과 밀접한 관련이 있다. 나는 매장에 시설물이 가급적 적기를 바랐다. 스튜 레너드나 코스트코 등 가치 제공 중심의 소매업체들이 하는 유연한 진열은 시설물이 적은 덕분에 실현 가능하다. 이는 대부분 대량 판매업체의 경직된 진열 방식과는 놀랍도록 대조적이다. 코스트코와 마찬가지로 트레이더 조도 창고 선반을 사용한다. 창고 선반은 가격이 싸고, 내진성이 뛰어나며(한쪽만 고정되는 캔틸레버식 선반이 아니다), 교체 비용도 저렴하다. 우리 직원들도 쉽게 조립하고 분해할 수 있었다. 대부분의 슈퍼마켓에서 볼 수 있는 시설물은 그렇지 않다.

형태는 기능을 따른다.

— 프랭크 로이드 라이트 Frank Lloyd Wright

설치물은 고정비용이며, 파산으로 가는 초대장이고, 물리적으로도 고정되어 있다는 것이 내 생각이다. 머지않아 방해만 되고, 감가상각이 끝나기도 전에 교체해야 한다. 나는 1960년대에 고심해 만들어 낸 '고메' 마켓이 실패한 후 설치물 자체의 판매력에 의심을 품기 시작했다.

설치물로 소매업체의 성격을 알 수 있다. 상점은 상품이 먼저 보이는 매장(백화점, 부티크)과 계산대가 먼저 보이는 매장, 이렇게 두 유형으로 나눌 수 있다. 많은 고객 선입견이 이 단순한 이분법에서 비롯된다.

제품을 안내하는 좋은 표지는 정말 찾기 어렵다. 트레이더 조에 있을 때도 정말 유익하고 좋은 표지를 구하는 데는 실패했다. 1998년 무렵, 내가 보기에 매장 표지가 가장 훌륭한 곳은 크레이트 & 배럴Crate & Barrel과 브룩스턴Brookstone이었다.

◆ **건축, 간판, 조명**

맥도날드McDonald's의 골든 아치는 건축을 통한 쇼맨십의 좋은 예다. 대부분의 도시가 더 이상 실제 아치를 만들지 못하게 하지만 말이다. 이렇듯 대부분의 지역에서 제한적으로 설치되는 맥도날드의 작고 상징적인 아치는 거의 게슈탈트gestalt적인 성격을 지녀 단순한 아치 이상의 의미로 받아들여진다.

불럭스 패서디나Bullock's Pasadena의 건축학적 아름다움은 이곳이 고급 상점으로 성공하는 데 분명하게 기여한 요인 중 하나였다. 불럭스 윌셔Bullock's Wilshire도 마찬가지다. 코스트코의 창고 같은 분위기와 산업용 선반도 쇼맨십 측면에서 효과적이었다.

조명은 성공하는 매장의 핵심 요소 중 하나라고 생각한다. 뉴포트 비치에 있는 딕 리처드Dick Richard의 유명한 리도 아일 마켓Lido Isle Market은 빛의 강도와 스펙트럼 선택에서 가히 조명의 승리라고 할 수 있는 매장이다. 기본적으로 딕은 상품에만 조명을 비췄다. 그리고 따뜻한 색깔의 조명을 썼다. 많은 매장이 차가운 색깔의 조명을 사용하는데, 상품을 차갑게 느끼게 하며 더욱 큰 단점은 여성 고객을 시체처럼 보이게 한다. 20세기 중반 진짜 창의적인 장사꾼이었던 딕은 상품과 고객을 모두 추켜세웠다. 통로는 너무 어두워서 넘어질 것 같은 수준이었다. 그것은 에너지 사용량을 줄일 수 있다는 점에서 홀 어스 해리 시절 내게 정말 매력적으로 느껴졌다. 그렇다고 천장 조명 때문에 눈이 부신 적은 없었다. 결국 천장을 판매하는 것은 아니었기 때문이다.

페인트는 조명과 함께 간다. 바닥재도 마찬가지이지만, 수요 측면에서 고객을 끌어당길 요소는 '화물 카트를 그 위로 끌 수 있는가?'와 같은 공급 측면의 중요한 문제와 타협점을 찾아야 한다. 굿 타임 찰리 시절 초기에는 병원용으로 막 개발된 새로운 카펫 소재를 매장에 깔았다. 장점도 있었다. 병이 떨어지면 깨지지 않고 튀어 올랐고, 먼지가 상품에 묻지 않고 카펫에 갇혔다. 하지만 안타깝게도 캘리포니아 남부에 산타아나Santa Ana 바람이 불면 습도는 0이 되고, 고객들이 통로를 밟으면 정전기가 발생했다. 고객이 금속 선반에 손을 뻗으면 찌릿! 정전기, 껌, 담배꽁초 때문에 카펫은 만족스러운 결과를 내지 못했다.

깨끗한 주차장도 쇼맨십의 일부다. 사람들은 번번이 "주차장이 더럽다"고 불평했다. 트레이더 조에서 임기 후반을 보낼 때, 나는 주차장은 깨끗하다고 대답하면서 담뱃재를 바닥에 버리는 지저분한 고객들이 문제라고 으르렁거렸다. 내가 다른 곳으로 이동해야 할 때가 분명히 다가오고 있었다.

소매업의 공급 측면

그러나 우리의 현대 시스템이 '사적 소유권에 기반한다'고 말할 수는 없다. 이것은 순전히 우화이고, 신화 같은 이야기다. 현대 자본주의 세계는 절반은 소유권, 나머지 절반은 신용에 기반한다.

— 리처드 데이나 스키너 Richard Dana Skinner, 《일곱 가지 종류의 인플레이션 Seven Kinds of Inflation》

공급 측면의 요인은 다음과 같다. 정도의 차이는 있지만 우리는 이들에게 부채가 있다.

1. 정부
2. 일하는 방식: '습관'과 '문화'
3. 시스템
4. 제품 외 공급업체
5. 제품 공급업체
6. 임대인
7. 은행가와 투자은행가
8. 주주
9. 직원
10. 범죄

여기에서 나열한 순서가 앞서 이야기했던 것과 다르다는 사실을 알아챘을 것이다. 18장에서는 독자들을 겁주고 싶지 않아서 공급업체를 먼저 소개하는 다소 전통적인 순서를 따랐다. 하지만 나는 위의 순서를 선호한다. 직원을 목록의 아래쪽에 넣었는데, 이는 소매업의 어두운 측면, 즉 직원 절도와 일반적인 범죄에 관해 이야기하며 이 장을 마무리 짓기로 결정했기 때문이다. 범죄는 공급 측면의 중요한 제약 조건이다.

정부

어떤 사업을 시작하려면 연방 정부, 주 정부, 지방 정부가 해당 사업에 어느 정도나 개입하는지를 가장 먼저 질문해야 한다. 서점, 의류 매장, 철물점, 음반 매장, 가전제품 매장 등은 정부 규제로부터 상대적으로 자유로운 업종이다.

반면 식품점은 우유, 술, 중량 및 계량법에 대한 주 법규와 규정, 보건부 법규와 규정, 그리고 보건부 규정과 상충될 수 있는 건설부 법규와 규정, 무엇보다도 영업시간을 제한할 수 있는 구역 설정 기준과 무시무시한 포괄적 조건부 사용 허가에 크게 영향을 받는다. 주류는 주 정부뿐 아니라 시와 카운티에서도 규제한다. 아시다시피 내가 겪은 심각한 사업상의 문제들 중 몇 가지는 정부 규제에서 비롯했다. 공정노동기준법과 같은 전국 차원의 규제 때문에 노동부 감사라는 헤어볼에 숨이 막힐 뻔했던 적도 있었고, 우유와 주류에 대한 주 정부의 규제에도 시달렸다.

연방 정부가 주 간 트럭 운송 요금에 대한 규제를 철폐한 후 수년 동안 캘리포니아 행정부는 반경쟁적인 주 내 운송 요금을 부과했다. 따라서 트레이더 조는 독립 트럭 운전사와 합법적인 계약을 유지하기 위해 온갖 곡예를 다해야 했다('전용 운송 트럭'이라는 허구적인 계약을 맺었다). 그와 동시에 수천 명의 '코요테' 트럭 기사들은 기사 면허증도 없는 운전사들과 함께 트럭을 몰았다. 이들은 트럭의 무게를 재는 측량소를 지나지 않는 한 적발되지 않았고, 운전사들은 측량소가 어디에 있는지 누구보다 잘 알고 있었다.

정부는 공급자다. 이 점을 항상 염두에 두어야 한다. 인정하고 싶지는 않지만, 보건부와 실무 부서의 검사 덕분에 양심적인 식료품점은 똑같은 검사를 다시 하지 않아도 된다. 직업 규정 및 안전 규정은 간혹 이상할 때도 있지만, 일반적으로는 건설적이라고 생각한다. 심지어 때로는 규정이 부족할 때도 있다.

예를 들어 내가 맥 더 나이프 시절 설탕을 취급하지 않게 된 이유 중 하나는 2킬로그램짜리 설탕 봉지가 12개 묶음으로 포장되어 있었기 때문이다. 축 늘어진 형태에다 다루기도 힘든 24킬로그램짜리 설탕 포대는 허리 부상을 초래할 위험이 높았다. 우리는 1975년부터 여성들을 매장 풀타임 직원으로 고용하기 위해 의도적인 노력을 기울였고, 상자 하나의 무게가 18킬로그램이 넘는 것은 취급하지 않으려고 애썼다(샴페인과 우유가 트레이더 조에서 가장 무거운 상자다.) 그렇지 않으면 남자 직원들은 짐꾼으로 전락해 버린다. 많은 여성이 무거운 상자를 다루기 힘들어하고, 남성들은 여전히 기사도 정신을 갖고 있기 때문이다. 특히 트레이더 조의 직원들과 같은 수준의 사람들을 고용한다면 말이다.

정부의 개입은 공급 측면에서는 기회로 여겨질 수 있다. 규제 당국을 다루는 기술을 익힌 업체가 경쟁 업체가 넘어야 할 문턱을 세우기 때문이다. 이 기회에는 '뇌물'을 제외한 몇 가지 국면이 있다.

가끔 열성적인 사람을 제외하고 대부분의 공무원에게 '협업 프로그램'은 배를 흔들지 않기 위한 것이다. 무사안일주의에 빠진 공무원들은 도전을 받으면 물러설 수도 있다. 어차피 그들 중 다수는 자신이 강제하는 규칙을 제대로 이해하지도 못하기 때문이다. 하지만 정부 규제에 걸렸을 때는 예의 바르게 행동하라. 희생이 너무 큰 승리를 거두지 말라. 배를 흔들고 싶어 하지 않는 사고방식은 직장을 고수하려는 경향도 강하기 마련이다. 따라서 이 사람들을 계속해서 만나게 될 것이다! 공무원들이 일을 잘할 수 있게 도와주고, 그들이 스스로 중요하다고 느끼게끔 하라. 게임을 파괴하려는 것이 아니라 게임에 임하고 있다고 느끼게 하라.

일하는 방식

이것이 바로 톰 피터스나 피터 드러커와 같은 경영학 대가들이 말하는 것이다. 조직의 분위기가 어떠한가? 일시적이지만 매우 중요한 요소다.

피터 드러커는 문제가 있는 기업이라면 기업 '문화'를 바꾸는 것은 불가능하지만 '습관'은 바꿀 수 있다고 말했다. 모든 회사에서 공급 측면의 요소 중 가장 제한적인 것이 '일하는 방식'이다. 당신은 기업가 정신을 갖춘 사람인가, 아니면 '전통적인 기업가'인가?

먼저 내게 결정 권한이 있었다는 점은 분명하게 인정하겠다. 나는 위원회가 하는 경영을 반대한다. 하지만 나의 경영 방식은 독재적이라고 하기에는 다소 부족했다. 내가 스탠퍼드 학생이던 시절 샌프란시스코 심포니의 위대한 지휘자였던 피에르 몽퇴Pierre Monteux에 대해서는 다음과 같이 평하는 말이 있다. 참 마음에 든다.

> 몽퇴는 오케스트라로부터 연주를 끌어내려고 한 적이 없다. 그는 항상 오케스트라와 함께 연주했다.
>
> —〈로스앤젤레스 헤럴드 이그재미너Los Angeles Herald Examiner〉

시스템

현금을 관리하는 '시스템'은, 엽궐련 상자에 보관하든 사무실에서 꼼꼼하게 온라인으로 처리하든, 사업 수행 방식에서 결정적인 요소다.

내 말을 믿어라. 당신은 사업을 하면서 일어날 수 있는 모든 일에 대해 시스템을 갖추고 있다. 단지 의식하지 못하고 있을 뿐이다. 게다가 필요하지 않은 시스템까지 갖추고 있을 수도 있다. 따라서 특별한 성공을 거두려면 '통상의 사업 방식을 본질적으로 무시하는 태도'가 필요하다. '본질적으로 무시하는 태도'를 실천하려면 매일 '왜 이러이러한 방식으로 일해야 하는가? 더 나아가서 도대체 왜 이것을 하는가?'라는 태도를 가지고 출근해야 한다.

이런 질문을 하면 보통 '항상 이렇게 해왔다', '전 직장에서도 이렇게 했다', '경쟁사들도 다 이렇게 한다'라는 대답이 돌아온다.

그런 분위기에서 나는 데이브 요다와 함께 휴가 은행을 만들었다. 휴가 은행은 휴가와 병가를 합치고, 휴가를 시간이 아닌 달러로 적립할 수 있는 파격적인 제도였다.

화물 수령증에 배송물의 소매가격을 적지 않았던 1960년대부터 우리는 선구적인 소매 회계 방식을 도입했다. 데이브와 버니스 클리프는 인쇄 기능도 없는 27킬로그램짜리 프라이든Friden 계산기로 모든 숫자를 계산했고, 따라서 실수가 없는지 확인하기 위해 모든 계산을 두 번씩 해야 했다! 소매 회계 시스템에 대해서는 17장에서 이미 경의를 표한 바 있다.

1988년 캘리포니아 북부에 갔을 때, 우리는 현금이나 수표는 받지 않고 신용카드만 받는 시스템을 도입할까 진지하게 고민했다. 신용카드만 받으면 부도수표와 관련된 모든 문제와 이를 방지하기 위한 제도를 없앨 수 있을 것이었다. 현금이나 부도수표를 찾으러 은행에 갈 필요가 없어지고, 매장 차원에서 현금 회계를 획기적으로 간소화할 수 있으며, 대부분의 은행 명세서 조정 업무 등을 더 이상 하지 않을 수 있었다.

특히 1988년쯤에는 트레이더 조의 거의 모든 고객층이 신용카드를 가지고 있었는데, 이런 상황에서는 신용카드만 받았을 때의 이점이 신용카드 수수료 비용을 상쇄하고도 남을 것이라고 생각했다(〈체인 스토어 에이지Chain Store Age〉에 따르면, 1989년에는 전체 가구의 82퍼센트가 비자

카드를 가지고 있었다). 하지만 결국 우리는 겁을 집어먹었다. 트레이더 조는 캘리포니아 북부에서는 전혀 알려지지 않은 브랜드였다. 우리는 모든 방법을 최대로 동원해서 시장에 진입하고 싶었다. 다시 말해, '가능한 결제 수단'이라는 수요 측면의 요소에서 너무 많은 고객을 잃을까 봐 두려웠다. 그러나 신용카드만 받는 제도를 도입하는 것이야말로 통상의 사업 방식을 본질적으로 무시하는 태도가 맞았다.

제품 외 공급업체

'시스템'과 '제품 외 공급업체'는 영업 외 업무를 아웃소싱하는 현재의 추세에서는 특히 겹칠 때가 많다. 쓰레기 수거 업체, 라디오 방송국, 수도·전기·가스 회사 등 몇몇 제품 외 공급업체는 개인 단위로는 잘 계약하지 않는다(규제가 완화된 수도·전기·가스 회사는 달라질 수도 있지만). 제품 외 공급업체는 트레이더 조의 연장선상에 있으므로 12장에서 이야기했던 제품 공급업체와 마찬가지로 대해야 한다.

우리는 트럭이나 창고 등을 소유하지 않았으므로, 나는 직원들에게 외주 운전기사들을 잘 관리하고 우리와 계약한 사람들이 합리적인 근무 조건에서 합리적인 임금을 받을 수 있도록 최선을 다하라고 요구했다. 이직은 가장 비싼 인건비용이다!

실물 재고는 항상 워싱턴Washington이나 블루칩Blue Chip 같은 외부 업체가 관리했다. 나는 재고품을 조사할 때마다 같은 직원을 같은 매장에 보내 주길 바랐다. 지역 관리자에게 폴라로이드 사진기로 관리 직원을 찍어 달라고 부탁해서 누가 재고를 세는지 알 수 있게 했다(늘 같은 직원이 올 수는 없었지만).

보험 사업자

◆ 근로자 산재보험

산재보험 사업자의 '협력 프로그램' 전략은 손해가 없는 고객을 찾는 것이다. 소매업체는 사업을 설계할 때 이 점을 고려해야 한다. 애초에 사고가 생기지 않게 하는 것이다. 트레이더 조는 20킬로그램이 넘는 상자는 모두 없애려고 노력했다. 샌드위치 코너는 칼에 베이는 등 부상이 가장 많이 발생하는 곳이었기 때문에 없애 버렸다. 허리 부상의 위험 때문에 통맥주도 판매를 중단했다. 산재보험은 제품 종류의 다양성이라는 수요 측면을 제한하는 공급 측면의 실질적인 제약 조건이다.

트레이더 조를 떠난 뒤 나처럼 여러 주에서 회사를 경영하다 보면 주마다 산재보험법이 크게 다르다는 사실을 알게 된다. 미국에서 가장 큰 산재보험사인 리버티 뮤츄얼Liberty Mutual의 자문위원으로 활동할 당시에는 텍사스 법이 최악인 것 같았다.

◆ 건강보험

늘 그렇듯 보험사의 협력 프로그램은 손해가 생기지 않아야 한다. 캘리포니아에서 보험사가 가장 좋아하는 소매업체의 보험 조건은 직원 중 39세 이상 여성과 54세 이상 남성이 없어야 한다는 것이다. 하지만 이를 실현하고 싶다고 해도, 또 다른 공급 측면의 제약 조건인 정부에 부딪히게 될 것이다.

위의 내용은 모든 사업에 적용된다. 소매업의 특별한 점은 아주 많은 직원이 현금과 현금으로 전환할 수 있는 상품을 취급한다는 것이다. 앞서도 설명했듯이, 안전 문제 때문에 소매업체는 특히 건강보험 플랜을 탄탄하게 짜야 할 이유가 더 분명하다.

◆ 제조물 책임 보험

상당수가 영세하고 불안정한 여러 상품 공급업체와 거래하다 보면 위험에 노출될 수 있다. 따라서 트레이더 조는 모든 공급업체에 제조물 책임 보험 증서를 제출하도록 요구했고, 보험 적용 기간이나 범위에서 뭔가 착오나 변경 사항이 생기면 보험사가 우리에게 직접 통지할 것을 고집했다. 공급업체가 적절한 보험에 가입했다고 납득될 때까지 우리는 몇 번이고 중요한 구매 주문을 보류했다. 따라서 제조물 책임 보험은 재고 부족으로 이어지는 공급 측면의 제약이 될 수 있다. 가장 극단적인 경우에는 이미 광고가 나간 제품을 충분히 준비하지 못할 수도 있다. 이것이 매킨토시가 〈피어리스 플라이어〉의 발행 업무에서 그렇게 중요했던 이유 중 하나다. 인쇄하기까지 걸리는 시간을 단축해 공급업체가 적절한 제조물 책임 보험에 가입하지 않은 상황에서는 해당 호에서 그 제품을 빼버릴 수 있었기 때문이다.

우리도 자체적으로 제조물 책임 보험에 가입했지만, '치아 파손'에 대한 청구 등 일부 청구 사항은 자체적으로 해결했다. 치아 파손 등의 사고는 견과류 판매 비용에 포함해 처리하는 식으로, 보험사에 청구하지 않고 알아서 해결했다. 그러나 일부 소매업체는 이러한 공급 측면의 제약 때문에 견과류 판매를 플랜터스Planters 같은 브랜드 제품으로만 제한하기도 한다.

'미끄러짐 및 낙상' 사고에 대한 보상 문제는 오프라인 매장이 있는 소매업체라면 어디나 기본적으로 겪는 일이다. 소매업체를 인터넷으로 이끄는 또 하나의 요인이기도 하다. 내가 아는 어느 슈퍼마켓 체인은 매장들이 미끄러짐 사고로 악명 높은 지역에 있었다. 그들은 미끄러짐 및 낙상 사고 보상금을 쓰레기 수거와 같은 일반 비용처럼 처리했다. 물론 그 비용은 소매가격에 반영했지만 말이다.

제품 공급업체

제품 공급업체에 대해서는 12장에서 충분히 설명했다. 하지만 12장에서는 집중 구매 바이어들과 거래하는 업체에 대해서만 이야기했다. 이들 외에 집중 구매 바이어와 거래하지 않거나 거래할 수 없는 공급업체도 있다.

강력한 브랜드 제품의 가격 파괴

사업 초기에 유럽에서 만든 와인 오프너를 유통하는 미국 업체와 거래한 적이 있다. 1969년 뉴욕의 호프리츠Hoffritz 매장에서 이 오프너를 발견했는데, 정말 멋진 제품이라고 생각했다. 그래서 대량으로 주문하고 가격을 낮췄다. 물론 〈피어리스 플라이어〉에 광고도 냈다. 재주문을 했을 때는 황당하게도 주문한 제품이 도착하지 않았다.

상처 따위는 입지 않았다. 우리는 그대로 되갚았다. 와인 오프너에 특허를 받을 만한 것은 없었다. 나는 1970년 항공우주 산업 불황으로 해고된 엔지니어 몇 명을 알고 있었는데, 그들과 함께 와인 오프너를 연구해 그 디자인에 대해 가격을 영구히 낮춰 버렸다.

강력한 브랜드 제품이 대폭 낮아진 가격으로 우리 매장에 진열되었을 때, 그 제품을 판매한 공급업체들은 한 가지 문제에 직면했다. 경쟁업체들이 우리에게 더 낮은 가격에 판매한다고 공급업체를 비난했던 것이다. 하지만 (우리가 구매한 수량을 고려하면) 그것은 사실이 아니었다. 문제는 슈퍼마켓의 '비용 계산' 구조에 있었다.

예를 들어 내가 트레이더 조를 떠날 무렵 캘리포니아에서 판매되는 전체 얄스베르그 치즈 가운데 무려 45퍼센트가 트레이더 조에서 판매되는 것이었다. 우리 판매 가격은 3.49달러였고, 슈퍼마켓의 정가는 6.00달러였다. 하지만 슈퍼마켓이 매장에 치즈를 들여오는 '원가'는 약 3.49달러였다. 어떻게 된 일일까? 슈퍼마켓은 공급업체의 광고비 지원을 광고 예산으로 반영했고, 현금 할인을 일반적인 운영 비용 항목에 반영했으며, 판촉비 지원을 매출에 반영하는 등 복잡한 재무 관리 방식을 고집했다. 이러한 회계 방식 때문에 겉으로 보이는 비용이 부풀려졌다. 사실 대부분의 슈퍼마켓은 얄스베르그 치즈의 실제 원가가 얼마인지 모른다. 바이어가 거래를 잘 한 것처럼 보이기를 원하기 때문이다.

바이어들은 창출해 내는 매출과 공급업체로부터 받는 광고비 지원에 따라 인센티브를 받는다.

1990년 스리프티의 스포츠 용품 체인점에 대한 컨설팅을 진행하던 중 이들은 창고에서 제품을 출하하기 전에 먼저 제품에 대한 수익을 '인식'하기 때문에 수천 가지 품목의 실제 원가를 전혀 모른다는 사실을 알게 되었다. 예를 들어 배구공의 '정상' 원가가 6달러인데 5달러에 특별 할인을 받았다면, 재고관리 시스템에는 원가를 6달러로 '기입'하고 배구공이 판매되기 훨씬 전에 1달러를 이익으로 인식하는 것이다.

트레이더 조의 구매 목표는 물류센터에 배송되기까지 모든 수수료, 지원금 등이 다 포함된 단 하나의 최종 가격을 얻는 것이었다. 이것은 거의 같은 시기에 샘 월턴이 개발 중이던 '계약 가격 책정contract pricing' 정책과 매우 유사했다.

매장 직배송 공급업체

지역 프랜차이즈 계약 때문에 코카콜라, 세븐업, 버드와이저, 쿠어스Coors, 밀러Miller's 등은 물류창고로 제품을 배송해 주지 않는다. 그리고 소매업체가 자체적으로 이 제품을 유통하지도 못하게 한다. 개별 유통 업체에 독점적인 유통 권한을 허가한 지역을 어지럽힐 수 있기 때문이다. 전쟁을 보고 싶다면, 다른 주의 콜라를 창고로 한번 갖고 와봐라! 캔 콜라가 처음 등장했을 때 콜라 업체는 우리와 거래하는 도매업체 서티파이드 그로서스가 회원들에게 이 새로운 용기에 담긴 콜라를 판매하도록 허용하는 실수를 저질렀다. 캔 콜라는 1981년 코카콜라 측이 서티파이드에 공급을 중단할 때까지 그곳의 판매 1위 품목이었다. 이런 제품을 집중적으로 구매할 수 있는 방법은 없다.

이들 공급업체가 자체 상표 제품을 유통하지 못하게 하는 또 다른 이유는 매장을 구미에 맞게 운영하고 싶기 때문이다. 감자칩, 콘칩, 컵케이크, 크래커 등의 공급업체들도 모두 마찬가지다. 흥미로운 점은 슈퍼마켓 체인들도 이런 공급업체들을 환영한다는 것이다. 이들이 '공짜' 노동력을 제공하기 때문이다. 공급업체의 영업사원들이 실제로 하는 일은 경쟁 제품을 옆으로 밀어내면서 진열 공간을 놓고 싸우는 것이다.

'77년 5개년 계획에서 내가 세운 원대한 목표 중 하나는 매장에서 모든 외부인을 배제하고 매장 직배송을 중단하는 것이었다. 이것은 식료품 업계에 있는 다른 업체들과 비교했을 때 트레이더 조의 가장 파격적인 특징 중 하나였다.

'공짜' 노동력을 없애고 싶었던 이유

1. 매장에 투입된 외부 인력 중에는 도둑질을 하는 사람이 있기 때문이다. 그들은 제품을 수령하는 직원과 함께 대충 물건을 세서 훔친다(배달 책임자 중에는 라스베이거스에서 블랙잭을 하고 있어야 할 사람들이 있다). 슈퍼마켓들이 '전자 수령 시스템'으로 전환하는 가장 큰 이유 중 하나였다. 이들은 트럭으로 가져가는 빈 박스에 고가의 물건을 넣어서 훔치기도 한다. 그래서 나

는 1960년대 후반, 달걀 모양의 용기 안에 스타킹이 들어있던 레그스L'Eggs를 보았을 때 환호했다. 달걀 모양의 레그스는 납작하게 포장된 스타킹보다 빈 음료 박스에 숨기기가 어려웠기 때문이다. 아무 식료품점 직원에게나 이것에 대해 물어보라.

2. 빵과 컵케이크 회사 직원들은 회사로 '재고'를 너무 많이 되가져오면 큰 불이익을 받는다. 그래서 그들은 한 매장에서 판매 기한이 지난 제품을 가져다가 다른 매장으로 보낸다.

3. 베트남전쟁 이후 마약 문화가 퍼지면서 배달원들이 자연스럽게 마약 유통업자로 진화했다.

4. 공급업체 직원들이 언제 매장에 도착할지 알 수 없기 때문에 작업 일정을 잡기가 어렵다.

5. 이 사람들은 꼭 주차장에 자리가 없을 때 나타난다. 맥주 트럭 때문에 주차를 못 해본 적이 정말 한 번도 없는가?

매장 직배송을 받지 않으면 다음과 같은 장점이 있었다.

1. 보안이 개선되었다.
2. (우리) 트럭이 도착하는 시간에 맞춰 작업 일정을 조정할 수 있게 되었다.
3. 고객을 위해 주차장을 확보할 수 있었다.

하지만 이런 공급 측면의 정책은 수요 측면의 제품 구색에도 분명한 영향을 미쳤다.

공급업체를 다변화하라!

서티파이드 그로서스는 소매업체들이 소유하는 협동조합 형식의 도매업체로, 오랜 역사와 명성을 자랑한다. 서티파이드 그로서스는 캘리포니아의 독립 마켓에 매우 중요한 역할을 한다. 독립 마켓이 일반가공식품, 즉석조리식품, 냉동 제품을 공급받는 거의 유일한 곳이기 때문이다. 그러나 1970년대 후반 맥 더 나이프 시절부터 시작된 경제적 압박 때문에 서티파이드는 최소 주문량과 최소 주문 금액을 점점 더 높일 수밖에 없었다. 여러 소규모 마켓들은 최소 주문량을 보관할 창고가 부족했다. 그 결과 다른 품목의 최소 주문 물량을 소화할 여유가 없었고, 중요한 품목의 재고가 자주 품절되었다.

이것이 1970년대 후반의 상황이었다. 우리 매장은 일부러 창고가 거의 없는 상태로 지었기 때문에 실제로 공급 측면의 제약이 컸다! 우리는 최소 주문 금액을 맞추기 위해 (면적당 가치가 높은) 담배를 여러 번 추가로 주문해야 했다. 하지만 코카콜라가 서티파이드에서 캔 콜라를 철수했을 때(앞서 이야기했다), 그것으로 끝이었다. 우리는 최소 주문 금액을 맞출 수가 없었다. 따라서 트레이더 조가 전통적인 식료품을 다루지 않게 된 것은 어느 정도는 이러한 공급 측면의 제약이 원인이기도 했다. 그 이후에도 상황은 더욱 악화되기만 했다.

이와 관련해서는 업계 정보로부터 단절된다는 문제가 있다. 꽤 큰 매장을 보유한 독립 체인점조차 점점 더 '정보에서 소외'되고 있다. 대형 식료품 제조업체들이 현장 영업자를 급격하게 줄이면서 공급업체 측 인력이 더 이상 독립 마켓을 방문하지 않게 된 것이다. 이런 방문은 요즘 있는 거래와 업계 현황을 파악하는 데 상당히 중요하다. 내가 마켓 홀세일Market Wholesale에 있던 1994년 무렵에는 소규모 식료품점을 운영하는 고객은 물론 그리 작지 않은 규모의 식료품점을 운영하는 고객들까지 정보에서 소외되는 문제를 점점 더 심하게 겪고 있었다. 1970년대에는 정보 소외의 문제를 예상하지 못했지만, 다행히도 트레이더 조는 기존의 경로를 벗어남으로써 이 문제를 피할 수 있었다.

임대인

16장에서 트레이더 조의 임대차 실무 관행에 대해 이미 설명했다. 여기서는 좀 더 넓은 맥락에서 임대차계약을 살펴본다. 임대인은 대부분 다음 두 유형 중 하나에 속한다.

1. 새 건물을 짓기 위한 자금이 준비되어 있거나 이미 있던 건물을 소유하는 임대인. 이 1번 유형의 임대인은 특정 매장의 임대료를 극대화하는 데 관심을 가진다. 또는 복수의 임차인이 들어 있는 건물이라면 쇼핑센터에서 창출되는 전체 매출을 극대화하는 데 도움이 될 수 있도록 유동 인구를 유도할 수 있는 임차인을 확보하는 데 관심을 갖는다.

2. 부동산에 들어가는 자금을 조달하기 위해 장기간 임대차계약을 맺을 든든한 임차인이 절실히 필요한 임대인.

1950년대에 렉솔 드럭 컴퍼니의 재무제표는 매우 탄탄했지만, 수요 측면의 프로그램은 영 엉망이었다. 그래서 2번 유형의 절실한 임대인만 점포를 임대해 주었다. 반면 세이브온은 상대적으로 약하고 생긴 지 얼마 되지 않은 회사였지만 수요 측면의 프로그램이 매우 훌륭해 1번 유형 임대인들이 늘 렉솔보다 선호했다. 그 결과 세이브온은 최고의 입지에 들어가는 경향이 있었다.

트레이더 조는 앞서 설명했던 것처럼 임차 건물의 개선 작업을 직접 맡으려는 의사를 가지고 있었기 때문에 임차 조건을 유리하게 흥정할 수 있었다. 내가 세이브온에서 배워 온 강력한 수요 측면의 전략들 덕분에 흥정에 유리한 면도 있었다.

트레이더 조는 공동 임차인도 필요하지 않았다. 사실 공동 임차인은 방해만 될 뿐이었다. 따라서 우리는 임대인이 좋아하지 않는 '공동 임차' 조항을 고집하지 않았다.

임대차계약에서 문제는 대부분 미래를 다뤄야 한다는 필요성에서 발생한다. 임차 기간이 길수록 임대차계약을 협상할 때 더 큰 문제가 발생한다. 이것은 당연해 보인다. 하지만 다음의 두 가지를 고려해야 한다.

1. 자금력이 충분히 확보되어 있어 임대인들이 호감을 갖는 소매

업체는 장기 임대차계약을 체결해야 한다. 그렇지 않으면 임대인들의 구미를 당길 만한 것이 없다.

2. 임차 시설에 대한 개량 및 설비투자 규모가 큰 소매업체는 투자금을 상각하기 위해 장기 임대차계약을 체결해야 한다. 설비투자는 어느 정도는 매장 규모에도 비례하지만, 대개는 고정설비에 얼마나 진심을 다하느냐에 비례하는 함수다. 다른 모든 마켓들처럼 트레이더 조도 냉장 시스템 등에 집중적인 설비를 갖춰 놓았다. 반대의 예로 가을 시즌마다 빈 상점에 입점했다가 나가는 할로윈 매장을 들 수 있다. 이런 매장의 시계time horizon는 근시안적이고 불확실한 주사위 게임인 크랩 게임crap game과 같다. 대부분의 선물 가게, 장난감 가게, 드레스 가게 등이 갖는 시계는 그리 길지 않다.

장기 임대차계약을 맺어야 하는 필요성 때문에 임대인과 임차인은 객관적인 미래에 대해 서로를 앞질러 생각하려고 노력한다. 임차인의 상업적 성공, 임대인이 제공하는 공간에 대한 수요 등이 주관적 미래인 반면, 비즈니스 사이클 같은 것이 객관적인 미래다.

임대인과 임차인의 협력 프로그램은 객관적인 미래가 임차인에게 유리하게 진행될 때는 임대인에게 어떤 형태로든 위안이 될 만한 보상을 제공하고, 반면 임차인에게 불리하게 흘러갈 때는 어느 정도 임차인을 보호하는 데 초점을 맞춰야 한다. 이것은 당연한 이야기이지만, 일반적으로 부동산 시장은 집단 히스테리가 지배하고 있다. 캘리포니아 부동산 시장은 1989년 임대 열풍이 불다가 1994년 임대 모라토리엄에 가까운 상황으로까지 고꾸라졌다. 1998년에는 다시 한번 열풍이 불었다. 요점은 객관적인 미래에 대해 임대인을 이기겠다는 생각으로 협상에 임하는 임차인은 보통 자신과 똑같은 임대인을 만난다는 것이다. 그 반대의 경우도 마찬가지다.

결론적으로 트레이더 조가 이룬 성공의 실질적인 부분은 탁월한 매장 입지와 임대차 계약서에 매우 영리한 법률 언어를 사용했다는 점에서 비롯했다. 내가 트레이더 조에 있을 때 가장 넓은 의미의 '점유 비용occupancy expense'은 약 2퍼센트 수준이었다.

은행가와 투자은행가

뱅크 오브 아메리카의 직원들은 내가 은행에 더는 빚을 지지 않게 된 뒤에도 우리 경영진의 일부나 다름없었다. 수표가 처리되는 지연 기간을 활용하기 위해 모든 수표를 노스캐롤라이나의 퍼스트 유니언 내셔널 뱅크First Union National Bank에서 쓰기 시작했을 때조차 뱅크 오브 아메리카는 우리에게 엄청난 지원을 해주었다. 아, 전자 뱅킹이 없던 시절이여! 오헤어 공항에 눈보라가 몰아치면 노스캐롤라이나의 수표 결제가 4일이나 지연될 수도 있었다! ('지불 지연remote disbursement'은 지리적 문제로 인한 수표 처리 지연을 의미하는 정중한 용어였다.)

나중에 근무했던 상장 기업에서 나는 투자은행가들과 잘 알게 되었다. 내가 속해 있던 공개 이사회에서 투자은행가들은 배경의 일부나 다름없었다. 여기에서 투자은행가들을 언급하는 유일한 이유는 상장 기업의 최고경영진이 투자은행가들과 지나치게 많은 시간을 보내면서 '진짜' 비즈니스에 해를 끼치기 때문이다. 이는 실제적이고 명백한 공급 측면의 제약이다.

현금

이쯤에서 공급 측면의 결정적인 제약 요소인 현금에 대해 논의하는 것이 좋겠다. 내가 극도로 보수적인 현금 정책을 폈다는 비판은 타당하다. 지나고 돌이켜 보니 특히 더 그렇다. 하지만 우리는 1962년에 파산 직전에 있었고, 1959년부터 1970년까지 최소 20개의 슈퍼마켓 체인이 파산하는 것을 목격했다(나는 파산의 위험을 꾸준히 상기하고 또 영업 사원들에게 보여주기 위해 늘 책상 위에 파산한 체인점들의 '명부'를 올려놓았다).

나의 현금 정책은 항상 최소 2주치 매출에 해당하는 현금을 보유하는 것이었다(경영대학원에서는 이를 경험적 지식에 의존하는 '휴리스틱' 의사결정이라고 부르는 것 같다). 이 기준을 충족하지 못하는 달이면 뱅크 오브 아메리카에서 표면상으로는 매장 시설을 담보로 하는 5년 만기 대출을 받아왔다. 하지만 뱅크 오브 아메리카에도 열심히 설명했듯이, 나는 설비와 재고를 구매하기 위해 대출을 받는 것이 아니었다. 설비를 구매할 현금이 있다면 애초에 돈을 빌리지 않았다. 1975년 이후에는 다시는 돈을 빌리지 않았다.

자기자본 수익률을 판단할 때 대차대조표에서 '잉여' 현금을 빼고 계산하는 투자은행가들에게 나의 현금 정책은 우습게 보일 것이다. 하지만 그 결과로 넉넉한 현금 포지션을 확보한 덕분에 집중 구매를 하며 환상적인 거래를 성사할 수 있었다. (국세청이 부당하게 수익을 축적하고 있다고 판단한다면 큰 문제가 생길 수도 있다는 점도 덧붙여야겠다. 우리는 매년 법인 의사록에 그 많은 현금이 필요했던 이유를 세심하게 설명해 놓았다.)

주주

트레이더 조의 지배주주였던 나는 1971년 홀 어스 해리가 성공한 후 겁먹은 듯 조심스럽게 처신했다. 우리가 가진 모든 돈이 회사에 들어가 있었기 때문이다. (나는 계속 낮은 연봉을 유지했다. 회사의 이익을 극대화하기 위해서였고, 또 연봉을 높이면 레이건 대통령 시기 이전에 73퍼센트의 한계세율 구간에 속해 더 많은 세금을 내야 했을 것이기 때문이다.) 마지막에 내가 트레이더 조를 매각한 알브레히트Albrechts 가족은 나의 임기 마지막 해까지 적극적으로 경영에 참여하지 않았고, 공급 측면의 요소로 영향력을 발휘하지 않았다.

트레이더 조를 떠난 후 내가 경영했던 모든 회사는 첫째, 상장 기업이었고, 둘째, 심각한 어려움에 처해 있었기 때문에 낮은 주가에 대한 주주들의 우려가 실질적인 제약이었다. 하지만 내게 이것은 긍정적인 요소였다. 그 덕분에 내가 모든 일을 맡아 할 수 있었기 때문이다.

직원

일반적으로 식료잡화 소매업의 인건비는 제조업이나 전문직, 요식업에 비해 상대적으로 낮은 편이다. 이것이 트레이더 조가 높은 보상 정책을 펼칠 수 있었던 이유 중 하나였다. 가장 큰 비용은 상품 원가다. 재미있는 점은 식료품점들은 매출원가를 줄이기보다는 급여를 쥐어짜는 데 더 많은 노력을 기울이는 것 같다는 사실이다. 매출원가에서 비용을 아낄 기회가 적어도 5배는 더 많은데 말이다.

우리의 높은 보상 정책은 인간 본성으로 인해 생기는 공급 측면의 제약을 완화하려는 노력으로 볼 수도 있다. 더 유능한 인재를 유치하고, 그들의 고용을 유지함으로써 어느 정도 자유를 얻을 수 있다.

인구의 상당수가 대부분의 상점에서 일할 자격을 갖추고 있다. 우리가 증명했듯이, 어떤 직급에서도 굳이 대학 졸업자는 필요하지 않다. 전문직, 현대의 여러 제조업 등과 달리 소매업은 업무에 필요한 사람을 교육하기가 비교적 쉽다.

그리고 열정이라는 요소가 있다. 홀 어스 해리 버전에 돌입하자마자 우리가 하는 일에 대해 우리보다 더 큰 믿음을 가진 건강한 식품 마니아들이 모여들기 시작했다. 오히려 직원들이 우리로 하여금 올바른 길로 가게 했다. 직원들이 경영진을 단속했던 것이다! 스포츠 용품 체인을 컨설팅했을 때와 스포트 샬레Sport Chalet를 운영할 때도 똑같았다. 스포트 샬레와 트레이더 조 모두 판매하는 제품에 지나치게 몰입해서 다른 제품은 아무것도 판매하지 않으려는 직원이 존재할 위험이 있다.

범죄

여러 가지 수요 측면의 전략을 펼치고 싶은데 범죄 때문에 제약을 받는다면, 범죄를 공급 측면의 주요한 제약으로 간주해야 한다.

◆ **내부 범죄**

유감스럽게도 회사 내 모든 부분에서 내부 절도의 기회가 있다는 점이 소매업의 특징이다.

1. 여러 매장을 임차하는 체인이라면 부동산 부서가 부패한 거래를 할 위험에 노출되어 있다. 적은 임금을 받으면서 정직하게 일하는 임대차 담당 직원은 존재하지 않는다. 나는 정말 끔찍한 사례를 몇 번이나 본 적이 있다.
2. 다른 많은 사업도 그렇듯이, 회계/구매 담당자가 컴퓨터에 허위 공급업체를 넣을 수 있다. 또 상품 바이어가 진짜 공급업체로부터 뇌물을 받을 수도 있다. 바이어는 하루 안에 먹거나 피울 수 있는 것은 무엇이든 받을 수 있다는 것이 소매업계의 오래된 규칙이었다. 그러나 이 규칙은 대부분 버젓이 위반되었다.
3. 창고에서는 현금화하기 쉬운 상품이 많이 입출고된다(고객이 원하지 않는 상품은 쌓아 두면 안 된다). 버드 피셔는 직원들이 창고를 떠날 때는 빠르게 몸수색을 하고, 필름·양말 등에는 자물쇠를 채워 아울 드럭 컴퍼니의 수명을 연장했다. 완전한 상자

로만 배송하기로 한 중요한 결정이 우리 통합 물류 시스템의 보너스였다. 그 덕분에 절도 건수가 많이 줄어들었다. 비록 가끔씩 벼룩시장에서 트레이더 조 자체 상표가 붙은 견과류가 판매된다는 소문이 귀에 들어오긴 했지만, 자체 상표 제품은 일반 제품에 비해 장물 매매가 더 어렵다. (이런 대규모 벼룩시장은 상품을 양지의 경제로 이동시키는 데 중요한 역할을 한다. 공식적인 국내총생산에 포함되지 않는 것이 안타깝다.)

4. 트럭 운전사들은 때때로 매장으로 이동하는 길에 흥미로운 만남을 갖는다. 회사들이 트럭에 전자 기록 장치를 설치하는 이유에는 이동 중에 계획되지 않은 정차가 있었는지 확인하기 위한 용도도 있다. 이것은 스리프티와 마켓 홀세일이 했던 몇 안 되는 생산적인 일이었다.

5. 매장 직원들은 상품뿐 아니라 현금에 대한 접근성도 매우 좋다. 그리고 이것은 그들의 '애인'도 마찬가지다. '애인에게 찍어 주기'라는 말은 사전에도 올려야 할 것 같다. 이 말은 애인이 계산대를 통과할 때 표시된 가격보다 더 낮은 가격을 찍는다는 뜻이다. 바코드를 스캔하는 경우라면 외관상으로는 스캔하지만 실제로는 레이저 빔을 엇나가게 찍는 것을 의미한다. 내가 1991년 하와이의 페이 엔 세이브 드럭스토어에 있을 때는 한 시간에 500달러를 훔쳐 가는 직원이 있었다. 그녀는 애인이 많았다!

이 모든 문제는 베트남전쟁 이후 마약에 중독된 문화가 퍼지며 기하급수적으로 증가했다. 마약 문화는 홀 어스 해리와 같은 시기에 싹터 성장을 거듭했다. 그러나 베트남전쟁 이전, 이른바 좋았던 옛 시절에는 사람들이 경마나 여자에 돈을 썼다. 이런 취미에는 세후로 아주 많은 돈이 들기 때문에 남자들은 세금이 붙지 않는 수입처에 관심을 가졌다. 나는 60년대에 산타아니타 경마장에 불을 지르고 싶은 마음이었다.

대개 절도는 단단하고 단단한 육체의 문제다. 우리는 건강보험과 소득 보장 보험을 제공해 직원 가족의 건강과 생활비 문제, 즉 이론의 여지는 있지만 그나마 절도의 '변명'이 될 수 있는 문제들을 상당 부분 미리 해결했다고 생각한다. 하지만 대부분의 직원 절도는 마약, 도박, 불륜 관계를 위한 것이다. 한 시인의 말처럼, 여자 두 명을 부양하려면 돈이 많이 드는 것이다.

몇 안 되는 비즈니스 지향적 절도범이 있었는데, 항상 저녁 근무를 자처하고 자기가 매장 문을 닫으려 하는 캡틴이었다. 매장 정리를 맡았기 때문에 부업으로 자기가 소유하는 가게에서 판매할 제품을 스테이션 왜건에 실어 갈 수 있었다. 르로이가 그를 감시하다가 어느 날 밤 현장을 잡았다.

17장에서 설명했듯이, 우리는 1년에 두 번씩 우리 집에서 직원 파티를 열었다. 매번 그 캡틴이 우리 집에 손님으로 와서 함께 식사를 했다. 그런데 그 망할 자식이 도둑질을 했다! 그 사건 이후에는 지갑 도난 사건도 발생했다. 그 후로 우리는 집이 아닌 곳에서 파티를 열기 시작했다.

내부 절도 때문에 탐정 사무소를 가장 중요한 제품 외 공급업체 중 하나라고 보아야 할지도 모른다.

◆ 외부 범죄: 강력 범죄

좀도둑질은 푼돈이다. 경험 많은 소매업자라면 모두 동의할 것이다. 트레이더 조에서는 냉동 새우가 가장 큰 문제였다. 냉동 새우는 면적당 가치가 높고, 장물을 매매하기가 쉽다. 도둑들은 보통 팀으로 활동한다.

부도수표와 위조 신용카드를 매개물로 하는 고객 절도는 금액으로는 더 큰 손실을 입힌다. 프론토 1호점이 있는 퍼시픽 팰리세이즈처럼 소득 수준이 높은 지역이 이런 범죄가 가장 심각한 편이었다. 오늘날에는 다양한 전자 인증 절차가 도입되어 부도수표와 신용카드 범죄가 줄었지만, 내가 경영 일선에 있을 때만 해도 전자 인증 절차가 도입되기 전이었다. 잘 아는 우량 고객에게서 수표를 받았다가 제대로 뒤통수를 맞은 적도 있다. 수표로 지급해 놓고 이혼하기로 결정한 뒤 누가 먼저 공동 계좌를 정리할 수 있나 확인이라도 하듯 부부가 열심히 계좌를 정리해 버린 것이다.

돈으로 따지면 직원 절도가 가장 큰 문제이지만, 가장 트라우마가 큰 것은 강도 사건이다. 우리는 평균적으로 3개월에 한 번씩 강도를 당했다. 1971년 법원에서 출두 명령을 받은 가게 강도를 당한 후 한밤중에 집으로 돌아오며 모차르트의 '아이네 클라이네 나흐트무지크'를 들었는데, 그 후 모차르트의 팬이 되었다. 모차르트를 향해 진보하는 기막힌 방식이었다.

모든 삶은 모차르트를 향한 진보의 과정이라고 생각한다.

— 버나드 레빈Bernard Levin, 〈런던 타임스London Times〉

여러 개의 금고를 사용하고, 은행에 그때그때 입금하며, 카메라를 달아 범죄를 막으려고 애쓴다. 하지만 마약 문화는 여전히 문 앞에 와 있다. 매장이 크고 직원이 많다고 해서 방어할 수 있는 것이 아니다. 매년 깜짝 놀랄 만한 슈퍼마켓 강도 사건이 발생하고 있다. 마약과의 전쟁은 누가 대가를 치르는가? 상점, 식당, 은행에서 일하는 사람들이다. 총에 맞지 않더라도, 냉장실에 갇히지 않더라도, 이상한 사람들이 매장에 들어올 때 받는 스트레스는 큰 타격을 준다.

절도는 강도보다는 트라우마가 덜하지만, 그래 봐야 아주 조금 덜한 정도다. 소매업의 수요 측면에서 설명했듯이, 담배를 판매하지 않게 된 후 절도 사건이 급격히 감소했다. (이동식) 지상 금고 대신 바닥 금고를 설치하는 것도 큰 효과가 있다.

프론토와 트레이더 조에서 보낸 30년 동안 수백 건의 강도와 절도 사건이 일어났다.

내부 절도, 공급업체 절도, 부도수표, 무장 강도, 빈집털이의 조합은 때때로 사람을 압도할 정도다. 내 인생의 절반을 범죄를 사전에 통제하고 사후에 발견해 조치를 취하며 보냈으니, '소매업의 범죄 측면'이라고 아예 따로 하나의 장을 할애해 쓸 수도 있었을 것이다.

이것이 경영의 통제 기능이 소매업에서 매우 중요한 이유 중 하나다. 알디Aldi나 코스트코 같은 소매업체는 수요 측면에서 여러 가지 잘못을 저질렀는데도 공급 측면을 통제하는 데 끈질긴 집념을 발휘해 수익을 창출해 낸다. 내가 고객을 위해 무엇을 할 수 있는지 묻지 말고 직원, 공급업체, 고객, 마약 중독자가 내게 무엇을 해줄 수 있는지 물어라.

최고경영자의 체력도 공급 측면의 중요한 제약 중 하나다. 공급 측면의 제약을 나열한 목록에 적지는 않았지만, 사실이다. 그리고 여기 이 CEO를 지치게 만든 것은 해마다 발생하는 직원 절도 사건이었다. 1966년 첫 번째 배신을 겪고서 사업을 거의 그만둘 뻔했다. 하지만 이 사건은 소매업이라는 '모체'에 당연히 속한 요소라고 마음을 고쳐먹고 이를 악물었다.

이 장의 마지막은 어둡다. 하지만 아후라 마즈다Ahura Mazda의 말처럼, 어둠이 없으면 빛도 없다.

마지막 5개년 계획

> 기존의 상황을 바람직한 상황으로 재구성하는 것은 공학, 의학, 법학, 경영, 건축 등 직업의 목표다. 이것은 세상을 바꾸려고 하기보다 있는 그대로 설명하려는 과학과 이들 직업을 구별하는 기준이 된다.
>
> — 〈스미스소니언 Smithsonian〉

우리는 즉흥적으로 운영하지 않고 계속해서 공식적인 계획을 세웠다. 이것이 이 장에서 전달하고자 하는 진짜 메시지다. 나는 이 책을 쓰기 위해 1958년까지 거슬러 올라가 먼지를 털어내고 모든 계획서를 다시 읽어야 했다. 내 예측이 얼마나 자주 틀렸는지를 보면서 자꾸만 움찔움찔하게 된다. 하지만 적어도 나는 미래에 대해 내가 생각한 내용을 종이에 적어 놓았고, 그것을 가장 가까운 동료들에게, 그리고 때로는 모든 직원에게 공개했다.

'82년 5개년 계획

'77년 5개년 계획은 꽤 성공적이었고 우리는 이 계획을 80퍼센트 정도 달성한 것 같다. 식료품 업계의 규제 완화 속에서도 살아남아 오히려 강력한 소매업체가 되었다. 또한 물류 문제에 대한 나의 통찰력이 부족했는데도 살아남았다. 1982년 매출은 1977년보다 2배 이상 증가했고, 세전 이익은 3배로 늘었다.

우리는 1982년 7월에 작성한 '82년 5개년 계획에 따라 위력을 과시할 준비가 되어 있었다. "사실 우리는 로스앤젤레스에서 가장 효율적인 식품 소매업체 중 하나입니다. (…) 1980년대 초반을 살아남기 위해 강하게 밀어붙일 준비가 되어 있습니다. 우리는 최근 교육받은 대중의 취향을 만족시키는 데 있어 리더입니다. 이들은 수입이 줄어들지도 모르지만, 새로운 취향을 유지할 것입니다. 우리가 가장 잘 파는 상품에서 더욱더 가치를 알아볼 수 있을 것입니다."

사실 이 말은 1990~1994년 경기 침체 상황을 더 잘 설명하는 시나리오였을지 모른다. 항공우주 산업이 무너지며 많은 고객이 일시에 해고되었고, 의사들이 새로운 의료보험으로 손해를 입었으며, 변호사는 공급 과잉이었다. 그래서 교육 수준이 높고 소득이 줄어든 새로운 전문직 종사자들 중 상당수가 트레이더 조에서 쇼핑을 시작했다. 그러니까 나의 예측은 8년이나 빨랐던 것이다.

나는 1980년대가 정말 힘든 시기가 될 것으로 예상했다. '82년 5개년 계획을 세우던 1982년에 주식시장이 폭락했고, 금리는 고공 행진을 계속했다. 그런데 내가 틀렸다. 레이건 대통령의 냉전 방위 프로그램이 캘리포니아 남부에 수십억 달러를 쏟아부었고, 7장에서 자세히 이야기했던 달러 강세가 시작되었던 것이다.

문제는 설계다

다음의 인용문은 IBM 360 시스템의 설계자인 프레더릭 P. 브룩스 주니어Frederick P. Brooks Jr.가 1982년에 저술한 통찰력이 가득한 책《맨먼스 미신The Mythical Man Month》에서 발췌한 것이다. 내가 경영 관련 서적 중 가장 좋아하는 책이다.

> 나는 시스템 설계에서 개념적 일관성이 가장 중요한 고려 사항이라고 주장하겠다. 여러 가지 훌륭한 아이디어를 담고 있지만, 그 아이디어들이 독립적이고 통합되어 있지 않은 시스템보다는 다양한 기능과 개선 사항이 빠져 있어도 통합된 일련의 설계 아이디어를 반영하는 시스템이 더 낫다. (…)
>
> 개념적 일관성을 얻으려면 결국 한 사람의 생각 또는 서로 동의하고 공명하는 소수의 생각에 의해 설계가 진행되어야 한다. (…)
>
> 그러므로 좋은 설계를 얻기 위해 1순위로 고려해야 할 사항은 설계의 일관성이다. 그리고 일관성은 여러 사람이 모인 합의체에서는 얻을 수 없다. (…)
>
> 프로그래밍 시스템의 목적은 컴퓨터를 사용하기 쉽게 만드는 것이다. (…)
>
> 나는 모든 경험을 통해 시스템의 개념적 일관성이 사용 편의성을 결정한다는 사실을 확신했다. (…)
>
> 기능 명세서functional specification에서 도출된 시간, 즉 시스템의 기

능을 사용함으로써 절약되는 시간이 매뉴얼을 학습하고, 기억하고, 검색하는 데 낭비되는 시간보다 큰 경우에만 사용 편의성이 향상된다. (…)

사용 편의성이 목적이므로 개념적 복잡성에 대비한 기능의 비율이 시스템 설계의 최종적인 테스트가 된다. 오직 기능만으로나 단순성만으로는 좋은 설계를 정의할 수 없다. (…)

그러나 정해진 수준의 기능에 대해서는 가장 단순하고 직관적으로 기능을 명세할 수 있는 시스템이 최고다. 다만, 단순성만으로는 충분하지 않다. (…)

단순성과 직관성은 개념적 일관성에서 나온다. 설계의 모든 부분은 동일한 철학을 반영해야 하며, 동일한 요구 사항을 해결해야 한다. (…) 그러면 사용 편의성은 설계 단위를 결정하고, 그러므로 개념적 일관성을 결정한다. (…)

세계에는 경제 문제가 아니라 설계 문제가 있다.

– 벅민스터 풀러

컴퓨터와 불연속적 제품

결론적으로 '82년 5개년 계획에서 우리는 다시 연속적인 제품이 아닌 불연속적 제품에 전념하기로 했다. 우리를 다른 식료품점들과 차별화할 수 있는 열쇠가 불연속적인 제품임을 입증했기 때문이다.

그러나 특히 새로운 매장을 계속해서 여는 상황에서 제대로 된 컴퓨터 없이는 이 모든 불연속적 제품군을 관리하기가 어렵다는 사실을 깨닫게 되었다. 13장에서 설명했던 빵 주문 문제는 '82년 5개년 계획을 추진하면서 더욱 절실하게 다가왔다.

우리는 컴퓨터를 통해 구제받고 프레더릭 브룩스의 '사용 편의성'을 획득하게 될 거라고 확신했다. 그리고 실제로 그렇게 되었다. 물론 나는 "개념적 일관성을 얻으려면 결국 한 사람의 생각에 의해 설계가 진행되어야 한다"고 주장하지는 않았다.

인간의 인간적 활용

이 인상적인 문구는 노버트 위너Norbert Wiener가 《사이버네틱스Cybernetics》로 정보화 시대를 열었던 1954년부터 나의 사전에 등재되었다. 1982년, 직원들은 컴퓨터가 사람을 대체할지도 모른다는 위협 속에서 경제 불황을 우려하며 매우 불안해하고 있었다. 그래서 1969년부터 직원 매뉴얼에서 사용했던 용어인 '인간의 인간적 활용'이라는 주제로 직원들에게 '행동 계획 및 협업 프로그램'을 제시했다.

나는 불연속적인 제품을 판매하는 일을 '인간 활용'과 연결하려고 노력했다. 타이드Tide와 폴저스를 판매하는 데는 사람의 개입이 필요하지 않았다. 이런 제품은 기계로 팔 수 있었다. 그 후 슈퍼마켓에서 셀프 계산대를 도입하면서 이 일의 현실화가 더 가까워졌다. 계산원이 없어 절약되는 인건비가 고객의 부정한 바코드 스캐닝을 상쇄한다는 것이 경영 이론이다. 나는 계산원이야말로 인간을 비인간적으로 활용하는 사례라고 생각한다. 이것이 트레이더 조가 전담 계산원을 두지 않고 매장 내 모든 직원이 계산 업무를 순환하며 맡는 이유 중 하나다.

우리가 소량 생산된 와인, 조금 오래된 브리 치즈를 취급하고, 아머 디너 클래식을 슈퍼마켓의 절반 가격에 팔 수 있는 이유를 설명하는 일은 사람을 활용해야 했다. 그리고 직원들의 잠재력을 활용하려면 제품 지식이 필요했다. 제품 지식은 교육을 통해서가 아니라 판매하는 제품에 대한 직원 개개인의 흥미를 일으킴으로써 가장 잘 얻을 수 있다.

글쎄, 이런 내 말들 중 얼마만큼이 진심이었고, 또 얼마만큼이 커비 진공청소기 판매사원들이 떠벌리는 것 같은 영업용 멘트였을까? 나도 모르겠다. 어쨌든 의도는 선했다. 하지만 우리가 한 일은 결과적으로 직원들이 불필요한 영업을 하지 않도록 만들었다.

특히 앞서 언급했던 식품의약국과 관련된 문제 때문에 나는 직원들이 비타민을 영업하길 원치 않았다. 와인도 영업하지 않았으면 했다. 시간이 아주 많이 걸리기 때문이다. 이미 설명했듯이, 〈피어리스 플라이어〉가 우리의 주된 판매 도구가 되어야 했다.

하지만 우리는 직원들의 판단력을 강력히 활용하게 되었다. 1962년부터 이어져 온 높은 보상 정책은 계속 효과를 발휘했다. 매장의 매킨토시는 새로운 '인간적' 기술을 요구했다. 신규 매장 직원과 기존 매장 파트타임 직원의 지속적인 채용, 교육, 승진은 물론이고 성별과 인종에 대한 문화적으로 새로운 변화, 직업안전위생관리국 Occupational Safety and Health Administration, OSHA의 새로운 정부 규제 등 모든 것이 인간 활용에 포함된다. 정규직 직원들은 무엇보다 관리자가 되었다. 그들은 여전히 짐을 옮긴다. 하지만 식료품점에서 일하는 사람들에 대해 알아야 할 점이 있다. 이 사람들은 어느 정도의 육체적 노동을 좋아한다는 사실이다. 밤에 퇴근하고 집에 가서 그날 수백 개의 상자를 '옮겼다'는 사실을 깨닫고는 매우 뿌듯해하는 것이다.

많은 직원이 제품에 대해 관심을 갖게 되었다. 우리는 계속 사무실에서 와인 시음회를 열었다. 하지만 정말 흥미로운 일은 다음 호 〈피어리스 플라이어〉에 실릴 제품을 설명하기 위해 바이어들이 1년에 다섯 번씩 직접 매장을 방문할 때 일어났다. 세상에, 바이어들이 현장의 거침없는 의견과 반응을 들어야 했다!

그럼에도 매장 직원들을 위한 공식적인 행정 및 관리 교육은 매우 부족했다. 1960년대 후반부터 이런 교육이 부족하다는 사실을 여러 번 인지했지만, 육체적인 업무나 돈을 다루는 일에 대한 교육과는 달리 행정 및 관리 교육은 거의 하지 않았다. 단순히 그 일에 필요한 내부 기술이 부족했기 때문이다. 외부 지원을 얻을 수 있도록 존 실즈가 도움이 되길 바랐지만, 나는 그 기대가 실현되기 전에 회사를 떠났다.

다시, 성공

'82년 5개년 계획은 대부분 '77년 5개년 계획을 연장한 것이었지만, 계획을 실행하는 방식에서는 훨씬 개선되었다. 1988년 매출은 1982년 대비 240퍼센트 증가했고, 세전 이익은 355퍼센트 증가했다.

'88년 5개년 계획

이 계획은 1987년 12월, 10월의 주식시장 붕괴 직후에 작성되었다. 존 실즈를 고용한 뒤여서 그가 계획을 세우는 데 도움을 주었다.

'88년 5개년 계획은 1994년까지 냉전 이후 캘리포니아의 암울한 시기를 예측했다. 꽤 잘한 예측이었다. (1994년 1월 노스리지 지진이 일어나지 않았다면, 그래서 보험회사와 정부가 200억 달러를 풀지 않았다면 경기 침체가 더 오래 지속되었을 거라고 생각한다.) 또 이 계획은 인구통계학적으로 타깃 인구가 풍부한 북부 캘리포니아에 매장을 12개 열 것으로 예측했다. 트레이더 조 역사상 규모가 가장 큰 샌러펠 매장을 포함해, 이 계획은 정확히 맞아떨어졌다.

여기까지다. 나는 계획서를 작성한 지 4개월 후인 1988년 4월에 사임하고, 1988년 12월 31일에 트레이더 조를 떠났다. 따라서 계획의 성공 여부나 유효성을 판단할 수 없다. 다만, 그 후 최고경영진의 교체 이슈가 제기되긴 했다. 내가 정말 모르긴 했나 보다!

3부

창업자의 마지막 결정

직원 소유 제도

일말의 계산도 없이 재산을 획득하는 사람은 없다.

— 랠프 월도 에머슨 Ralph Waldo Emerson

지금까지 트레이더 조의 이야기를 풀어놓으면서, 맥 더 나이프 버전을 시작하고 2년 후인 1979년에 트레이더 조의 소유권이 급격하게 바뀌었다는 사실은 언급하지 않았다. 회사 운영 측면에서는 큰 사건도 아닌데, 굳이 설명하면서 이야기의 흐름이나 트레이더 조의 업무에 대한 설명을 방해할 필요가 없다고 생각했기 때문이다.

우리, 그러니까 직원들과 나는 1979년 독일 에센의 알브레히트 가문에 트레이더 조를 매각했다. 그리고 놀랍게도 나는 그 후 10년을 더 트레이더 조에서 근무했다.

직원 소유 제도의 목표

프론토 마켓을 시작할 때부터 내가 세운 기본 원칙 중 하나이자 기본 목표 중 하나는 직원들이 기업을 소유하게 하는 것이었다. 하지만 이를 달성하는 과정은 복잡했다.

렉솔은 내부적인 이유로 프론토 마켓을 각각 별개의 법인으로 만들었다. 그래서 렉솔 아래에 7개의 법인이 있었고, 1962년 아도르와의 계약으로 여덟 번째 법인이 추가되었다. 하지만 나는 직원들이 하나의 법인이나 매장에만 투자하는 것을 바라지 않았다. 너무 프랜차이즈 같기도 했고, 무엇보다도 우리는 직원들을 늘 매장 간, 즉 법인 간에 이동시켰기 때문이다.

우리는 직원들이 기업 전체에 투자할 수 있도록 8개의 법인을 통합하기 위해 프론토 마켓 인베스트먼트 클럽Pronto Market Investment Club을 만들었다.

이것을 만든 사람은 나의 스탠퍼드 시절 룸메이트였던 찰스 W. 프롤리크 주니어Charles W. Froehlich Jr.였다. 프롤리크는 내가 프론토와 트레이더 조에서 근무하는 30년 동안 우리 회사의 수석 변호사였다. 문제는 그가 자꾸 다른 일을 했다는 것이다. 1960~1964년에는 UC 버클리 볼트 홀에서 세무학 교수로, 1972~1982년에는 고등법원 판사로, 1987~1996년에는 상소법원 판사로 재직했다. 하지만 그는 늘 세금 지옥에서 '나'라는 단테를 이끄는 베르길리우스였다.

렉솔로부터 프론토를 인수할 당시 프롤리크는 볼트 홀에서 세무학을 가르치고 있었다. 그는 캘리포니아 기업 감독관과 불필요한 문제를 일으키지 않고 8개 법인의 주식을 보유하기 위한 수단으로 프론토 마켓 인베스트먼트 클럽을 만들었다. 왜 법인들을 그냥 합병해 버리지 않았을까?

합병하지 않았을 때 우리처럼 연약한 기업에게는 재무적으로 엄청난 도움이 되는 세금 혜택이 있었기 때문이다. 당시의 세법에서는 제너럴 모터스든 프론토 마켓 1호점이든, 모든 기업은 일반 법인 소득세와 2만 5000달러 이상의 소득에 대한 부가세를 둘 다 납부해야 했다.

처음 2만 5000달러에 대해 붙는 부가세를 피하면 1만 2500달러를 절약할 수 있었다. 이것은 제너럴 모터스에게는 아무런 의미가 없겠지만, 우리의 경우에는 8개 법인이 모두 충분한 이익을 낼 수 있다면 잠재적으로 연간 총 10만 달러의 세금을 절감할 수 있다는 뜻이었다. 객관적으로 보았을 때 1965년 말 우리의 순자산은 50만 달러 미만이었다. 당시 각 법인은 충분한 세전 이익을 창출하지 못해서 10만 달러를 꽉 채운 세금 절감 효과를 누리지는 못했으나, 그래도 상당한 금액을 절감할 수 있었다. 그러나…….

부가세 면제 조건을 유지하려면 8개 법인의 소유권이 충분히 희석되어 그 법인들이 누구의 '지배' 아래에도 있지 않게 해야 했다.

'귀속 소유' 법칙에 따라 프론토 마켓 인베스트먼트 클럽이 소유한 주식은 개별적으로 소유한 클럽 지분에 비례하여 클럽 회원들에게 '귀속'되었다. 나를 포함한 5명의 최대 주주가 80퍼센트 이상을 소유하지 않는 한, 법인은 '비지배' 상태였고 부가세 면세 혜택을 누릴 수 있었다.

해가 거듭될수록 부가세 절감액이 쌓였다. 참고로, 1962~1977년 이후로는 인플레이션 조정이 필요하다. 그때는 그 금액이 지금에 비해 훨씬 더 큰 돈이었다. 프롤리크의 묘안 덕분에 프론토 마켓 집합체의 재정적 성공을 확보할 수 있었다. 1967년 트레이더 조를 개발할 때는 기존 프론토 마켓 법인 아래에서 간단히 새로운 매장을 열었을 뿐이었다.

직원들은 회사에 투자할 기회를 갖기를 간절히 원했다. 그들의 신념은 늘 이치에 맞는 것은 아니어도 감동적이었다. 앞서 언급했듯이, 모든 거래는 장부가격으로 이루어졌다. 내실 없이 장밋빛 미래를 예측하며 멋대로 가격을 올려 팔지도 않았고, 장부가격을 넘는 프리미엄을 붙이지도 않았다. 직원이 퇴사하면 그 직원이 소유했던 프론토 마켓 인베스트먼트 클럽의 모든 지분을 우리가 되사들일 수 있었다. 프론토 마켓이 더 이상 존재하지 않을 때에도 우리는 그 이름을 유지했다. 지분을 매입할 기존 직원이나 신규 직원을 찾는 데는 아무 문제가 없었다. 무엇보다 중요한 사실은 연간 10만 달러의 절세 효과를 유지하기 위해 필요한 지분 희석 상태를 유지하는 데 아무 문제가 없었다는 것이다.

주택은 예스, 클럽 지분은 노!

이 시스템은 경제적 배경에 큰 변화가 일어난 1975년까지는 잘 작동했다. 7장 서두에서 설명한 것처럼, 1974년 모든 것이 바닥을 친 뒤 경제는 다시 살아났다. 무엇보다도 남부 캘리포니아의 주택 가격이 상승했다. 1974년부터 1977년까지 주택 가격이 최소 2배 이상 올랐다!

그 배경에는 여성의 권리에 대한 역사상 가장 중요한 법원 판결 중 하나가 있었다. 법원은 다음과 같이 판결했다. 첫째, 독신 여성은 주택담보대출을 받을 수 있고, 대출 기관은 주택담보대출의 규모를 결정할 때 여성의 소득을 기준으로 판단해야 한다. 둘째, 맞벌이 부부의 경우

대출자의 지급 가능 금액을 판단할 때 아내의 소득도 포함해야 한다.

나는 이 중대한 제도적 변화에 충분한 관심을 기울이지 않았던 것 같다. 이러한 변화로 여성과 맞벌이 부부의 주택 구입 능력이 엄청나게 상향되었다. 여성들은 원하는 집을 사기 위해 직장에 다녔다. 직원들은 갑자기 집값이 천정부지로 치솟는 것을 목격했다. 1975년에 한 가족은 집(또는 더 큰 집)을 사거나 프론토 마켓 인베스트먼트 클럽에 투자하는 것 둘 중 하나를 선택해야 했다. 그리고 클럽이 졌다.

60대 직원 몇 명이 사망하면서 상황은 더욱 복잡해졌다. 나는 늘 55세 이상을 직원으로 고용해야 한다는 주의였다. 그들은 고객을 대하는 태도가 훌륭하고, 제대로 고른 사람이라면 제품에 대한 지식도 풍부하기 때문이다. 그러던 중 60대 직원 몇 명이 세상을 뜨자 그들의 아내들은 소유하고 있던 프론토 마켓 인베스트먼트 클럽 지분을 현금화하길 원했다. 그런데 그들의 지분을 인수할 직원을 충분히 찾을 수 없었다.

르로이, 진 펨버턴, 폴 리드Paul Reid, 존 엡과 같은 진정한 신봉자이자 최대 지분 소유주들은 항상 더 많은 지분을 확보하고 싶어서 안달이었다. 하지만 희석 문제 때문에 그들이 더 많은 지분을 매입하게 할 수가 없었다.

처음에는 모든 캡틴의 보너스를 지분으로 지급해서 문제를 해결하려고 했다. 하지만 그다지 인기가 없었다. 그들도 집을 사고 싶어 했다. 법인에서 주주, 인베스트먼트 클럽, 나를 대상으로 배당금을 지급하는 방법도 시도해 보았다. 클럽 입장에서는 괜찮았다. 지분을 되사기 위한 현금을 확보할 수 있었기 때문이다. 하지만 이 전략은 내게 세금 재앙이었다. 나는 73퍼센트의 한계세율 구간에 속해 있었던 것이다.

그 후 8개 법인의 주식을 매입하기 시작했다. 하지만 내가 지배주주였기 때문에 그중 일부가 내게 귀속되어 지분이 집중되는 문제가 더 심해졌다.

법인에 현금은 부족하지 않았다. 사실 1975년에 우리는 뱅크 오브 아메리카에서 빌린 마지막 은행 대출을 모두 갚았다. 트레이더 조에는 1975년 이후 어떤 고정부채도 없었다. 매년 세후 10만 달러를 아낄 수 있는 혜택만 없었다면, 나는 매물로 나온 모든 지분을 기쁘게 사들였을 것이다.

우리사주신탁 제도

몇 년 안에 위기가 닥칠 것이 분명했다. 그래서 프롤리크가 고등법원 판사가 된 이후 우리 회사의 변호사로 일한 에드 와이스먼Ed Weissman과 함께 1975년에는 다소 생소한 개념이었던 우리사주신탁 제도에 대해 철저히 공부하기 시작했다.

아이디어는 다음과 같았다. 직원들을 위한 추가적인 퇴직금 계획을 수립하고, 트레이더 조가 직원별로 연소득의 약 10퍼센트에 해당하는 금액을 부담하는 것이었다. 물론 이러한 기업 부담금은 세금 공제가 가능했다. 축적된 현금은 나의 지분율을 의결권은 유지할 수 있는 수준이되 25퍼센트 이하로 낮추는 데 사용될 것이었다. 이 과정은 오랜 기간에 걸쳐 단계적으로 이루어질 예정이었다.

우리사주신탁 제도는 연간 10만 달러의 절세 혜택을 포기하고 법인들을 합병해야 했지만, 전체 사업의 총 현금을 고려한다면 트레이더 조의 퇴직금 부담분에 대한 절세 효과가 이를 상쇄하고도 남을 것이었다.

수년에 걸쳐 이 과정이 끝나면 나와 아내가 트레이더 조 지분의 25퍼센트를, 직원들이 75퍼센트를 소유하게 될 것이었다.

굿바이, 직원 소유 제도여

세부 사항을 모두 해결하는 데 1년이 걸렸다. 그리고 1976년 가을, 마지막 절차로 주식 가치에 대한 외부 평가를 진행하기 시작했다. 우리는 로스앤젤레스 최고의 기업 감정인을 고용했다. 감정 결과가 나오기 하루 전날 주 정부가 공정거래법과 우유 가격에 대해 깜짝 놀랄 만한 발표를 했다.

이렇게 새롭고 급진적인 불확실성이 대두된 상황을 고려하면, 감정인들은 감정서를 발행할 수 없었다. 설사 감정서가 나왔다고 해도 직원들은 그것을 신뢰하지 못했을 것이었다. 직원 다수가 트레이더 조는 이제 파산할 거라고 생각했기 때문이다. 그리하여 직원이 회사를 소유하게 한다는 20년간의 목표를 포기하고 트레이더 조를 알브레히트 가족에게 매각하게 되는 무대가 마련되었다.

23장

트레이더 조의 매각

'리스크 관리'라고 말했는가? 리스크 관리는 "'예'라고 답하면 어떤 위험을 감수하게 되고, '아니오'라고 답하면 어떤 위험을 감수하게 되는지" 묻는 것이라네.

― 버나드 맥도널 Bernard McDonell

1919년 당시 어린아이였던 카를과 테오도르 알브레히트의 부모는 독일 에센에 있는 작은 식료품점 세 곳을 신용으로 매입했다. 제1차 세계대전 직후이자 바이마르 인플레이션이 발생하기 직전이었다. 몇 년 후 인플레이션이 닥치자, 가게를 살 때 빌렸던 고정부채의 가치가 녹아 버렸다. 비록 인플레이션이 시장에는 악재였지만 말이다.

제2차 세계대전 당시 20대 초반이었던 형제는 독일군에 입대해 복무했다. 에센으로 돌아온 형제는 부모님의 작은 가게를 물려받았다. 독일은 폐허가 되어 있었다. 크루프 제철소가 있던 에센은 폭격으로 모든 것이 무너진 상태였다. 그들은 미국의 대형 식료품 체인점들이 들어올 준비가 되었다는 소식을 들었다. 운신의 폭이 좁은 사면초가의 상황에서 1949년, 형제는 이후 독일 경제사에 지대한 영향을 끼친 '박스' 스토어(창고형 점포)를 생각해 냈다.

형제가 세운 박스 스토어는 약 170평 규모에 600개 SKU를 취급하는 매장이었다. 취급하는 SKU는 가장 기본적인 식료품이었다. 이들은 가능한 한 싼값에 제품을 구매해서 오늘날의 코스트코만큼 낮은 매출총이익을 남기고 판매했다. '알디'라는 이름의 이 박스 스토어는 전후 독일이 인플레이션 없이 '기적 같은' 성장을 이루게 된 주요 요인 중 하나였다. 마르크화가 1949년 이후 세계 최고의 '경화' 중 하나였다고 말할 수 있다면, 그것은 유명한 재무장관 루트비히 에르하르트Ludwig Erhard 덕분만은 아니었다. 한편에는 독일에서 식료품 가격을 끊임없이 낮게 유지한 알브레히트 형제가 있었기 때문이다. 그 과정에서 형제는 독일에서는 전례가 없던 캔맥주를 포함한 여러 가지 혁신을 가져왔다.

1970년경 여전히 에센에서 15분 거리에 살고 있던 두 형제가 제국을 분할하기로 했다는 말을 들었다. 형 카를은 에센 남쪽의 독일·오스트리아·스페인·영국 매장을 가져갔고, 동생 테오도르는 독일 북부와 서베를린(공산주의자들에게 본때를 보여주기 위해 인구 200만 명의 도시에 80개 매장을 열었다)·베네룩스·프랑스 매장을 가져갔다.

1975년에 카를은 미국으로 건너와 아이오와의 다 망해 가는 슈퍼마켓 체인점 베너 티 컴퍼니Benner Tea Co.를 인수했다. 이곳을 물류 거점으로 삼아 중서부 지역에서 알디를 비슷하게 복제한 매장들을 내기 시작했다. 물론 많은 변화를 가미해야 했다. 하지만 마요네즈, 오일, 종이 타월 등 일반 제품의 구체적인 조건을 공개하면 이 조건을 맞출 수 있는 제조업체들이 입찰하는 식의 운영 원칙은 동일했다. 계약은 최저 입찰자가 따냈다. 알디는 일반 슈퍼마켓의 약 3분의 1에 해당하는 총이익률로 제품을 판매한다. 신선 제품은 거의 취급하지 않는다. 다만, 최근 몇 년 사이에 냉장 제품과 냉동 제품을 판매하기 시작했다.

'박스 스토어'라는 컨셉은 쉬워 보였다. 주얼 티Jewel Tea를 비롯한 많은 체인점이 이것을 시도했고, 실패했다. 오늘날 카를의 알디 베너Aldi Benner 체인만이 유일하게 살아남아 36개 주에 2000개 이상의 매장을 보유하고 있다.

알디의 미국 진출

아마도 형제간에 약간의 경쟁이 있었던 것인지 테오는 투자은행가인 도미닉 & 도미닉Dominick & Dominick을 고용해 인수할 미국 체인을 물색하고, 미국에서 자신의 알디 매장을 시작하려고 했다. 트레이더 조가 거의 같은 규모의 매장을 운영하고 있었기 때문에 그들이 먼저 우리에게 연락을 해왔다. 나는 트레이더 조는 잊어버리라고 말했지만, 그들은 끈질기게 매달렸다. 결국 1977년 3월 유럽으로 와인 구매 출장을 떠난 김에 에센으로 날아갔다.

그곳에서 내가 아는 사람 중 가장 훌륭하고 똑똑했던 디터 브란데스Dieter Brandes를 만났다. 서른다섯 살의 디터는 경제학 박사 학위를 가진 호리호리하고 학자 같은 사람이었다. 그는 불과 몇 년 전 테오에게 고용되어 테오 제국의 황태자로 급부상했다. 그는 독일 아래쪽 국가들과 미국 사업에 대한 특별한 책임을 지고 있었으며 금융, 법률, 일반 회화 등 여러 주제를 오가며 유창한 영어를 구사했다.

그는 알디 매장을 몇 군데 보여주며 그들의 운영 방식을 설명해 주었다. 아주 인상적이었다. 3개월 뒤에는 디터와 역시 완벽한 영어를 구사하는 그의 아내 카렌이 로스앤젤레스로 와서 우리와 함께 며칠을 보냈다. 디터가 계속해서 트레이더 조를 팔라고 설득하는 데다가 도미닉 & 도미닉의 압박까지 있어서 나는 마침내 10월에 독일로 가서 트레이더 조의 매각 협상을 시작하기로 동의했다.

앨리스와 나는 독일 에센에서 테오와 그의 매력적이고 지적인 아내 실리, 당시 20대였던 테오의 두 아들 테오 주니어와 베르톨트를 만났다. 당시 쉰여덟 살이었던 테오는 조용하고 지적이고 잘생긴 남자였다. 그는 경제적 여건이 허락했다면 건축가가 되고 싶었는데, 실제로 건축가의 면모를 지니고 있었다. 알디는 단순하고 간결한 바우하우스 스타일의 건축적 운영 방식을 따랐다. 정말 인상적이었다. 결국 나는 10년 동안 그의 밑에서 일했다.

하지만 그때는 아니었다. 알디를 다시 한번 살펴본 뒤 나는 벽에 부딪혔다. 알디의 운영 방식은 내가 소중히 여기는 모든 경영 컨셉에 어긋났다. 독일 경제와 독일 문화에서 보았을 때는 훌륭한 방식이었지만, 나는 받아들일 수가 없었다. 그래서 물러났다. 앨리스와 함께 젊은 조가 일하고 있던 파리로 도망쳤다. 디터는 낙담했다.

트레이더 조를 알디 – 캘리포니아를 위한 발사대로 사용할 수는 없었다. 이 계획이 성공할 거라고 생각하지도 않았다(카를이 운영하는 알디 베너의 재무 실적은 전혀 아는 바가 없다). 알디의 방식은 홀 어스 해리에 반하는 것이었고, 내 직원 정책에도 위배되는 것이었다.

게다가 내가 느끼기에 독일인들은 아직 법원에 계류 중인 주류에 대한 공정거래법이 종료되는 상황의 위협을 이해하지 못하는 것 같았다. 어쨌든 우리 직원 중에는 공정거래법이 종료되면 우리가 망할 거라고 생각하는 사람들도 있었는데 말이다. 이들은 프론토 마켓 인베스트먼트 클럽에서 빠져나가려고 했다.

반면에 디터는 규제가 완화된 시장에서 우리가 살아남지 못하면, 그것은 그것대로 더 좋다고 생각했을지도 모른다. 그러면 그들은 트레이더 조를 알디 - 캘리포니아의 발사대로 삼아 계획을 진행할 수 있었다. 아무튼 내 입장에서 이 거래는 무산되었다.

1978년 공정거래법이 종료되자 도미닉에서 곧바로 전화를 걸어왔다. 나는 그들에게 우리는 곤경에 처하지 않았으며, 신의 도움으로 이 문제를 해결할 거라고 말했다. 직원들에게 말한 내용을 도미닉에도 똑같이 말했다. 정부 규제로부터의 자유는 언제나 좋은 것이라고 말이다. 그리고 그 후 몇 달 동안 맥 더 나이프 버전으로 새로운 상황을 해결했다. 그러자 에센 쪽은 더욱 달아올랐고, 계속해서 가격을 올렸다.

마침내 1978년 10월, 도미닉 측에서 내게 전화를 걸어 파격적으로 수정된 제안을 내밀었다.

1. 규제 완화 이후 트레이더 조의 미래를 믿는다.

2. 트레이더 조의 운영 방식에는 아무런 변화가 없을 것이다.

3. 나는 관리 계약management contract을 체결할 필요가 없다.

4. 가격은 1년 전에 제안했던 가격의 약 3배였다. 우리도 이미 맥 더 나이프 버전을 통해 훨씬 더 많은 돈을 벌고 있었다.

나는 매각 계약서는 한 페이지를 넘지 않아야 한다고 답했다. 홀드백holdbacks*, 기브백givebacks** 등 어떤 조건도 붙으면 안 된다고 말했다. 테오는 지난 5년 동안 내가 신중한 사람답게 사업을 이끌어 왔음을 보증한다면 한 페이지짜리 계약서를 받아들이겠다고 타전했다. 그는 내가 사업을 어떻게 경영해 왔는지 아주 잘 알고 있었다. 그래서 이제 우리는 한 페이지짜리 계약서를 작성하기로 했다.

1977년에 독일인들은 나와 계약을 하려고 협상을 대리할 유명 로펌을 고용했다. 1979년, 계약서가 한 페이지여야 한다는 말을 듣고 그들은 손을 들어 올리며 계약서 작성을 거부했다. 그래서 우리 변호사가 계약서를 작성했다. 물리적으로는 한 페이지가 넘었지만, 내용으로는 한 페이지짜리 계약서였다.

신기하게도 그 간단한 계약서에 대한 나의 고집 덕분에 10년 후인 1989년에 스리프티의 컨설턴트로 일하게 되었다. 짐 우크로피나Jim Ukropina는 스리프티를 인수한 퍼시픽 엔터프라이즈Pacific Enterprises(남부 캘리포니아 가스회사)의 CEO가 된 뒤 '한 페이지 계약서의 조'를 떠올렸다.

---

  * 손해배상청구권 등을 담보하기 위해 매매 대금의 일부를 매수인이 지급 보류하고 있다가 사전에 정해진 기간 또는 조건이 만족되면 매도인에게 지급하는 구조를 말한다. - 역자주
 ** 일정 조건을 충족하지 않으면 주었던 것을 반환하는 구조를 말한다. - 역자주

계약은 어떻게 진행되었는가

1979년에 계약을 체결하자마자 우리는 트레이더 조에서 아무 일도 없었다는 듯 다시 업무에 복귀했다. 다음의 다섯 가지를 분명하게 짚고 넘어가고 싶다.

1. 우리는 '독일 회사에 매각'하지 않았다. 주식은 두 아들 테오 주니어와 베르톨트를 위한 가족 신탁 또는 재단에 맡겨졌다. 이 내용은 주류단속국에 공식적으로 기록되어 있다.
2. 알브레히트 가족은 트레이더 조에 단 한 푼도 직접 투자하지 않았다. 채무 보증을 선 것도 없었고, 하여튼 아무것도 없었다. 그들은 배당도 받지 않았다. 트레이더 조는 알브레히트나 알디로부터 그 어떤 재정적 지원도 받지 않고 계속 확장해 왔다. 트레이더 조와 알디는 제품을 구매하거나 사업을 하는 데에서 서로 어떠한 관계도 맺지 않았다.
3. 알브레히트와 디터 브란데스는 트레이더 조의 경영에 적극적으로 참여하지 않았다. 우선, 그들은 유럽에서 매우 바빴다. 또 그것이 계약 내용이었기 때문이다. 나는 한 달에 한 번씩 그들에게 보고서를 작성해서 보냈고, 1년에 한 번씩 유럽으로 와인을 구매하러 가는 길에 에센을 방문했다. 디터는 보통 1년에 한 번, 테오는 3년에 한 번 정도 이곳을 찾았다. 처음 몇 년 동안 그들은 내가 매장을 더 많이 열기를 바랐지만, 앞 장에서 읽은

것처럼 복잡한 물류 문제를 해결하는 동안 나는 이 요청을 계속 거부했다.

4. 나는 그들의 유럽 사업에는 전혀 참여하지 않았다. 하지만 알브레히트가 트레이더 조를 인수한 다음 해에 미국 투자처를 더 찾아야 했던 디터는 앨버트슨Albertson's을 찾아냈고, 알브레히트 가족은 앨버트슨의 지분 10퍼센트를 매입했다. 증권거래위원회에 제출한 서류가 공개되자 앨버트슨의 경영진은 아주 강경하게 반응했다. 모든 최고경영진이 이것은 독일의 침략이라며 사퇴하겠다고 위협했다. 솔 프라이스Sol Price가 그전 해에 다른 독일 자산가에게 페드마트FedMart를 매각했는데, 그 매각은 결국 엄청난 논란을 일으킨 솔의 탈출 전략으로 끝났다. 그 후 페드마트가 무너졌다는 사실도 도움이 되지 않았다. 그래서 나는 알브레히트 가족은 좋은 사람들이라고 앨버트슨 경영진을 설득하라는 압박을 받았다. 디터와 테오, 나는 함께 보이시 지역으로 날아가 3일 동안 앨버트슨의 경영진을 만났다. 아이다호 사람들은 테오와 디터가 오토 프레밍거Otto Preminger나 에리히 폰 슈트로하임Erich von Stroheim, 아니면 제2차 세계대전을 다룬 영화에서 악역을 맡았던 배우들처럼 행동하거나 말하지 않아서 놀라워했다. 그들도 내가 맺었던 계약과 똑같은 무간섭주의 계약을 약속받았고, 회의는 성공적으로 끝났다. 내가 알기로 양측은 그 후로도 따뜻한 관계를 유지했고, 심지어 알브레히트 가족은 주식을 더 매입하기까지 했다.

5. 트레이더 조를 매각하고 2년 후 국세청은 우리의 1978년 실적을 감사하더니 10만 달러의 세금을 추징했다. 법인 지분이 충분히 희석되지 않아 여덟 건의 부가세 면세 혜택을 누릴 수 없다는 것이 이유였다. 알브레히트 가족은 홀드백 조건이 없는 '한 페이지짜리 계약'에 대해 단 한마디도 불평하지 않았다. 몇 년 후 〈인사이더스 리포트〉를 10만 달러에 팔면서, 그래도 이 일을 어느 정도는 만회했다고 생각했다.

돈에는 세 종류가 있다. '빠듯하게 먹고살 수 있는' 돈, '편히 즐길 수 있는' 돈, 그리고 '마음대로 살 수 있는' 돈이다.

— 프레더릭 포사이스 Frederick Forsyth, 〈LA 타임스〉

왜 트레이더 조를 팔았을까?

트레이더 조의 엄청난 성공을 본 사람들은 종종 내게 왜 트레이더 조를 팔았냐고 물어본다. 이렇게 설명하겠다. 나는 버나드 맥도널의 위험 계산법을 실행했다고. 팔았을 때는 어떤 위험을 감수해야 하는가? 팔지 않는다면 어떤 위험을 감수해야 하는가?

팔지 않을 경우 감수해야 할 위험을 계산할 때는 배우자 간 상속세를 고려했다. 몇 년 후 로널드 레이건 대통령은 내가 사망하면 남은 아내가 내야 했을 징벌적 세금을 폐지했다. 상속세는 대표가 없어진 회사를 파산시킬 수도 있었다. 또 이 계산에는 지미 카터 Jimmy Carter 대통령이

1980년 양도소득세 특혜를 폐지하겠다고 위협한 것도 포함되어 있었다. 이 위협이 현실화되면 내 양도소득세는 33퍼센트에서 73퍼센트로 인상될 것이었다. 또한 트레이더 조가 누렸던 10만 달러의 부가세 면제 혜택이 일정 부분 감소할 수 있는 경우도 계산에 들어갔다(실제로 이 일은 1978년에 이미 발생했다). 트레이더 조를 팔지 않으면 감수해야 할 위험을 계산할 때, 콘드라티예프 경기 파동Kondratieff Wave에 따른 불황이, 예정된 시기인 1985년쯤에 발생할 것이라는 우려도 포함되어 있었다(1982년이 되었을 때만 해도 이 예측은 그리 나빠 보이지 않았다). 한편으로 이 계산에는 세후 매각 수익이 내가 그 돈으로 어리석은 짓만 하지 않는다면 남은 평생을 경제적 걱정 없이 살 수 있을 만큼 충분히 넉넉하리라는 사실도 포함되어 있었다.

매각할 경우 감수해야 할 위험을 계산할 때는 내가 세상을 보는 선Zen의 창이 트레이더 조였다는 사실이 포함되었다. 나는 대개 트레이더 조를 통해 세상을 경험했다. 이것이 자영업자의 장점이다. 직원으로 일하는 동안에는 프레더릭 포사이스처럼 돈이 많은 사람이어도, 또 부재 중인 소유주에게 큰 재량권을 부여받은 사람일지라도 그 창은 열려 있지 않다. 위험을 계산할 때 나의 그림자를 팔게 되리라는 사실도 고려했다(딱 맞게도 악마에게 금화 주머니를 받고 그림자를 판 페터 슐레밀Peter Schlemihl 이야기는 독일 민담이다). 이 통찰력은 모두 사실로 판명되었다. 때때로 신은 미리 예감을 주신다. 나는 미처 알아보지 못했지만 말이다.

하지만 이렇게 묻는 사람도 있을 것이다. "조, '예스'라고 답했을 때 훨씬 더 큰 돈을 벌지 못할 위험에 대해서는 생각하지 않았나요?" 이에

답을 하자면, 전혀 생각하지 않았다고 말하겠다. 나는 1947년 스탠퍼드에서 아리스토텔레스의 황금률, 즉 '소프로시네*라는 헬레니즘적 이상'을 공부했고, 이를 마음속에 간직해 왔다. 이것은 어떤 것에서도 극단적인 것을 피하는 사고방식이다. 알브레히트가 제시한 금액은 '극단적인 것은 피한다'는 기준에 따르면 충분했다.

간단히 말해서 나는 버나드 맥도널의 위험 계산법을 실행해 보고 매각했다. 그 이후로 우리는 매우 편안한 삶을 살았다. 다만 내 그림자, '트레이더 조'라는 페르소나를 알브레히트 가족이 소유하게 되었을 뿐이다. 1967년에 앨리스의 제안을 받아들여 '트레이더 맘스Trader Mom's'라고 이름 지을걸 그랬다.

우리 아이들은?

우리 아이들은 괜찮을까? 아이들이 사업에 뛰어들려고 하지 않았을까? 이것도 내가 자주 받는 질문 중 하나다. 내 답은 '절대 안 된다'이다.

프랑스에서 가족이 대를 이어 와인 사업을 하는 모습을 많이 보았다. 아버지와 아들은 바로 그 목적을 위해 특별히 디자인된 책상에 서로 마주 보고 앉아 사업을 논의한다! 그 아들은, 혹여 권한이 있다고 해도,

---

* 소프로시네는 탁월한 인격과 건전한 정신이라는 이상적 상태를 의미하는 고대 그리스의 개념이다. 이것은 균형 잡힌 개인에게서 절제, 중용, 신중함, 순수, 예의, 자기통제 등 다른 특성으로 이어진다. - 저자주

불행해 보였고 양어깨에 세월의 무게를 짊어진 것처럼 보였다. 나는 가업을 물려받는 사람들이 항상 안타까웠다. 아무리 자신의 성공을 증명한다고 해도, 늘 혼자서 해낼 수 있었을까 하는 의구심이 끈질기게 따라다닌다.

물론, 아주 엄밀히 혼자서만 해내는 사람은 없다. 나와 앨리스는 둘 다 재정적 형편은 그리 넉넉하지 않았을지라도 굳건한 성격을 가진 집안에서 나고 자랐다. 그리고 11년간의 스탠퍼드 교육 덕분에 간혹 일시적으로 돈이 없을 때는 있었지만 결코 가난해지지 않았다.

젊은 조와 샬럿은 숫자를 셀 수 있는 나이가 되었을 때부터 우리 매장에서 일했다. 아이들은 롤리Raleigh 담배 쿠폰을 세었고, 나는 한 시간당 10센트를 지급했다. 나중에 〈피어리스 플라이어〉의 개인 구독자가 생겼을 때는 우편으로 보내는 일을 도와주었다. 매들린은 이런 일을 하기엔 너무 늦게 태어났지만, 세 아이 모두 내가 매장 위치를 고르려고 끝도 없이 운전할 때 동행했다. 우리는 기회가 있을 때마다 유럽 출장길에 아이들을 데려갔다. 그래서 내 경력에서 정말 좋은 점 중 하나는 아빠의 자리가 비었던 적이 한 번도 없었다는 것이다. 워커홀릭인 것은 맞지만, 늘 그 자리에 있었다. 영광의 대가? 언제쯤이면 충분할까?

아이들 중 누구라도 사업을 운영할 능력은 있었겠지만, 내가 허락하지 않았을 것이다. 젊은 조는 앞서 이야기했듯이, 트레이더 조를 컴퓨터화하는 데 중요한 역할을 했지만 직업으로 그 일을 한 것은 아니었다. 조는 롤리에 있는 IBM 싱크탱크에서 일했고, 현재는 시애틀에 있는 마이크로소프트 싱크탱크에서 일하고 있다. 샬럿은 자신이 설립을 도운 게티Getty의 고위 경영진이고, 매들린은 집에서 수익성 있는 인터넷 사업을 운영 중이다. 아이들은 모두 훌륭한 인재다.

매각에는 이런 측면도 있었다. 1976년, 트레이더 조의 주식 가치가 거의 없다는 의견이 지배적이었던 때에 아이들 각각에게 주식을 나눠주었다. 지분 희석에는 거의 도움이 되지 않았다. 아이들의 주식도 여전히 내게 귀속되었기 때문이다. 하지만 2년 후 우리가 트레이더 조를 매각했을 때, 아이들은 부자로 살 정도는 아니어도 새총과 화살을 막을 수 있는 방패로는 충분한 돈을 갖게 되었다. 증여에 대해 감사를 받았을 때 국세청은 1976년 말의 상황을 고려할 때 주식 가치가 내가 주장한 것만큼 낮았다는 데 동의했다.

출구 전략이 없었나?

경영대학원 1학년 학생이라면, 이렇게 물을지도 모른다. "그렇다면 조, 회사를 매각하는 것도 아니고 자녀에게 물려주는 것도 아니면 당신의 '출구 전략'은 무엇이었나요?"

나는 젊은 기업가들이 사업을 구축했다가 그냥 버릴 수도 있다는 듯이 자신의 출구 전략을 뽐내는 말을 들을 때면, '출구 전략'이라는 말이 혐오스럽다.

내가 생각했던 재정적 '출구 전략'은 우리사주 제도였다. 외부인에게 매각하는 방식으로 정리할 계획은 전혀 없었다.

사실 규제가 완화되기 바로 직전 해에 대형 슈퍼마켓 체인 두 곳의 제안을 거절했다. 그때 나는 미국의 대기업에는 절대 팔지 않겠다고 선언했다. 미국의 대기업은 내게 온갖 종류의 보고서를 쓰게 했을 것이고, 더 최악이었다면 트레이더 조의 현금 준비금을 빼앗아 회사와 직원들의 일자리, 내 이름을 위험에 빠뜨렸을 것이기 때문이다.

이것이 알브레히트 가족을 선택한 이유이기도 하다. 그들도 나만큼 재정적으로 보수적이었고, 부동산을 제외하고는 모든 일을 현금으로 처리했다. 그들이라면 트레이더 조를 단기간에 되팔지 않을 거라는 확신이 들었다. 유럽인들은 사서 보유하는 경향이 있기 때문이다.

매각 전 나의 개인적인 '출구 전략'은 할 수 있는 한 오래 트레이더 조에서 일하는 것이었다. 매각 후에도 이 생각은 변함이 없었다. 은퇴하기 전까지 열 살이나 어리고 나와 아주 좋은 관계를 쌓아 온 디터 브란데스에게 경영 상황을 보고하며 계속 일할 수 있을 거라고 생각했기 때문이다.

그래서 팔았다. 후회하느냐고? 다음 장에서 답해 주겠다.

고객과 공급업체는 매각을 쉽게 받아들였다. 장부가로 트레이더 조에 투자했기 때문에 갑자기 엄청난 양도소득세를 부과받은 일부 직원을 제외하고는 직원들도 쉽게 이해한 편이었다. 장부가로 트레이더 조에 투자했던 직원들 중에는 1960년대 초부터 일한 사람도 있었다.

알브레히트 가족과의 계약은 트레이더 조의 운영 방식에 어떤 변화도 가져오지 않았다. 유일한 변화는 8개 법인을 하나로 합병한 것이었다. 그러나 어차피 그럴 수밖에 없는 일이었다. 더는 여덟 건의 부가세 면제 혜택을 받을 만큼 소유권이 희석되지 않았기 때문이다.

24장

다시 기업가로

위대한 작품과 마찬가지로, 깊은 감정은 늘 의식적으로 표현하는 것 이상의 의미를 갖는다.

— 알베르 카뮈 Albert Camus, 《시지프 신화 Le Mythe de Sisyphe》

트레이더 조를 매각하고 6년 후인 1985년은 맥 더 나이프에는 좋은 한 해였지만, 몇 가지 시련도 있었다.

프랭크 코노가 심장마비로 사망했다. 그는 겨우 쉰 살이었지만 골초였다. 이 친절하고 지적인 일본계 미국인은 1960년부터 우리와 함께했다. 1967년에는 바이어가 되었고, 1980년에는 매장의 절반을 관리했다. 트레이더 조의 '문화' 대부분은 프랭크의 성격에서 비롯된 것이었다. 사람들은 프랭크와 함께 일하는 것을 좋아했다. 그는 훌륭한 트레이너였으며, 가족이 농산물 판매대를 운영했기에 우리 중 누구보다 먼저 제품 지식을 쌓는 것의 중요성을 알았다. 그는 와인에 대한 초기 실험 대부분을 담당했다. 우리는 그가 매우 그립다.

그리고 크리스마스 즈음 충격적인 소식을 들었다. 디터 브란데스가 알디를 그만두었다는 것이었다. 유럽에서는 일어나지 않을 일이었다. 남은 경력을 그와 함께 쌓아 갈 거라는 내 예상은 빗나가 버렸다. 디터는 에센에 있는 최고경영진 중 유일하게 영어를 유창하게, 아니 적어도 반쯤은 유창하게 구사할 수 있는 사람이었다(테오와 나는 주로 호텔에서 쓰는 수준의 프랑스어로 대화를 나눴다). 그 후 통역가를 썼지만, '사용자 인터페이스'가 프레데릭 브룩스가 말한 '사용 편의성'의 기준에는 더 이상 미치지 못했다고만 말하자.

1986년부터 그전에는 없었던 일련의 작은 마찰이 발생했다. 그중 중요한 것은 딱 하나였다. 바로 최고경영진을 교체하는 일이었다. 나는 최고경영진을 교체하길 바랐지만, 테오는 반대했다. 이 문제에 대해선 어느 정도 감정에 좌우되지 않고 논의가 이루어졌다. 하지만 1987년 8월부터 내가 에센에 팩스로 1989년 1월 1일부로 효력을 발휘하는 사직서를 보냈던 1988년 4월까지 논의의 열기는 점점 더 고조되었다. 나는 최고경영진의 변화가 사업의 미래를 위해 필수적이라고 생각했다. 게다가 완전한 통제권이라는 나의 특권, 직원인 체하는 기업가의 특권이 사용자 인터페이스가 약화되면서 점차 침식되고 있다는 것이 느껴졌다.

테오와 그의 직원들은 당황했다. 그들은 이곳까지 날아와서 아주 정중하게 내게 계속 머물러 달라고 부탁했다. 하지만 나는 다음과 같은 이유로 어쩔 수 없는 때가 왔다고 생각했다.

1. 회사를 떠나야 하는 순간은 회사가 잘 굴러가고, 좋은 직원들이 있을 때다. 나는 존 실즈가 회사를 운영하는 데 상당히 유능한 인재라고 생각했고, 그 예측은 정확히 맞았다. 내가 회사를 떠날 때쯤이면, 그는 트레이더 조에 온 지 17개월 차일 것이었

다. 1988년 7월에는 직원들에게 사직한다는 사실을 알리면서 관리자로서 나의 능력에 대한 진정한 평가는 내가 떠나고 2년 후에나 알 수 있을 것이라고 말했다. 이런 판단 기준에서 나는 매우 유능했다. 내가 떠난 뒤 최소 5년 동안 사무실의 스컹크들은 거의 변화가 없었다. 다만 존이 머빈스 백화점에 있을 때 동료였던 마이크 파커Mike Parker를 고용했다. 마이크는 1997년 회사를 떠날 때까지 부동산과 예산 등 내가 맡았던 업무 중 일부를 담당했다.

2. 한 직장에서 30년을 근무한 후 이왕 떠날 거라면 지금 떠나는 편이 좋겠다고 생각했다. 나는 쉰여덟 살이었다. 다른 회사에서 CEO로 일하거나 또 다른 사업을 시작하기에 시간이 촉박했다.

3. 앞으로 또 다른 의견 충돌이 있을 것 같았다. 놀라운 점은 엄청난 문화적 차이에도 불구하고 수년 동안 우리 마음이 잘 맞았다는 것이다.

나는 알브레히트 가족으로부터 많은 것을 배웠고, 그들과 함께 일한 지난 세월을 절대 후회하지 않을 것이다.

1989년에 임대차계약 및 회계와 관련된 부차적인 문제에 대해 트레이더 조와 논의했고, 그 후 완전한 분리가 이루어졌다. 늙은이가 어슬렁거리면 안 되는 게 당연한 일이다. 하지만 내 경우에는 그림자가 남아 있었다.

트레이더 조를 떠나는 이유

내가 왜 트레이더 조를 팔았는지 이해하지 못하는 사람들은 내가 왜 그만두었는지도 이해하지 못한다.

결국 나는 미국에서 가장 유명한 소매상 중 한 명이 되기 위한 길을 가고 있었다. 하지만 내 결정을 이해하지 못하는 사람들은 내가 와인을 시음하거나, 프랑스에 가거나, KFAC에서 방송을 하면서 모든 시간을 다 쓴다고 생각했다.

트레이더 조를 그만둔 것을 후회하느냐고? 전혀 후회하지 않는다. 그 후 10년은 너무나 흥미로운 경험으로 가득해서 오히려 그만둔 것이 다행이었다. 게다가 나는 그냥 좋은 직원이 되지 못한다. 1989년에는 다시 본연의 기업가적 성격으로 돌아갔고, 그 후로는 기술적으로는 스리프티 등의 다른 기업에 고용되어 있어도 계속 독자적으로 일하는 사람으로 살아왔다.

그렇다면 트레이더 조를 매각한 것은 어떨까? 후회할까? 사실 후회한다.

인정한다. 트레이더 조를 매각할 때 내 자신에게 진실하지 못했다. 1978년 말의 부가세 면제 혜택 상실 우려, 우리사주 제도 문제, 상속세의 위협, 카터 대통령의 자본 이득 특혜 폐지 위협, 그 밖의 모든 실제적이거나 허깨비에 불과한 두려움을 극복할 용기를 갖지 못했던 것을 후회한다.

> **완전히 도덕적인 것처럼 보이는 명백한 사실이 존재한다. 인간은 언제나 자기 진실의 먹이가 된다는 사실이다. 일단 진실을 인정하고 나면, 그 진실로부터 자유로울 수는 없다. 대가를 치러야 한다.**
>
> — 알베르 카뮈, 《시지프 신화》

나는 트레이더 조를 매각한 것을 후회하고 있다는 사실을 인정해야 한다. 그리고 그것에 대해 내 그림자를 잃은 것 이상의 대가를 치러야 했다.

조 쿨롬입니다. 청취해 주셔서 감사합니다.

트레이더 조 밖에서의 일과 삶

> 네가 스스로에게 '이제 충분하다!'라고 말하는 그날, 너는 죽은 것이다!
>
> — 성 아우구스티누스 St. Augustinus,
> 《콤포스텔라에서 우리를 위해 기도해 주소서 Priez pour nous à Compostela》

프랑스어가 발전하기 600년 전에 사망한 성 아우구스티누스가 프랑스어로 이 말을 했을 리가 없다. 분명 라틴어였을 것이다. 하지만 똑같이 유효한 경고를 전한다. 나는 한 번도 "이제 충분하다!"라고 말해 본 적이 없다. 내가 살아온 인생보다 몇 년 더 살았던(354~430년) 히포 레기우스의 주교께서 한 말씀에 전적으로 동의한다. 나는 내가 "이제 충분하다!"라는 말을 절대 내뱉지 않기를 바란다.

트레이더 조를 떠날 때만 해도 앨리스와 기차를 타고 시칠리아를 한 바퀴 돌겠다는 생각 외에는 뭘 해야 할지 아무 생각이 없었다. 우리의 시칠리아 여행 계획을 듣고 시칠리아인 친구들은 얼굴이 창백해졌다. 하지만 결국 여행은 아주 훌륭했다. 심지어 팔레르모의 공설 시장을 천진난만하게 걷다가 점심을 먹으러 소박한 분위기의 트라토리아에 들렀을 때조차 멋졌다. 트라토리아에는 검은 정장을 입은 남자들이 '오메르타(시칠리아 마피아의 규칙)'처럼 들리는 말을 서로 중얼거리며 자리를 잡고 있었다. 우리는 식당에 그리 오래 머물지 않았다. 카타니아 신문의 헤드라인은 "마피아는 존재한다. 그런데 국가는 존재하는가?"였다.

시칠리아 요리는 리처드 콘던Richard Condon이 프리치 가문이 등장하는 자신의 소설에서도 언급했듯이, 세계에서 가장 다양한 요리의 복합체다. 추측건대 에트나산 경사면에서 생산되는 포도 품종인 피노 네로Pinot Nero는 1100년부터 1400년까지 이 섬을 소유했던 노르만인들이 가져온 피노 누아Pinot Noir일 것이다. 아그리젠토의 붉은 사암 유적(붉은 사암으로 만들어진 파르테논 2배 크기의 신전을 상상해 보라)은 세계 불가사의 중 하나다. 팔레르모 교회의 분홍색 젖꼭지 모양의 돔은 로버트 그레이브스의 모성 숭배를 믿게 만들기에 충분하다.

미국으로 돌아와서 올드타운 패서디나에 있는 자그마한 사무실을 빌렸다. 1930년대 레이먼드 챈들러Raymond Chandler의 사무실과 너무 비슷해서 친구가 말타의 매(검은 새의 조각상)를 가져왔지만, 유감스럽게도 메리 애스터Mary Astor는 데려오지 않았다.

나는 다른 사업을 물색하기 시작했다. 또한 다른 회사를 운영할 수 있는 몇 가지 단서도 얻었다. 결국 1989~1991년까지는 이런저런 컨설팅 일을 했고, 1992~1995년에는 11개 회사를 맡게 되었다.

내가 겪은 괴로움은 아무도 모르리

다음과 같은 움베르토 에코의 말을 인용하며 이 책을 시작했다.

어쩌면 인류를 사랑하는 사람들의 사명은 사람들을 진리에 웃게 하고, 진리 또한 웃게 하는 것일지도 모른다. 유일한 진리는 진리에 대한 광적인 열정으로부터 자유로워지는 법을 배우는 데 있기 때문이다.

지난 10년간 죄를 저지른 사람들, 고객, 고용주를 보호하기 위해 진실을 재구성하려고 노력하면서 우리는 몇 번쯤 웃게 될 것이다. 한편 지난 10년의 진실을 서술하려는 나의 정신 나간 열정을 일부 관계자들은 환영하지 않을지도 모르겠다. (오메르타의 속삭임을 들었던 걸까?)

트레이더 조를 떠난 후의 내 삶은 크게 세 범주로 나눌 수 있다. 심각한 문제에 처한 회사를 운영하는 것, 심각한 문제에 처한 회사를 컨설팅하는 것, 이사회의 이사로 재직하는 것이다(일부는 문제가 있는 회사고, 일부는 문제가 없는 회사다).

심각한 문제에 처한 기업의 운영

◆ 스리프티 코퍼레이션

1986년, 남부 캘리포니아 가스회사를 주 자산으로 소유한 지주회사 퍼시픽 엔터프라이즈는 규제가 심한 유틸리티 사업 너머로 다각화를 모색했다. 정부 규제 기관과 엮여 본 사람이라면 누구나 이 마음을 확실히 이해할 수 있을 것이다. 그들은 규제의 탈출구로 스리프티 코퍼레이션을 선택했다.

스리프티는 6개의 사업부로 구성되어 있으며, 총매출액은 34억 달러 수준이었다. 가장 큰 사업부는 스리프티 드럭스토어로, 650개 매장을 보유하고 있었고 매출액은 18억 달러였다. 그다음으로 페이 엔 세이브 드럭스토어가 있었다. 100개 매장을 보유하고 있었으며, 워싱턴주의 시장 선두 주자로 하와이와 알래스카에도 지점을 보유하고 있었다. 바이라이트 Bi-Rite도 있었다. 오리건주에 매장이 30개 있으며, 예상 밖이지만 수익성 있는 회사였다. 약국이 붙은 철물점을 운영했다.

그리고 스포츠 용품 회사가 세 개 있었다. 빅 5 Big 5, 덴버에 있는 가트 브라더스 Gart Bros., 러스트 벨트에 있는 미시간 스포팅 굿즈 Michigan Sporting Goods였다. 가트 브라더스와 미시간 스포팅 굿즈는 냉전 이후의 불황기를 겪으며 망해 가고 있었다.

나는 오멜버니 O'Melveny의 변호사였다가 당시는 퍼시픽 엔터프라이즈의 CEO였던 짐 우크로피나를 위해 1989년부터 1991년까지 3년 동안 스리프티의 6개 사업부에 대한 컨설팅을 진행했다.

1991년 12월까지 스리프티의 6개 사업부 중 5개 사업부는 수용 가능한 상태에서 완전히 양호한 상태까지로 볼 수 있었다. 페이 엔 세이브 드럭스토어는 고비를 넘겼다. 오리건에 있는 바이라이트는 괜찮았다. 바이라이트의 사장인 마티 스미스Marty Smith는 아마도 스리프티 전체에서 가장 유능한 경영자였을 것이다. 왕관의 보석 같은 빅 5 스포팅 굿즈는 창업자인 밥 밀러Bob Miller와 그의 아들 스티브의 지휘 아래 자율적으로 내내 잘 운영되었다. 미시간 스포팅 굿즈는 새로운 경영진이 들어오고 현금 출혈을 멈췄다. 덴버의 가트 브라더스는 여전히 어려움을 겪고 있었지만, 덴버가 침체에서 회복하기 시작했다. 따라서 1991년 말 스리프티 코퍼레이션은 터널의 끝에서 빛을 볼 수 있었다. 다만……

◆ 스리프티 드럭스토어

스리프티 드럭스토어는 완전히 파산했다. 앞 장에서 내가 언급한 내용을 보고 유추했을지도 모르겠지만 모든 부문, 모든 구성 요소가 파산했다. 유일하게 잘된 것은 끝내 주는 자체 생산 아이스크림뿐이었다(캘리포니아의 모든 남성, 여성, 어린이에게 매년 아이스크림을 11리터씩 팔았다).

작위 또는 부작위의 죄가 누적되면서 스리프티 드럭스토어는 미국 내 주요 드럭스토어 체인 중 매장당 매출이 가장 낮았고, 처방약 매출도 가장 낮았다. 그러나 퍼시픽 엔터프라이즈가 인수할 때에는 1980년대 냉전 시대의 방위산업 호황과 주요 경쟁자였던 세이브온이 경영상 자멸적 결정을 한 덕분에 이런 문제가 가려졌다.

아메리칸 스토어American Stores는 몇 년 전 세이브온을 인수했다. 아메리칸 스토어는 중서부 지역의 오스코 드럭Osco Drug도 소유하고 있었기 때문에 두 회사를 동질화하자는, 딱 대기업다운 결정을 내렸다. 이들은 사명을 오스코로 바꾸고, 세이브온이 아울 드럭을 무너뜨리는 데 기여했던 아이스크림 가판대를 철수했다(2장 참고). 그러자 매출이 급격히 감소했다. 하지만 아메리칸 스토어는 1989년에 이르러서야 실수를 인정하고 다시 세이브온 로고로 돌아갔다. 이것은 스리프티 드럭에 악재였다. 1989년에 들어서면서 스리프티 드럭은 가라앉기 시작했고, 냉전 이후의 경기 침체가 캘리포니아를 강타했다.

스리프티 경영진은 경기 침체가 왔으며, 세이브온이 다시 돌아왔다는 변화된 상황을 인정하려고 하지 않았다. 이 시점에서 짐 우크로피나가 변화를 몰아붙였다. 그는 1990년 가을, 해결사 댄 사이걸Dan Seigel을 스리프티 코퍼레이션으로 보냈다. 스리프티 드럭은 댄이 도착하고도 몇 달이 지나서야 18억 달러짜리 사업을 운영하는 데 필요한 가장 기본적인 재무보고서를 작성하기 시작했다. 사실 내 생각에 사이걸 이전의 경영진은 무슨 일이 일어나고 있는지조차 몰랐을 것 같다.

1991년 스리프티 코퍼레이션과 스리프티 드럭에서 여러 경영진을 교체했지만, 손실은 계속 늘어났다. 짐은 1991년 12월 퍼시픽 엔터프라이즈의 CEO직을 사임했고, 그의 후임으로 가스회사의 수장이었던 오클라호마의 솔직한 석유 기업가 빌 우드Bill Wood가 취임했다. 우리는 이전에 딱 한 번밖에 만난 적이 없지만, 그는 내게 퍼시픽 엔터프라이즈에서 스리프티 코퍼레이션을 담당하는 수석 부사장으로 일해 달라고 요청했다.

5일 동안 변호사, 공인회계사, 투자은행가들과 회의를 거듭한 끝에 우리는 스리프티 코퍼레이션을 청산하기로 결정했다. 청산 작업을 담당할 회사로 모건스탠리를 선정했다. 그들이 일하는 모습을 보고 천문학적인 수수료를 받는 것도 아닌데 이렇게 척박한 환경에서도 투자은행가들이 얼마나 많은 일을 해낼 수 있는지 알게 되었다.

1992년 5월, 우리는 로스앤젤레스의 유명한 벤처투자자인 레너드 그린Leonard Green과 계약했다. 하지만 마지막 날인 1992년 9월 24일까지도 관련된 30개 은행과 보험사로부터 필요한 승인을 모두 받을 수 있을지가 불투명했다. 도쿄에서 모든 결정을 내려 줘야 했기 때문에 일본 은행이 마지막까지 승인을 보류하고 있었다.

그리고 그것이 끝이었다. 몇몇 사람들은 주가가 57달러에서 17달러로 하락한 퍼시픽 엔터프라이즈가 소매유통업에서 6년 동안 16억 달러의 손실을 입었다고 추정했다. 그러나 스리프티를 매각한 후 주가는 25달러까지 회복되었다. 8개월간의 노력에 비해 나쁘지 않은 성과였다. 퍼시픽 엔터프라이즈의 최고경영진인 빌 우드, CFO 로이드 레비틴Lloyd Levitin, 총무책임자인 척 와이스Chuck Weiss 등과 함께 일하는 것은 즐거웠다. 나쁜 사람이 전혀 없었기 때문이다. 회사를 청산하는 일은 비참한 일이었지만, 우리는 해냈다.

퍼시픽 엔터프라이즈에서 나의 호화로운 사무실은 로스앤젤레스 시내에서 가장 최신이고 가장 높으며 가장 고급 건물인 라이브러리 타워(US뱅크 타워) 55층에 있었다. 높은 수익을 내는 회사였지만, 필요한 건축 허가를 다 받지도 않은 채 공구 창고를 사무실로 개조해서 썼던 사람에게 이런 사무실은 솔직히 불안할 정도였다. 나는 차라리 공구 창고를 개조한 사무실이 더 마음에 든다. 8개월 동안 두꺼운 카펫과 금으로 도금된 개인 화장실을 쓰면서 조금 부담스러웠지만, 다만 한 가지 좋은 점이 있었다.

1992년 어머니의 날에 부모님을 모시고 라이브러리 타워에 갔다. 부모님은 55층을 경험해 본 적이 없으셨다. 어머니가 휠체어를 타고 계셨기 때문에(우리의 마지막 어머니의 날이었다), 우리는 휠체어를 밀고 당시 미국 최고의 현대 미술품 중 하나였던 라이브러리 타워를 둘러보았다. 어머니는 전자 도청이 불가능하도록 특수 보안창이 설치된 이사회실과 헬리콥터로 들어 올려 설치한 거대한 이사회 테이블, 지진에 대비해 고정된 가구 등을 보셨다. 그날이 어머니의 인생에서 가장 빛나는 날이었던 것 같다.

레너드 그린은 스리프티 코퍼레이션에서 스포츠 용품 체인 3개를 분리했다. 그리고 남은 사업을 합병했다. 1994년 3월에는 페일리스 드럭Payless Drug을 소유한 케이마트Kmart와 계약하고, 스리프티 드럭과 페일리스 드럭을 합병했다. 1996년에는 스리프티-페일리스를 라이트 에이드Rite Aid와 합병하고, 스리프티의 간판을 모두 라이트 에이드 간판으로 바꿨다.

◆ **이유가 무엇이었을까?**

경영에 관한 마지막 이야기다. 스리프티는 1950~1970년대에 매우 효율적이고 강력한 소매업체였다. 나는 오래된 직원들에게 1980년대 초에 도대체 무엇이 잘못되었는지를 계속해서 물어보았다. 그러자 사무실을 로데오와 라브리에 위치한 오래된 창고에서 윌셔 대로에 있는 옛 IBM 건물로 옮겼을 때부터 문제가 시작되었다는 대답이 거듭 돌아왔다. 이전 사무실에서는 모든 직원이 다른 직원들을 볼 수 있었고, 모두가 무슨 일이 일어나고 있는지 알 수 있었으며, 언제든 창고에 가서 무엇이 실제로 입출고되는지 확인할 수 있었다.

IBM 건물은 행정적인 측면에서 악몽과도 같은 곳이었다. 총 12층 건물에서 어느 층도 충분히 넓지 않아서 경영이 물리적으로 분리되어 있었다. 건물 안에서는 약 1000명의 직원이 근무하고 있었다. 보안을 유지하기 위해 각 층마다 접수원이 있어야 했는데, 이것은 또 다른 비용을 초래했다. 레너드 그린은 지하실에 있던 끔찍한 컴퓨터를 아웃소싱하자마자 이 건물을 로스앤젤레스 대교구에 기부해 버렸다.

나는 마스 캔디 본사에 대해 읽었던 것처럼, 본사는 개인 사무실이 없는 공장 같은 분위기여야 한다고 확신한다. 내가 그다음으로 경영을 맡았던 북부 캘리포니아의 형편없는 회사도 스리프티만큼이나 사무실이 형편없었다. 여기에서 어떤 교훈을 얻을 수 있을까?

◆ 북부 캘리포니아

퍼시픽 엔터프라이즈가 스리프티를 잘못 인수했을 때와 거의 같은 시기에 캐나다의 한 대형 슈퍼마켓 체인도 비슷한 실수를 저질렀다. 이 회사는 마켓 홀세일이라는 북부 캘리포니아의 다 망해 가는 식료품 회사를 인수했다. 그러고 나서 규모를 키우기 위해 고급 식재료를 판매하는 페트리니스 마켓, 바닥을 알 수 없는 블랙홀인 코스트 레스 마켓, 매출이 매년 20퍼센트씩 급감하고 있는 머데스토의 뉴딜 마켓을 사들였다. 매출 감소에 대해 말하자면, 1994년 2월 내가 고용되었을 때는 페트리니스의 매출도 마찬가지였다. 이들 복합체의 매출액은 연간 5억 달러였고, 그중 절반 정도가 도매 판매로 창출되었다.

1993년 몬트리올에 있던 모회사 자체가 경영난을 겪으면서 제트기를 타고 다니던 사치스러운 경영진이 쫓겨나고, 프라이스 클럽-캐나다Price Club-Canada를 설립한 유능한 경영진이 그 자리를 채웠다. 프라이스 클럽-캐나다는 전 세계에서 규모가 가장 큰 프라이스 클럽 매장들을 보유하고 있었다. 새로운 CEO 피에르 미뇰Pierre Mignault은 실망스러운 캘리포니아 방문 이후 자신의 옛 상사였던 솔 프라이스에게 전화를 걸었고, 솔 프라이스는 나를 미뇰에게 연결해 주었다.

앨리스의 관용와 지원으로 머린 카운티에 아파트를 얻었다. 정말이지 끔찍하게 잘못된 위치에 있는 말도 안 되게 부적절한 본사 건물 근처였다. 예순네 살이 되기 전이었는데, 통근하는 부담까지 있었지만 한 번 더 신체적으로 무리를 해볼 수 있을 것 같았다. 회사를 운영한다는 것은 일주일 내내 하루 12시간씩 일한다는 것이다. 그리고 매장은 베이커즈필드에서 새크라멘토까지 퍼져 있었다.

피에르 미뇰과 버니 맥도널은 함께 일해 본 소매업체 임원들 중 최고의 두 명이다. 지적이고 경험이 풍부하며, 완고하지만 통찰력이 있는 그들은 캐나다에 해결해야 할 문제가 잔뜩 쌓여 있었다. 그들은 내게 캘리포니아를 정리하라며 3년을 주었다. 나는 이 일을 도울 사람으로 트레이더 조의 시니어 프로젝트 디렉터였고 1990년에 캔드 푸즈 그로서리 아웃렛으로 이직했던 밥 존슨을 데려와 구매 책임자로 앉혔다.

◆ 뉴딜 마켓

뉴딜 마켓의 경영진은 머데스토 인구의 60퍼센트가 히스패닉계라는 사실을 받아들이지 않았다. 나는 그들을 교체하고, 주 고객층을 히스패닉계로 설정했다. 당시 히스패닉을 대상으로 하는 판촉의 핵심은 우편환을 판매하는 것이었다. 매년 수십억 달러가 멕시코로 보내진다. 우리는 모든 매장에 우편환 코너를 설치하고, 스페인어로 된 간판을 붙이고, 추수감사절에는 칠면조 대신 돼지고기를 홍보했다.

약 400개의 SKU에 달하는 히스패닉 식료잡화를 들여왔다. 여기에는 불법 유통되는 아리엘 세제도 포함되어 있었다. 이 세제는 멕시코의 프록터 & 갬블에서 만든 제품으로, 여기에서는 판매되지 않고 히스패닉 마켓에서만 취급하는 품목이었다. 프로비고의 인사 책임자였던 돈 웨이 Don Way의 지휘 아래 우리는 90일 만에 뉴딜을 바꿔 놓았다. 뉴딜은 인구통계학적 일관성을 보여주는 좋은 사례다. 거의 모든 매장 위치가 히스패닉계 인구가 많이 사는 곳이 되어 버렸다. 필요한 것은 인구통계에 맞는 상품화 계획뿐이었다.

◆ 마켓 홀세일

이것도 회생시켰다. 세 가지 요소를 그 기반으로 했다. 나의 공은 첫 번째 요소에만 있다. 나머지는 전문가들이 전문적으로 처리했다.

1. 히스패닉 식품 사업에 다시 뛰어들었다. 놀랍게도 이전 경영진은 불과 2년 전에 히스패닉 라인을 매각했다! 뉴딜의 재고를 확보하기 위해 400개의 SKU를 마켓 홀세일에서 취급하기로 했다. 마켓 홀세일의 수많은 소규모 식료잡화점 고객들이 원하던 것이 바로 이것이었다.

2. 마켓 홀세일의 대표는 특별히 애정을 가지고 추진하는 프로젝트가 있었다. 슈퍼마켓 내 베이커리 코너를 위한 냉동 빵을 전문적으로 도매 유통하는 것이었다. 슈퍼마켓 내 베이커리 코너에서 '처음부터' 만드는 빵은 거의 없다. 대부분이 해동하거나 해동 후 가열한 빵이다. 우리가 회사를 정리했던 1994년에 빌은 60개의 러키 스토어 매장 내 베이커리에 제품을 공급하는 계약을 따냈고, 랠리스 슈퍼마켓Raley's Supermarkets(60개 매장)과도 공급 계약을 맺기 위해 노력하고 있었다.

3. 대형 식료품 도매업체인 플레밍Fleming은 일주일에 1만 달러 미만으로 구매하는 계정에는 서비스를 제공하지 않기로 결정했다. 1994년 말, 이 뜻밖의 횡재 덕분에 우리는 다수의 소액 계정을 확보할 수 있었다.

◆ 코스트 레스 마켓

코스트 레스 마켓은 총 8개의 매장을 보유하고 있었는데, 나는 그중

두 매장을 가능한 한 빠르게 폐업했다. 내가 이해한 바에 따르면, 이들은 거대한 창고 크기의 매장에서 모든 제품을 원가 이하로 판매했다. 이곳을 유지해야 할 유일한 이유는 마켓 홀세일의 머데스토 창고에서 처리하는 물동량을 늘린다는 것밖에 없었다. 빈약한 이유였다. 그러나 나머지 6개 매장에는 16장에서 살펴보았던 '계속 운영' 조항이 붙어 있었다.

◆ **페트리니스**

프로비고에 도착했을 때 우크라이나계 이민자인 이고르 체르카스Igor Cherkas라는 보석을 발견했다. 이고르는 내가 아는 사람 중 가장 에너지가 넘치는 사람이었고, 날카로운 정신이 그 에너지를 더욱 빛나게 했다. 그는 페트리니스의 회계 책임자였다. 우리는 몇 가지 급진적인 조치를 취했다. 일부 현명하지 못한 결정도 있었지만, 코스트 레스의 판매 상품을 생선 머리 같은 전통 음식으로 전환하여 어느 정도 성공을 거뒀다. 하지만 그 매장들은 폐업하는 것이 답이었고, 그러기 위해서는 임대차계약을 파기해야 했다.

이고르의 에너지와 체인에 대한 깊은 지식을 이용했던 나는 그에게 페트리니스를 맡겼다. 페트리니스는 프랭크 페트리니Frank Petrini가 운영하는 베이 지역 최고의 정육 체인이었다. 하지만 프랭크가 나이 들면서 페트리니스는 침몰하기 시작했다. 1988년 캐나다인들이 인수할 당시에는 이미 망해 가고 있었다. 연이은 캐나다 출신 경영진은 멍청이들이나 아는 온갖 소매업계의 공식을 시도했다. 그중 한 명은 매장에 방설벽을 설치하겠다고 고집했다. 1994년이 되자 고객들은 그곳이 뭐하는 곳인지 혼란을 느꼈다. 나는 18개 매장 중 두 곳은 즉시 폐업했지만, 다른 매장들에는 또 '계속 운영' 조항이 붙어 있었다.

앞 장에서 브랜드 제품에 의존해 운영되는 슈퍼마켓에 대해 이야기했다. 이런 경우 제조업체가 슈퍼마켓에 입점 공제나 공동 광고 수수료를 지급한다. 내가 페트리니스에 도착한 지 4주 후에 밥 사이시Bob Saisi라는 유능하고 노련한 식료품 바이어가 날 찾아오더니, 다음 달 광고에 '자금'을 조달할 수 없다고 말했다. 페트리니스가 소젖을 다 짜버렸기 때문이었다. 제조업체들은 페트리니스의 판매 소진율sellthrough(공급량 대비 판매량 비율)이 형편없다는 사실을 알았다. 그때 나는 너무 많은 변화를 너무 빨리 진행함으로써 문제를 악화시켰다. 긴박감을 느꼈지만, 거기에 굴하지 말았어야 했다.

그래도 12월이 되자 상황이 돌아서기 시작했다. 무엇보다도 와인 바이어가 와인 판매를 3배로 늘렸고, 육류 바이어는 던지니스 크랩과 그 밖의 해산물로 성공을 거뒀다. 페트리니스의 많은 고민 중 하나는 고객 수요가 육류에서 생선으로 이동한다는 것이었다.

모든 일이 끝난 뒤, 피에르 미뇰은 우리에게 약속한 3년을 주었다면 분명 성공했을 거라고 말해 줄 정도였다. 하지만 그는 우리에게 약속한 3년을 줄 수 없었다. 몬트리올에서 당장 캘리포니아 사업을 정리하라는 새로운 압력이 내려왔기 때문이다.

◆ 콜버그 가족에게 매각하다

캘리포니아 사업은 인수할 사람을 찾는 데 난항을 겪었다. 다행히도 1992년 스리프티를 정리할 때 알게 된 사람 중 짐 콜버그Jim Kohlberg와 제리 콜버그Jerry Kohlberg가 있었다. 1992~1993년에는 컨설팅도 해준 적이 있었다.

버니 맥도널이 자신의 패기를 증명했던(그리고 내게 '리스크 관리'에 대해 알려준) 수개월간의 힘든 협상 끝에 우리는 1995년 1월 초에 콜버그 가족에게 캘리포니아 사업을 매각했다. 계약은 부동산 담당자의 뛰어난 업무 처리 능력 덕분에 겨우 성사되었다. 부동산 담당자가 페트리니스의 임대인들과 개인적인 관계를 잘 유지한 덕분에 임차권의 명의를 변경할 수 있었던 것이다. 임차권을 양도할 수 있는 권한은 임대차계약의 핵심 조항 중 하나다. 페트리니스는 일반적으로 임대차계약에 충분히 포괄적인 임차권 양도 가능 조항을 넣지 못했기 때문에 일을 성사하려면 개인적인 영업력이 필요했다.

16장에서 이미 설명했듯이, 콜버그 가족은 코스트 레스는 간단히 폐업해 버렸고, 마켓 홀세일은 다른 도매업체에 매각했으며, 페트리니스는 폐업하거나 다양한 상대에게 매각했다. 그들이 계속 보유한 것은 히스패닉화된 뉴딜뿐이었다. 이것을 보고 나는 어느 쪽인가 하면, 좀 기뻤다.

몬트리올에 있는 모회사의 경우 캘리포니아 사업을 접자마자 (짜잔!) 주가가 5달러에서 8달러로 62퍼센트 상승했다.

◆ 스포트 샬레

1995년 1월 패서디나의 집으로 돌아왔을 때는 완전히 지쳐 있었다. 10개월 동안 북부 캘리포니아의 뱀들과 싸우는 라오콘Laocoön*으로 살다 보니 돈은 많아졌지만, 그 덕분에 프랑스에서 휴식과 재충전을 해야 할 상황이 되었다. 그러나 집에 돌아온 지 열흘 만에 또다시 위기로 내던져졌다.

스포트 샬레는 캘리포니아 남부에 크고 고급스러운 매장을 47개 소유하고 있는 체인이었다. 이곳 직원들은 스키, 등산, 낚시 등에 관해 전문적인 지식을 가지고 있는 것으로 유명했다. 게다가 미국에서 가장 큰 스쿠버 용품 판매점이었다(대부분의 스쿠버 용품은 개인 소매상이 판매하므로 이것은 좀 당연한 결과였지만). 나는 이 회사가 상장되고 얼마 후인 1993년에 이사회에 들어갔다. 1992년 10월, 창업자는 자신의 지분 중 25퍼센트를 약 9달러에 대중에 매각했다. 나는 1994년에 북부 캘리포니아 일을 맡으면서 스포트 샬레의 이사직을 그만두었다.

패서디나의 집으로 막 돌아왔을 때 스포트 샬레의 이사회는 회사에서 CEO를 내보내고 내게 새로운 CEO를 영입해 달라고 요청해 왔다. 주가는 3달러까지 떨어진 상황이었고, 긴박감이 느껴졌다. 내가 처음 만난 것은 은행 담당자였다. 그는 지금으로부터 15개월 후에 스포트 샬레의 신용 한도가 만료될 것이고, 그 후에는 갱신이 안 될 거라고 말했다. 그 말을 들으니 정말이지 정신이 번쩍 들었다.

* 그리스의 목마 계획을 알아낸 트로이의 사제로, 아테네가 보낸 뱀에 감겨 죽었다. – 역자주

1994~1995년, 1년 동안 눈이 내리지 않아 고생했던 것은 사실이지만, 이 회사의 진짜 문제는 구조적인 것이었다. 그중 가장 눈에 띄는 문제는 상품 구매에 대한 통제가 거의 이루어지지 않는다는 점이었다. 그 후 몇 주 동안 수십만 달러어치의 상품을 얼마나 정리했는지는 정확히 기억나지 않는다. 하여튼 엄청난 양이었다. 간단히 말하자면 내가 이 회사에 있었던 기간은 고작 9주에 불과했지만, 그 9주 동안 내가 할 수 있는 최선의 관리 업무를 수행해 냈다고 생각한다. 그 많던 재고를 싹 정리했던 것이다.

상품 총괄 매니저로 킴 로빈스Kim Robbins를 고용했다. 그녀는 카터 홀리 헤일Carter Hawley Hale 백화점 그룹의 주요 임원이었다. 킴은 1년 계약 동안 재고와 구매 절차를 합리화하는 데 큰 역할을 했다. 노련한 매장 책임자였던 데니스 트로시Dennis Trausch는 매장 직원들을 위한 혁신적인 보상 계획을 생각해 냈고, 이는 빠르게 자리 잡았다. 광고 책임자인 밥 하우터Bob Haueter와 나는 죽이 잘 맞았다.

우리는 사실상 모든 신문 광고를 중단하여 구매 부서의 부담을 크게 덜어 주고(인쇄 광고를 내기 위해 수백, 수천 개의 SKU를 모으는 것은 악몽 같은 일이다), 라디오 광고에만 집중했다. 이 전략은 효과가 있었다. 나중에 밥이 말한 것처럼, 스포츠 샬레는 스포츠 용품 분야의 라디오 광고를 '장악'해 버렸다.

내가 알려줄 수 있는 가장 중요한 조언 중 하나는 바로 이것이다. 문제가 있는 회사에서는 직급이 낮은 사람들이 일상적인 운

영 측면에서 무엇을 고쳐야 하는지 알고 있다는 사실이다. 그들에게 물어보면 답을 찾을 수 있다. 스리프티 드럭의 경우 내게 깜짝 놀랄 만한 이야기를 들려준 것은 지치고 가여운 매장 매니저들이었다. 회사가 심각한 문제를 겪는 것은 항상 CEO와 이사회, 그리고 이들을 선임하는 지배주주가 잘못한 결과다. 일선 직원들의 잘못이 아니다.

내가 그만둔 이유에 대해서 말하자면, 주위 상황을 고려했을 때 유능한 사람을 CEO 자리로 꾀어내고 싶지 않았기 때문이다. 이렇게만 말해도 충분할 것이다. 이 이야기는 톰 페트루노Tom Petruno가 〈LA 타임스〉에서 아주 잘 풀어놓았다.

내가 떠난 뒤에도 회사 상황에 충분한 진전이 있었기 때문에 1996년에 다른 은행이 나서서 신용 한도를 갱신해 주었다. 그리고 눈이 내리기 시작했다. 스포트 샬레는 스리프티나 북부 캘리포니아 기업들과 달리 살아남을 수 있었다.

마지막 두 회사의 경우, 문제가 있던 자회사를 정리한 뒤 모회사의 주가가 가파르게 올랐다는 점에서 내 역할은 성공적이었다. 재정적으로도 성공적이었다. 하지만 흥미롭게도 스포트 샬레는 운영적인 면에서 성공을 거두었기 때문에 가장 만족스러웠다.

1958년부터 시작한 CEO로서의 경력을 마무리하기에 좋은 방법이었다.

컨설턴트 쿨롬

트레이더 조를 떠난 뒤 여러 회사에서 '컨설팅'을 부탁하는 연락이 왔다. 나는 컨설턴트에 대해 항상 알레르기 반응이 있었다. 1950년대에 휴스 에어크래프트를 다니면서 경영진이 이미 알고 있으면서도 정치적 영향력이 없어서 대놓고 말할 수 없는 내용을 대신 말하게 하려고 컨설턴트를 고용하는 모습을 목격했던 것이다.

하지만 갑자기 내게 전화를 건 잠재적 고객들은 컨설팅이 아니라 마술 지팡이를 원했다. 이들은 더는 잃을 것이 없다는 생각에 시간당 200달러를 내고 나를 컨설턴트로 고용할 만큼 절박한 상황이었다. 그들 중에는 엉망인 재무 상태와 직원 관계, 여직원들에 대한 부적절한 처신, 끔찍한 부동산 임대차계약, 일반적으로 계획과 조직·통제가 없는 상황 등 그 어떤 썩은 토대 위에서도 트레이더 조의 '기적(그들의 무지한 눈에는 기적처럼 보일 것이다)'을 재현할 수 있을 거라고 생각하는 사람도 있었다.

그러므로 그리 놀랍지 않게도, 대부분의 '고객'이 이미 극단적인 상황에 있었던 터라 더 이상 우리 곁에 존재하지 않는다. 그중에는 자본 대비 부채 비율이 1600:1에 달하는 주류 판매 체인(농담이 아니다!)도 있었고, 매장에 강도가 워낙 자주 든 까닭에 산재보험료가 너무 비싸져서 주인이 직원들의 산재보험을 해지해 버린 편의점 체인도 있었다. 나는 이 사실을 알게 되자마자 서둘러 이곳의 컨설팅을 중단했다. 패션에 관심이 많은 10대 여성들에게 스판덱스 의류를 판매하던 체인도 있었다. 이것은 꽤 괜찮은 사업이었지만, 쇼핑몰의 유동 인구에 의존적이었다. 냉전 이후 침체의 한가운데에서 캘리포니아의 거의 모든 백화점이 파산법 제11장의 기업 회생 절차 상태에 놓였고, 그런 이유로 매장이 입점해 있는 쇼핑몰의 유동 인구가 줄었다.

이 회사를 스판덱스밥Spandex-bop이라고 부르자. 이곳은 다소 독특한 인사 문제를 안고 있었다. 매장 매니저들은 모두 10대 때 판매 점원으로서 10대 여성 고객들과 공감대를 형성해 수익을 올리고 승진한 여성들이었다. 그들이 다루는 고객들은 그들 자신도 바로 얼마 전까지 머물렀던 과도기에 있는 사람들이었다.

그러나 나이가 들면서, 이를테면 스물다섯 살이 넘어가면서 10대 여성들이 스판덱스를 입고 싶게 만드는 롤모델로서의 능력이 뭐랄까, 처지는 듯했다. 직원들이 쓰는 말은 더 이상 요즘 애들이 쓰는 말이 아니었다. 그들은 사업을 망치고 있었다. 마치 서른여덟 살의 쿼터백과 같았지만, 그들에게는 은퇴하고 먹고살 맥주 판매 독점권이 없었다. 물론 여기저기에 쉰 살에도 여전히 필드 골을 차는 루 그로자Lou Groza 같은 직원도 있기는 했다. 하지만 대부분은 센터백이 공을 넘기면 그대로 허리선에 머물러 있었다.

이런 직원들을 교체해야만 했다. 스물다섯 살의 전직 10대 직원들이 제기하는 연령 차별 집단소송이 머릿속에 그려졌다. 블라디미르 나보코프Vladimir Nabokov가 소설 《롤리타Lolita》에 우리를 위한 조언을 숨겨놓았을 수도 있으니, 험버트 험버트와 이제는 살집이 붙은 롤리타의 마지막 슬픈 만남을 다시 읽어야겠다는 생각이 뒤늦게 떠올랐다. 다행히도 이 회사에 자금을 조달한 사람이 캘리포니아의 불황과 텅 빈 쇼핑몰

이 4년 더 이어질 것을 정확히 예견하고 재정적인 생명 유지 장치를 제거해 버렸다. 그래서 나이가 많든 적든 모두가 해고되었다.

스판덱스 얘기가 나와서 말인데, CEO가 매우 특별한 보좌인에게 고객 관계나 광고, 판촉을 맡겨 버리는 고객사와 여러 번 일한 적이 있다. 그중 매우 특별한 도움을 받아 망조의 길로 들어섰던 사람이 한 명 있었다. 그는 부자는 3대를 가지 못하고 딱 2대면 된다는 말을 성공적으로 증명하려 애쓰던 50대의 상속인이었다. 가장 생생하게 기억에 남는 것은 그의 책상 뒤에 있던 유리로 된 바였다. 바에는 술병이 잔뜩 채워져 있었는데, 상담할 때마다 못마땅해하며 찌푸린 내 표정이 바 유리에 그대로 비쳐 보였다.

하지만 그 찌푸린 표정은 어느 정도 내 자신을 향한 것이었다. '도대체 내가 뭘 위해 이러고 있는 거지? 이 멍청이가 형편없는 가게를 폐업하지도, 임금을 제대로 지급하지도 않을 거라는 걸 알잖아……'

지금은 무료 봉사로만 문제가 있는 고객을 컨설팅해 준다. 이편이 심리적으로 더 수익성이 높다. 그리고 내게 가져오는 말도 안 되는 계획을 보고 움베르토 에코가 말하는 웃음을 여러 번 터뜨린다.

이사회 활동

1989년부터 나는 정말 흥미로운 여러 회사의 이사회에서 일했다. 캔드 푸즈 그로서리 아웃렛에서 보낸 4년은 매우 보람찼다. 여기서 일하지 않았다면 아이다호의 블랙풋족을 어떻게 볼 수 있었겠는가. 캔드 푸즈 그로서리 아웃렛은 엄청난 성공을 거뒀으며, 무엇보다 가난한 사람들이 저렴한 식료품을 구매할 수 있는 곳이었다.

1992~1994년 부동산 침체기에 캘리포니아 은행 이사회에서 활동했던 2년은 어떻게 말해야 할까? 정말 긴장감이 넘쳤다. 연방예금보험공사는 스스로를 은행 예금에 대한 2차 보험사로 간주하고, 이사들의 순자산을 1차 보험으로 본다. 한편 나는 스탠퍼드에서 통화 정책을 전공한 사람으로서 연방준비제도이사회에서 나온 감독관들과 같은 테이블에 앉아 있다는 사실에서 일종의 만족감을 느낄 수 있었다. 은행의 건전성은 CAMEL 3과 CAMEL 4 사이를 왔다 갔다 하고 있었지만 말이다. 은행 건전성을 평가하는 지표인 CAMEL을 모른다면, 당신은 운이 좋은 사람이다.

프로비고에서 일하게 됐을 때, 은행 이사회를 그만두었다. 이름만 걸어 놓은 이사는 될 수 없었기 때문이다. 나는 월례 이사회 회의뿐 아니라 대출위원회 회의와 감사위원회 회의에도 참석했다. 북부 캘리포니아에서 이렇게 할 수 있는 방법은 없었다. 하지만 은행 상황은 개선되었다. 내가 이사로 있는 동안 주가가 50퍼센트 상승했다. 그래서 은행을 떠나며 스톡옵션을 현금화하자 18만 5000달러가 들어왔다. 우리는 이 돈을 로스앤젤레스 오페라단에 기부해 훌륭한 바리톤이자 멋진 남자인 톰 앨런Tom Allen이 등장하는 오페라 〈피가로의 결혼〉을 제작하는 데 사용하게 했다. 〈피가로의 결혼〉은 내가 가장 좋아하는 오페라다.

그 밖에도 여러 회사의 이사회에서 활동했다. 이사회 일은 만족스럽고 도전적이며, 내 나이에 딱 맞았다.

안녕히……

이 책을 쓰는 일에 대해서도, 이사회 일에 대해 말했던 것과 똑같이 말할 수 있다. 만족스럽고 도전적이었으며, 내 나이에 딱 맞았다. 조지프 콘래드Joseph Conrad는 《바다의 거울The Mirror of the Sea》에서 이렇게 말했다.

사람을 다루는 것은 배를 다루는 것만큼이나 정교한 예술이다. 사람과 배는 모두 불안정한 환경 속에서 존재하며, 미묘하고 강력한 영향을 받는다. 둘 다 흠을 들추기보다 장점을 이해해 주기를 원한다.

여러분도 내 흠을 발견하기보다 장점을 더 많이 이해해 주시기를.

비커밍 트레이더 조
Becoming Trader Joe

초판 발행 · 2025년 12월 10일

지은이 · 조 쿨롬, 패티 시발레리
옮긴이 · 이주영
감수 · 정김경숙(로이스 김)
발행인 · 이종원
발행처 · (주)도서출판 길벗
브랜드 · 더퀘스트
출판사 등록일 · 1990년 12월 24일
주소 · 서울시 마포구 월드컵로 10길 56(서교동)
대표전화 · 02)332-0931 | **팩스** · 02)323-0586
홈페이지 · www.gilbut.co.kr | **이메일** · gilbut@gilbut.co.kr

기획 및 책임편집 · 유나경(ynk@gilbut.co.kr)
제작 · 이준호, 손일순, 이진혁 | **마케팅** · 정경원, 김진영, 박민주, 류효정
유통혁신 · 한준희 | **영업관리** · 김명자, 심선숙, 정경화 | **독자지원** · 윤정아

디자인 · STUDIO 보글 | **교정교열** · 구윤회
CTP 출력 및 인쇄 · 정민 | **제본** · 정민

- 더퀘스트는 (주)도서출판 길벗의 인문교양, 비즈니스 단행본 브랜드입니다.
- 이 책은 저작권법의 보호를 받는 저작물로 이 책에 실린 모든 내용, 디자인, 이미지, 편집 구성은 허락 없이 복제하거나 다른 매체에 옮겨 실을 수 없습니다.
- 인공지능(AI) 기술 또는 시스템을 훈련하기 위해 이 책의 전체 내용은 물론 일부 문장도 사용하는 것을 금지합니다.
- 잘못 만든 책은 구입한 서점에서 바꿔 드립니다.

ISBN 979-11-407-1660-9 (03320)
(길벗 도서번호 070546)

정가 23,000원

독자의 1초를 아껴주는 정성 | 길벗출판사
(주)도서출판 길벗 IT단행본&교재, 성인어학, 교과서, 수험서, 경제경영, 교양, 자녀교육, 취미실용 www.gilbut.co.kr
길벗스쿨 국어학습, 수학학습, 주니어어학, 어린이단행본, 학습단행본 www.gilbutschool.co.kr